Hans Noll

Der Abschied

Journal meiner Ausreise aus der DDR

Hoffmann und Campe

Umschlaggestaltung: Jan Buchholz und Reni Hinsch
Satz: Bercker, Graphischer Betrieb, Kevelaer
Druck und Bindung: Clausen & Bosse, Leck
Printed in Germany

»Nichts in der Welt ist weicher und schwächer als
Wasser,
Und doch gibt es nichts, das wie Wasser
Starres und Hartes bezwingt –
Unabänderlich strömt es nach seiner Art.«

Lao-tse, Buch Taoteking 78

Für Sabine

25. 2. 1984

»Der Herr aber sprach zu Mose und Aaron in Ägypterland: Wenn die Stunde schlägt, sollt ihr gegürtet sein, und eure Schuhe an euren Füßen haben und Stäbe in euren Händen, ihr, die ihr bereit seid, hinwegzueilen...«

Die Partei-Leitung sah sich veranlaßt, ein Exempel zu statuieren, und auf ihrer Abschußliste waren wir die Nummer eins. Vor drei Tagen kam ein Brief. Man bestellte uns zu einer Aussprache wegen »häufigen unentschuldigten Fehlens bei Parteiveranstaltungen«. Der Brief verhieß ein Parteiverfahren mit öffentlicher »Selbstkritik«, er verhieß möglicherweise, im Falle der Uneinsichtigkeit, den Parteiausschluß und alle seine Folgen. Was die Situation ausweglos machte: Wir waren nicht imstande, uns einsichtig zu zeigen. Natürlich konnte man Botmäßigkeit heucheln. Aber wir hatten es bei anderen miterlebt und wußten, daß geheuchelte Reue und Selbsterniedrigung vor der Partei die ersten Schritte auf dem Wege zur Selbstzerstörung sind.

Die Prozeduren einer öffentlichen »Selbstkritik« sind so angelegt, daß man sich anschließend verachten muß. Indem man sich vor der Partei klein macht, sich erniedrigen läßt, verliert man einen Teil seiner Selbstachtung. Man wird ängstlich und anlehnungsbedürftig und sucht eine Zuflucht. Je weniger von der Selbstachtung übrigbleibt, desto mehr flüchtet man sich in den schützenden Apparat der Partei, liefert sich aus und verschwindet. Erst dann hat die Partei einen Menschen soweit, wie sie ihn braucht. Er ist würdelos, ohne Rückgrat und läßt alles mit sich geschehen. Er ist zu allem bereit, was die Partei verlangt, er ist ein »guter Genosse«.

Die Geschichte der kommunistischen Parteien ist nicht zuletzt eine Geschichte von Autodafés, peinlichen Untersuchungen, Tribunalen und »Säuberungen«. Ein Außenstehender fragt sich, warum Parteimitglieder selbst bei den unsinnigsten Entscheidungen der Zentrale

Hab-acht-Stellung einnehmen. Er weiß nicht, daß die Partei mit dem Prinzip von »Kritik und Selbstkritik« über ein psychologisch raffiniertes Mittel verfügt, jeden Widerspenstigen zur Räson zu bringen. Er weiß nicht, daß öffentliche »Selbstkritik« nur mit Vampirismus vergleichbar ist: Hat die Partei einmal von meinem Blut getrunken, verfalle ich ihr und werde selbst zum Vampir. Auch offener Widerstand ist sinnlos und selbstzerstörerisch. Die Partei kann unter keinen Umständen dulden, daß eines ihrer Mitglieder die öffentliche »Selbstkritik« verweigert. Wer das geheiligte Prinzip von »Kritik und Selbstkritik« verletzt, zieht sich den Haß und die Feindschaft der Zentrale zu. Dann gibt es im ganzen Land keinen Zufluchtsort, kein sicheres Plätzchen mehr, weil die Zentrale dafür sorgt, daß man allerorten geächtet und vertrieben wird, bis man endlich irgendwo in der Versenkung verschwindet. Wir hatten auch das bei anderen miterlebt und jedesmal geahnt, daß es auch uns eines Tages so ergehen könnte.

Nun war es soweit. Schon seit Wochen verlangten alte Genossen »energische Maßnahmen« und verlasen Memoranden an das ZK, in denen von »ideologischer Diversion« und »Aufweichung« gesprochen wurde. Im Auftrag der Zentrale forderten die Funktionäre des Künstlerverbandes »eindeutige Bekenntnisse«. Es war wieder von »Elementen« die Rede und von »Kollegen, von denen wir uns trennen müssen«.

Sabine war den Parteiversammlungen seit zwei Jahren ferngeblieben, weil sie den Ton nicht vertrug. Es ist nicht jedermanns Sache, die Reden der Parteifunktionäre anzuhören, es gibt Menschen, in deren Inneren sich etwas sträubt, wenn von »Elementen« und »energischen Maßnahmen« die Rede ist. Jeder weiß, was sich hinter »energischen Maßnahmen« verbirgt. Wenn dieses Stichwort fällt, ist kein Ende abzusehen. Assoziationen stellen sich ein, die Alpdrücken verursachen: bohrende Blicke aus kalten, tiefliegenden Augen, Untersuchungen, »Entlarvungen«, Partei-Strafen, »Bewährung« auf Baustellen und Schlimmeres. Die Partei ist stolz auf ihre unnachgiebige Härte, sie kennt kein Pardon.

Sie konnte auf die Dauer nicht dulden, daß wir den Parteiversammlungen fernblieben. Niemand darf die Zentrale links liegen lassen, denn sie verlangt »eindeutige Bekenntnisse«, von jedem und zu jeder Stunde. Und sei es, daß man als verschüchterter, stummer Statist an den Versammlungen teilnimmt und auch damit bekundet: Ich gehöre dazu und beuge mich.

Als Sabine die Parteiversammlungen nicht mehr besuchte und auch ich immer seltener daran teilnahm, traf uns der Argwohn der Zentrale. Wir waren undurchsichtig und nicht mehr zuverlässig.

Die Zentrale witterte eine Gefahr, die um so größer erschien, weil sie nicht kalkulierbar, weil sie gestaltlos und schwebend war. Auf offene Feindschaft wußte man zu reagieren. Dagegen konnte »häufiges unentschuldigtes Fehlen bei Parteiveranstaltungen« alles Mögliche bedeuten. In jedem Falle war es ein Risiko. Schon schwelte etwas, vibrierte der Boden, auf dem wir standen. Da entschloß sich die Zentrale, zu handeln. Der Brief der Parteileitung signalisierte uns, daß sie mit ihrer Geduld am Ende war.

Es war müßig und leichtsinnig, in Hinblick auf unsere Kinder geradezu verantwortungslos, die »parteierzieherischen Maßnahmen« abzuwarten. Als freie Künstler waren wir verwundbar. Wir spürten, wie die Ereignisse ihre Schatten vorauswarfen: Unsere Aufträge gingen zurück, man begann uns zu meiden. Unter der Hand wurden uns die Lebensgrundlagen entzogen. Es geschah nicht zum erstenmal, daß die Zentrale sich dieses Mittels bediente. Man konnte sich ihr daraufhin reumütig und gebrochen endgültig in die Arme werfen, oder man konnte sich ihr für immer entziehen.

Sabine schlug vor, auszureisen. Ich wußte dem nichts

Vernünftiges entgegenzusetzen, aber wenn ich im Atelier saß und arbeitete, dachte ich: ›Das alles sollst du zurücklassen? Deine Freunde, deine Arbeit, dein Atelier, deine Wohnung, dieses ganze Spinnennetz einer eingesessenen menschlichen Existenz?‹
Ich war für einige Tage auf die Insel Hiddensee gefahren, um mir alles in Ruhe zu überlegen. Ich saß am Kamin und trank Tee, als der Norddeutsche Rundfunk bekanntgab, die Nichte des DDR-Ministerpräsidenten Stoph sei mit Mann und Kindern in die Prager Botschaft der Bundesrepublik geflüchtet.

Wir kannten die Strecke auswendig, denn wir fuhren sie jeden Tag. In Karolinenhof gab es nichts zu sehen. Ein Junge in verblichenen Jeans stieg aus und überquerte den verödeten Vorplatz der »Bäckerei Richter«. Sandwege führten rechts und links in Kolonien von Reihenhäusern. Hinter einer Hecke kläffte ein scheckiger Hund. Ich sah wieder in mein Buch. Meine Freunde waren längst ausgestiegen, sie wohnten in Köpenick und Grünau. Viele Schüler unserer Schule fuhren mit dieser Straßenbahn. Die Heimfahrt dauerte lange, und wir kannten uns, bildeten eine Art Lobby, die sich beistand und während der Fahrt Neuigkeiten austauschte, und oftmals schrieben wir morgens voneinander die Hausaufgaben ab. Die Straßenbahn mit den grünen Kunstledersitzen war uns vertraut, wie die Bilder, die an ihren Fenstern vorüberglitten: Nadelwälder, betonierte Wege, Bootshäuser und Villen. Wenn ich später diese Strecke fuhr, wurde alles wieder lebendig. Ich erinnerte mich der Gefühle, die ich hier empfunden hatte, vergessene Gesichter tauchten auf, Frisuren, Kleidungsstücke, ein Lachen, die rauhen Stimmen Halbwüchsiger.
Das Leben war verheißungsvoll, und wir würden Großes vollbringen. Die rumpelnde Straßenbahn war unser

Raumschiff und unser Ocean-Liner: Sie beförderte uns geradewegs zu anderen Ufern, auf andere Sterne. Wir gehörten zusammen. Die anderen Fahrgäste waren uninteressant: alleinstehende Damen auf dem Weg zum Kaffee in Vorort-Restaurants, und irgendwelche alten Männer mit Schirmmützen, Rucksäcken und Spankörben, die auf ihre Laubengrundstücke fuhren. Nichts ahnten sie von dem, was uns erfüllte. Die Straßenbahn gehörte uns, damals vor vielen Jahren, als wir noch halbe Kinder waren, ahnungslos und gutgläubig. Die Jahre waren entschwunden, wie die Gestalten meiner Mitschüler, und wenn ich gelegentlich fremde Erwachsene traf, die sich für sie ausgaben, wußte ich, sie waren es nicht. Ihnen fehlte das Einmalige und Unwiederbringliche, das damals in uns war.

In Karolinenhof schmolz unsere Gesellschaft zusammen: übrig blieben mein Bruder und zwei seiner Klassenkameraden, ferner eine blonde Schülerin der Klasse 11e oder f und ich.

An der nächsten Haltestelle stiegen die beiden Klassenkameraden meines Bruders aus. Ich sah sie den Weg in eine Kiefernschonung einschlagen, die rechts von einer eingezäunten Baustelle lag. Wir wußten, was die Wachtürme und der Stacheldraht bedeuteten: Auf der Baustelle arbeiteten Strafgefangene. Manchmal wurden sie abgeholt, wenn unsere Straßenbahn hielt, in Bussen, deren Fenster mit weißen Laken verhängt waren. Ich versuchte, einen Blick ins Innere zu werfen, denn ich hatte noch niemals Strafgefangene gesehen. Aber die weißen Tücher hingen dicht und ließen nur die letzte Sitzbank frei, auf der korpulente Männer thronten, in grauen Uniformen und mit unvorstellbar dummen Gesichtern. Die Busse fuhren in die Richtung, aus der wir kamen, und verschwanden im Wald.

Als die Straßenbahn wieder hielt, stieg die blonde Schülerin aus. Ich kannte sie flüchtig, denn sie bekleidete eine FDJ-Funktion, genau wie ich. Sie trug eine schwere Schultasche und ging langsam, an Zäunen entlang, nach Hause. Sie hieß Ingrid Stoph.

26. 2. 1984

Am Horizont, wo das Eis des Boddens und die feuchte, diesige Luft ineinander übergingen, erschien etwas Verwischtes und Schwärzliches. Es war das Schiff. Schon von weitem war zu erkennen, daß es schlingerte und Schlagseite hatte. Möglicherweise war der Kapitän betrunken. Oder es überstieg die Kräfte des Schiffleins, sich bei Sturm durch den vereisten Bodden zu arbeiten. Man hatte das kleinste geschickt, das die Route fährt, obwohl größere Schiffe im Stralsunder Hafen lagen. Die Menschen, die am Kai auf die Ankunft des Schiffes warteten, waren nervös. Es würde Gedränge geben, die Kajüte würde nicht ausreichen. An einer Stelle stapelten vierschrötige Männer Kisten und Fässer. Dorthin drängte sich alles, in der Hoffnung, zu den ersten zu gehören, die an Bord kamen, in der Hoffnung auf einen Platz in der warmen Kajüte. Auch ich drängte mich in die Nähe der Kisten, dabei beschäftigten mich andere Gedanken.
Wie sich Ingrids Onkel und die DDR-Regierung verhalten würden war ungewiß, aber eines schien klar: Der Fall Ingrid Stoph konnte nur der Höhepunkt der Ausreisewelle sein. War er beigelegt, ging es wieder bergab. Doch zunächst würde die Zentrale einen Augenblick lang verwirrt sein, und in dieser Verwirrung vielleicht auch uns gehen lassen. Ich hatte lange genug gezögert und auf einen günstigen Zeitpunkt gewartet. Wenn es ihn überhaupt gab, war er jetzt gekommen.
Ich fand keinen Platz in der überfüllten Kajüte und verbrachte die Überfahrt an Deck, zwischen vermummten Gestalten und schaukelndem Gepäck. Als mir der eisige Wind ins Gesicht blies, wurde ich munter und tatendurstig. Meine Erstarrung löste sich. Ich fuhr nach Berlin, um die Ausreise zu beantragen.

Die Nervenklinik glich einer Burg. Sie war aus roten Ziegeln erbaut, und an hölzernen Pfeilern und Balkonen rankte sich wilder Wein empor, bis hin an die grünen Blechdächer mit ihren Dachfensterchen und aufgesetzten Türmchen. Am Eingang hing eine Laterne aus Milchglas. Ihr trüber Schein beleuchtete die Autos der diensthabenden Ärzte, die Telefonzelle und das Blumenrondell mit verblühten Rosenstöcken. Direkt unter dieser Lampe, hart neben der steinernen Treppe, stand heute ein unbekanntes Auto, ein dunkelblauer Peugeot.

Ich hatte die Vorhalle passiert, wo Gedränge herrschte, wie jeden Abend. Es hing dort, flankiert von altertümlichen Sesseln, ein Telefonautomat mit einem erfreulichen Defekt: Er gab das eingegebene Geld wieder heraus. Man konnte kostenlos Telefongespräche führen, wohin man nur wollte. Die ungarische Jüdin hatte sich auf ihren Krücken hierher geschleppt, um nach Budapest zu telefonieren. Sie rauchte und teilte sich mit den anderen Patienten den blechernen Aschenbecher: mit einem Mann in spitz zulaufendem weißen Kopfverband, und mit einer Schlagerkomponistin unbestimmten Alters, die mehrmals in der Woche in Frankfurt am Main anrief.

In der Vorhalle traf ich auch Gitti und Irmchen, zwei Patientinnen von meiner Station. Gitti neigte zur Fülle und trug den Kopf mit der toupierten Frisur hocherhoben, während Irmchen blaß und ausgemergelt war und den Kopf hängen ließ. Wir mußten uns, auf Anweisung der Ärzte, duzen; ein Bestandteil der „komplexen Gruppentherapie". Auch ich hatte mich in den sechs Wochen daran gewöhnt, erkundigte mich nach Gittis und Irmchens Befinden und nach dem Wetter draußen, denn ich verließ die Klinik heute zum erstenmal.

»Es geht«, antwortete Gitti hoheitsvoll, ohne den frisierten Kopf zu bewegen, »tagsüber war es durchwachsen, aber jetzt am Abend ist es recht schön.«

»Ach Gott«, fiel ihr Irmchen ins Wort, »ich habe doch nichts davon! Das Wetter kann sein wie es will, ich habe doch immer diese Angst! Es ist, als ob die Häuser auf mich zukommen. Ich sehe ja meistens auf die Erde, aber wenn ich hochblicke, kommen sie auf mich zu. Und dann dieser Mosaikfußboden in der Halle! Er macht mich ganz unsicher. Alleine kann ich gar nicht rausgehen, ich muß immer warten, ob jemand mitkommt...«
»Nun, seien Sie froh, daß Sie hinaus dürfen!« ließ sich aus dem Halbdunkel die tiefe Stimme der Ungarin vernehmen. »Ich bin schon seit vielen Wochen immer im Haus! Wann ist Sonne? Wann ist Mond? Es ist sehr traurig!«
Gitti deutete Mitgefühl an, indem sie ihren Kopf ein winziges Stück neigte. Nach einer Zeit, die ihr angemessen erschien, hob sie ihn wieder und fragte sachlich: »Ist es schon sieben? Um sieben beginnt die Arbeitstherapie. Ich habe noch eine angefangene Makramee-Arbeit.« Und an mich gewandt: »Kommst du nicht hoch?«
»Nein, ich werde spazieren gehen.«
»Aber Schwester Margarete hat Spätdienst!«
»Ich habe ihr Bescheid gesagt.«
Nicht nur Schwester Margarete, eine 79jährige resolute Person, auch Dr. Conradi war noch oben auf der Station. Seine Zimmertür war geschlossen, und an der Klinke hing ein Papptäfelchen mit dem Hinweis: »Bitte nicht stören! Wichtige Besprechung!«
Ich wandte mich der Treppe zu, während Gitti und Irmchen in den düsteren Korridor einbogen, an dessen Ende, im Licht der geöffneten Tür, die umfangreiche Gestalt von Oberarzt Schulze zu sehen war. Er plauderte dort, die Hände in den Taschen seines weiträumigen Kittels, mit jemandem, der im Zimmer und von hier aus nicht zu sehen war. Oberarzt Schulze war immer bei guter Laune, und plötzlich war sein dröhnendes Gelächter

durch den ganzen Korridor zu hören, bis hierher, in die Vorhalle, wo die Ungarin und der Mann mit dem Kopfverband wie auf Kommando ihre Köpfe in seine Richtung drehten.
Die Pförtnerloge war verwaist und unbeleuchtet. Ich öffnete die Tür und sah sofort diesen unbekannten Wagen, einen dunkelblauen Peugeot, hinter dessen Steuer ein müder Soldat wartete. Wen mochte er fahren? Diese Autos wurden höheren Funktionären zugeteilt: Ministern, Abteilungsleitern des ZK und Generälen. Ich warf dem Soldaten durch die blaugetönte Scheibe einen Blick zu und er erwiderte ihn, umwölkt von Zigarettenqualm, aus schläfrigen Augen. Er war jung, jünger als ich und schien vom Warten demoralisiert. Ich wandte mich ab. Mußten sie auch *hierher* kommen, in diesen letzten Schlufpwinkel, wo ich hoffte, mich ihrem Zugriff entziehen zu können? Ich war vor Hunger gereizt und böse. Seit Wochen hatte ich fast nichts gegessen. Der Hunger zog mein Denken und meine Gefühle in Mitleidenschaft, und ich empfand beim Anblick dieses uniformierten Jungen hinter dem Steuer wilden, glühenden Haß. Ich empfand diesen Haß schon beim Anblick uniformierter Briefträger und Straßenbahnfahrer, und dieser Junge trug sogar *ihre* Uniform, das graugrüne, harte Tuch, das sie »Ehrenkleid« nennen.
Das Rascheln der Blätter, die ich mit meinen Schuhen aufwirbelte, beruhigte mich. Du lieber Gott, er konnte ja auch nichts dafür, auch ihn hatten sie geholt, auch er mußte dorthin.
Der Wagen stand noch da, als ich von meinem Spaziergang zurückkehrte. Ich ging an ihm vorbei, lief langsam und mühevoll durch die Halle und den düsteren Korridor; die Halle war leer und Oberarzt Schulze verschwunden. Ich stieg die Treppe zum ersten Stockwerk hinauf und passierte den Treppenabsatz, wo, wie üblich, Reinhold wartete, ein von Zwangsvorstellungen geplagter Buchhalter, der die Eintretenden vor einer

»Vergiftung« warnte. Ich ging an der Küche vorüber, in der Schwester Margarete laut mit den Töpfen herumwirtschaftete, vorbei an der Tür zum »Tagesraum«, wo Gitti und Irmchen über ihren Makramee-Arbeiten saßen, ich ließ die Wandzeitung zu politischen Tagesereignissen unbeachtet und betrat mein Zimmer. Der Patient Dr. Hermann, ein Funktionär, den depressive Anfälle heimsuchten, lag auf seinem Bett und las. Er lächelte mir zerstreut und melancholisch zu. Ich lächelte zurück und ging in die Waschecke. Im Spiegel sah ich ein bleiches, unsympathisches Gesicht, abgemagert und halbverrückt, und ich dachte: Wann wird das alles ein Ende nehmen?

Am nächsten Vormittag lotste mich Dr. Conradi in eine hinter Grünpflanzen verborgene Sesselgruppe und sagte: »Setzen Sie sich erstmal hin.«

Ich setzte mich.

»Wissen Sie, wer gestern bei mir war?«

»Nein.«

»Können Sie es sich nicht denken?«

»Etwa einer von *dort*?« fragte ich.

»Na, beruhigen Sie sich. Der Militärbezirksarzt war es. Wir haben uns geeinigt. Sie werden nicht eingezogen. Aber um eines bitte ich Sie: Ab heute essen Sie ordentlich! Lassen Sie sich von ihrer Frau ein paar Delikatessen bringen – und hauen Sie rein. So, wie Sie jetzt aussehen, können wir Sie nicht auf die sozialistische Menschengemeinschaft loslassen, verstehen Sie? Also essen Sie!«

Aber ich konnte erst am Abend dieses Tages essen. Zunächst zündete ich mir eine Zigarette an, ging auf dem gefliesten Korridor hin und her und verwand mein Glück.

27. 2. 1984

Wir hatten uns folgendes überlegt: Es war sinnlos, rangniederen Funktionären unser Anliegen vorzutragen. Wir wußten aus Erfahrung, daß in unserem Fall das letzte Wort im ZK gesprochen würde, wahrscheinlich im Büro des ZK-Sekretärs für Kultur. Dieser Sekretär war Kurt Hager, Mitglied des Politbüros des ZK der SED. Also wandten wir uns gleich an ihn.
Mein Gedanke war, daß Hager auf einen fairen Brief von uns reagieren müßte, denn nach der Flucht von Ingrid Stoph konnte die Parteiführung unmöglich an einem weiteren Skandal dieser Art interessiert sein. Wir schrieben an Hager, daß sich unsere Situation verschlechtert hätte, und daß wir, ehe sie sich weiter zuspitze, das Land verlassen wollten. Wir baten um vertrauliche Behandlung unseres Anliegens und sagten sie auch unsererseits zu. Die Vertraulichkeit war der entscheidende Punkt. Der Fall Stoph hatte im Westen großes Aufsehen erregt. Wir boten nun an, Stillschweigen zu bewahren und lautlos zu gehen. Sollte man uns schikanieren und in eine Notlage bugsieren, konnten wir uns immer noch an westliche Journalisten wenden. Aber es wäre dann nicht unsere Schuld.
Unsere Laune war ausgezeichnet, weil wir uns endlich entschieden hatten. Mich bedrückte nur das ungewisse Schicksal der geplanten Ausstellung in der West-Berliner Majakowski-Galerie, wo ich im April gemeinsam mit vier Kollegen die Ergebnisse einer Studienreise nach Armenien zeigen sollte. Daß *ich* dort nicht mehr ausstellen würde, obwohl der Katalog bereits im Druck und die Ausstellung fertig konzipiert war, schien sicher. Aber würde es die Akademie fertigbringen, die ganze Ausstellung platzen zu lassen?
Man ließ uns, die Meisterschüler der Akademie der Künste der DDR, ab und zu nach West-Berlin fahren. Die Ausstellung in der Majakowski-Galerie wäre wieder mit Fahrten nach West-Berlin verbunden, und mei-

ne Kollegen freuten sich darauf. Doch der Akademie war zuzutrauen, daß sie niemanden mehr reisen ließ, weil ich einen Antrag gestellt hatte. Um elf holte mich die Bildhauerin Mona A. im Atelier ab, um gemeinsam mit mir zu H. zu fahren. Wir bereiteten dort eine Veranstaltung vor, die für die West-Berliner Ausstellung geplant war, und deren »Generalprobe« in der Ost-Berliner Akademie stattfinden sollte. Die Akademie-Funktionäre nannten es Generalprobe, in Wirklichkeit war es eine Kontrolle. Man wollte vorher wissen, was wir in West-Berlin zu zeigen und zu sagen beabsichtigten.
Als Mona gegangen war, blieb ich auf eine Tasse Kaffee bei H. Ich vertraute mich ihm an und teilte ihm meine Befürchtungen wegen der Ausstellung mit. H. beruhigte mich: Man werde mich herausnehmen und die anderen ausstellen lassen. Außerdem rechne er damit, daß in unserem Fall »wochenlange Versuche« gemacht würden, um uns zum Bleiben zu bewegen. Solange werde die Akademie keine »vollendeten Tatsachen« schaffen. Er behielt recht.

28. 2. 1984

In der Poststelle des ZK sitzen zwei Damen hinter einer gläsernen Scheibe und nehmen die Post entgegen. Sie lächelten verbindlich, wollten aber den Empfang nicht bestätigen. Was sollte ich tun? Den Brief mit der Post schicken? Dann würde man ihn öffnen, ehe er Hager erreichte und subalterne, mir unbekannte Funktionäre hätten die Hände im Spiel. Er könnte »verlorengehen« oder wochenlang zurückgehalten werden. Ich wollte, daß der Brief sofort zu Hager gelangte, solange der Fall Stoph noch nicht verschwunden war. Ich entschloß mich, ihn ohne Bestätigung zu übergeben, zumal mir die Damen, nach einem dezenten Blick auf den Absender, versicherten, alles werde »seinen Gang gehen«.
Sabine saß im Atelier und arbeitete. Ich kochte mir eine

Tasse Kaffee und bereitete mich innerlich auf den nächsten Weg vor: Zum Rat des Stadtbezirks Berlin-Weißensee. Wir hatten an Hager geschrieben, daß wir noch heute den regulären Ausreise-Antrag bei »den zuständigen Stellen« übergeben würden. Unter der Hand hatte ich in Erfahrung gebracht, wo diese Stellen zu finden sind. Ich war noch nie zuvor dort gewesen und suchte lange, bis mir eine barsche Pförtnerin erklärte: »Ja, hier können Sie den Antrag stellen!« Sie bat um meinen Personalausweis und brachte ihn irgendwohin – in eines der Büros hinter braungestrichenen Türen. Nach zehn Minuten erschien aus einer dieser Türen eine blonde Dame und forderte mich auf, einzutreten.
Vor dem Fenster standen zwei Schreibtische einander gegenüber. Ein eiserner Aktenschrank war geöffnet, und davor blätterte ein schnurrbärtiger junger Mann in Papieren.
Das Büro war nichtssagend und dennoch Gegenstand von Gerüchten, Spekulationen und Hoffnungen. Hier wurde entschieden, ob man hinausdurfte oder ob man zu bleiben hatte, mit dem Vermerk »Antragsteller« in den Akten und damit aller gesellschaftlichen Chancen beraubt.
Es wurde eine peinliche halbe Stunde. Die blonde Dame holte hektografierte Formulare hervor und füllte sie aus; sie benötigte nähere Angaben über alle Verwandte ersten Grades. Die Aufzählung prominenter Namen, von Künstlern und Intelligenzberufen, erschütterte den jungen Mann am Aktenschrank, er drehte sich zu mir um und musterte mich fassungslos. Die blonde Dame verzog keine Miene. Erst als ich sie darum bat, mir den Empfang des Antrages schriftlich zu bestätigen, wurde sie unruhig. »Das ist nicht üblich«, sagte sie unsicher. »Ich könnte höchstens den Genossen Sektorenleiter fragen...« Daraufhin verschwand der junge Mann, und als sich die Tür wieder öffnete, trat ein Herr ein, untersetzt und robust, energischen Schrittes und mit ent-

schlossenem Gesichtsausdruck. Ich trug meine Bitte vor. Der Herr stützte sich mit den Fäusten auf die Schreibtischkante und fragte mich mit leiser Stimme: »Woher wissen Sie überhaupt, daß es erlaubt ist, einen solchen Antrag zu stellen?«
Ich erwiderte: »Das ist doch allgemein bekannt...«
»Aber ich bestätige Ihnen das nicht!«
»Und warum – wenn ich fragen darf?«
»Jetzt hören Sie mal zu! Wir sind hier nicht in der Kneipe! Wenn ich als staatliche Institution Ihnen sage, daß Ihr Antrag bearbeitet wird, wie kommen Sie auf den Einfall, sich das bestätigen zu lassen?!«
»Das schien mir eine ganz normale Bitte zu sein.«
»Passen Sie mal auf! Wenn ich Ihnen sage, daß hier jeder Antrag bearbeitet wird, auch Ihrer, brauchen Sie keine Bestätigung! Denken Sie, ich werfe die Anträge in den Papierkorb? Ihr Antrag wird bearbeitet, das sage ich Ihnen!«
»Gut«, antwortete ich, »aber teilen Sie mir bitte freundlicherweise noch mit, wie Sie heißen.«
»Sie können sich auf den Sektorenleiter berufen – genügt das?«
»Also Sie sind der Sektorenleiter?«
Hier schaltete sich die blonde Dame ein und hauchte begütigend: »Aber Herr Noll, das sagte ich Ihnen doch bereits!« Der Sektorenleiter ging wütend hinaus, und ich wandte mich an die blonde Dame. Auch ich war wütend. Was hieß: ›Wir sind hier nicht in der Kneipe‹! Ich sagte: »Was sollte das mit der Kneipe? Ich besuche keine Kneipen!« Sie lächelte verständnisvoll. »Wissen Sie, wir haben hier sehr viel zu tun, und er hat es nicht so gemeint.« Sie vertiefte sich wieder in die Papiere, aber als ich aufstand und meinen Mantel zuknöpfte, fragte sie plötzlich: »Entschuldigen Sie, aber wissen Ihre Eltern schon von diesem Schritt?«
»Nein. Außer Ihnen und dem Büro Hager weiß es noch niemand. Wir haben Hager Diskretion zugesagt...«

»Aber – was werden Ihre Eltern sagen?«
»Sie kennen unsere Schwierigkeiten.«
»Gibt es denn gar keinen anderen Ausweg?«
»Nein.«
»Das ist sehr, sehr traurig, wirklich sehr traurig... Aber wir haben uns heute nicht das letzte Mal gesehen, wir werden noch miteinander sprechen...«
»Also dann: Auf Wiedersehen!«

Es gab ein Gefühl, das immer gegenwärtig war, Tag und Nacht, wie eine unablässige Begleitmusik. Mit den Jahren begriffen wir, daß es niemanden weit und breit gab, der es nicht kannte.
Mein Bruder nannte es: »Man hat das Gefühl, fest in weiche Tücher gewickelt zu sein.« Es gab tausend Worte dafür, das Gefühl wurde in Gedichten und verschlüsselten Romanen beschrieben, und immer entzog es sich, sobald man es genauer betrachten wollte, dem Zugriff. Alle kannten und verspürten es, nicht alle aber waren sich seiner bewußt. Manche, vielleicht die meisten, empfanden es als etwas Schwebendes, Flüchtiges, Namenloses. Und wenn sie ihm Namen gaben, trafen sie nicht den Kern, und nicht das Allgemeine, sondern nur ihren besonderen Fall. Da es tausend verschiedene Namen hatte, blieb es namenlos.
Seine Spuren sah man überall. Es prägte Gesichter und Bewegungen, ließ Blicke scheel und Augen trübe werden, es arbeitete an jedem Menschen mit der gleichen Beharrlichkeit, nicht überstürzt, aber auf Dauer immer erfolgreich. Es war nichts Sensationelles, sondern normal und gewohnt, und nur gelegentlich erfaßte es einen abrupt und mit außergewöhnlicher Stärke. Man richtete sich auf, sah um sich und erkannte es.
Doch weil es immer um uns und in uns war, interessierten wir uns nicht mehr dafür. Wir waren beschäftigt und in Anspruch genommen, unsere Tage und Jahre

verflogen, wir wurden älter und sahen die anderen altern, und bemerkten es kaum. Nur manchmal, wenn wir jemanden trafen, den wir lange nicht gesehen hatten, verblüffte es uns: Wir sahen das uns vertraute Gesicht verändert, wir erkannten die Zeichen, und es schockierte uns, daß es immer die gleichen Zeichen waren. Wir erkannten sie und bemühten uns, sie zu vergessen.
Wie kann man über etwas sprechen, das keinen Namen hat? Es war eben da, war mit dem Leben unlösbar verbunden, mit jedem Leben, zumindest mit jedem, das wir kannten.
Wir glaubten nicht, daß es Leben gab, in denen es fehlte oder wenigstens nicht dominierte. Auf flimmernden Bildschirmen wurden uns Gesichter vorgeführt, die nicht von ihm gezeichnet waren, wurden Szenen gezeigt, in denen es keine Rolle spielte, und Himmel und Lüfte, in denen es nicht schwebte. Wir glaubten das nicht. Man hatte es nur übersehen, oder weggelassen, um uns zu irritieren.
Es gab Ereignisse und Zwischenfälle, die einen plötzlich begreifen ließen, worum es sich handelte. Schlagartig wußte man seinen Namen. Doch es war unmöglich, ihn auszusprechen. Sagten wir zu unseren nächsten Freunden: »Ich habe es so deutlich verspürt, daß ich weiß, was es ist, und wie es heißt«, mußten wir damit rechnen, daß wir mißtrauisch angesehen wurden, nicht selten auch feindselig. Denn was half es, den Namen auszusprechen? Verlor es dadurch von seiner Allmacht und Allgegenwart?
Im Gegenteil: Es machte die Sache noch schlimmer. Man ertrug es einigermaßen, wenn man es nicht genau vor Augen hatte, wenn man es vermied, seinen Namen zu nennen.
Eine ganze Gesellschaft entwickelte Techniken, um sich darüber zu verständigen, ohne den Namen zu nennen. Die Maler lernten, den Pinsel so über die Leinwand zu führen, daß jeder Strich unklar und undeutlich

war, die Dichter wetteiferten darin, sich dunkel auszudrücken. Es gab dicke Romane, die zu Meisterwerken erklärt wurden, weil es der Autor verstanden hatte, den Namen über 500 Seiten zu verschweigen.
Das Gefühl war da, aber es wurde, wie eine Puppe, geschminkt und verkleidet. Die Kunst bestand darin, möglichst raffinierte Stoffe zu weben, in verwirrenden Mustern und Farben, sie konnten halbdurchlässig, durften aber niemals durchsichtig sein, sie mußten verschleiern und konnten, dies war der Gipfel der Kunst, die Konturen der Puppe in etwa erahnen lassen.
Mehr nicht. Wem es nicht genügte, ein Leben lang kurz vor dem Ende seiner Gedanken haltzumachen, mußte seine Gedanken gänzlich verbergen. Er blieb im Denken und Sprechen, im Malen und Dichten unvollkommen, weil es keine Schule und keinen Lehrer gab, wo man lernte, zu Ende zu denken.
Darüber verging das Leben. Man hatte jenes Gefühl tagtäglich verspürt, ohne es jemals beim Namen zu nennen. Nach einem Leben, das dieser Kunst gewidmet war, legte man sich schweigend zum Sterben nieder, und war für immer der Versuchung entronnen, zu Ende zu denken, womöglich den Namen zu nennen. Die Menschen starben, das Unaussprechliche blieb.

1. 3. 1984

H., den ich in der Schwimmhalle traf, fragte mich: »Wollen wir nachher zusammen frühstücken? Ich muß dir etwas erzählen.«
Er hatte gestern die Sektionsversammlung der Ost-Berlinder Gebrauchsgraphiker besucht. Der Genosse Dr. Piechotta hielt dort ein »grundlegendes Referat«, das sich mit »Fragen der Wehrbereitschaft« in der Kunst beschäftigte. Das Anliegen wurde für dringend erklärt, denn »die neue, großangelegte Offensive des Gegners« erfordere Gegenmaßnahmen auf allen Gebieten, auch

in der Kunst. Zu diesem Zweck kündigte der Referent »Patenschaften zwischen der Nationalen Volksarmee und den Berliner Künstlern« an. »Die Angehörigen der bewaffneten Organe«, so verlangte Piechotta, »müssen verstärkt Gegenstand der künstlerischen Darstellung sein.«

Ihm lag diese Forderung wirklich am Herzen: Er ist ehemaliger NVA-Offizier. In den Künstlerverbänden und Verlagen tauchten solche Genossen neuerdings immer häufiger auf; sie benutzten im Auftrage der Zentrale ihre hohen Funktionen dazu, die Nationale Volksarmee durch eine Hintertür selbst in die bisherigen Domänen des »Zivilen Sektors« eindringen zu lassen.

Die Öffentlichkeit des Westens spricht nur dann von einer Militärdiktatur, wenn uniformierte Offiziere in den Schlüsselpositionen sitzen und Soldaten mit Maschinen-Pistolen durch die Straßen patroullieren. Sind dagegen die Offiziere mit Sakko-Anzügen bekleidet und offiziell »außer Dienst«, handelt es sich offenbar um einen zivilen, salonfähigen Staat.

Aber das war es gar nicht, weswegen mich H. zu sich gebeten hatte. Nach Dr. Piechotta war noch jemand aufgetreten, ein Genosse vom Ministerium, der die versammelten Künstler über ein neues, für sie wichtiges Gesetz informierte, über das »Gesetz zum Schutze der Kulturdenkmäler«. Dieses Gesetz ermächtigt den Staat, sich Zugriff zu privatem Kunst- und Antiquitätenbesitz zu verschaffen. In den Wohnungen und Ateliers der Künstler und Kunstsammler erscheinen zivil gekleidete, für DDR-Verhältnisse vergleichsweise höfliche Staatsangestellte, um sich einen Überblick zu verschaffen. Das geschieht selbstverständlich »zum Schutze der Kulturdenkmäler«. Es ist immerhin möglich, daß Barock-Kommoden in feuchten Kellern aufgestellt wurden und Schaden nehmen. Ein fürsorglicher Staat fühlt sich verpflichtet, sein nationales Kulturgut vor derartigen Gefahren zu bewahren. Nebenbei erfahren die In-

spektoren, in wessen Besitz sich welche Kunstwerke befinden, vor allem, ob solche darunter sind, für die sich die Zentrale interessiert.
Man konnte früher in der DDR zu günstigen Preisen Antiquitäten erwerben, zum Beispiel Möbel und Inventar aus ehemaligen Schlössern, die als »Relikte der Ausbeuterordnung« und als »Relikte des Preußentums« abgerissen oder in allmählich verrottende Ruinen verwandelt wurden. Das Ringen um den »Neubeginn« duldete sie nicht. Damals neigten die Staatsangestellten ihrerseits dazu, Barock-Kommoden in feuchte Keller zu verfrachten. Die Antiquitätensammler der DDR haben sie nicht selten von dort geholt, und den erleichterten Staatsangestellten abgekauft, die nicht mehr wußten, wo sie mit all dem altertümlichen Gerümpel hin sollten, das noch dazu den Glanz vergangener »Ausbeuterordnungen« repräsentierte. In den fünfziger Jahren gab es sogar noch private Handwerker, die den Käufern die Stücke wieder reparierten; die Handwerker wurden später, genau wie die Möbel, als »Relikte« erkannt, und verschwanden.
Inzwischen ist der Zentrale klar geworden, daß sie einen Fehler begangen hat. Ist ihr aufgegangen, daß sich der »Fortschritt« nicht unbedingt an Kommoden und Kupferstichen austoben muß? Tut es ihr um die verschwundenen Kulturdenkmäler leid, weil sie die kulturelle Ausstrahlung der DDR heben könnten?
Es ist etwas anderes. Die Zentrale hat sich unterdessen in Devisen-Schulden verstrickt, mit deren Hilfe sie hofft, ihre Wirtschaft in Gang zu halten. Die Notwendigkeit ist entstanden, wenigstens einen Teil der Zinsen zu bezahlen, wenigstens soviel, daß die Zentrale in den Augen internationaler Banken weiterhin den Eindruck der Kreditwürdigkeit aufrechterhält. Die Zentrale ist auf der fieberhaften Suche nach »Reserven«, nach Produkten, die sich in den Westen verkaufen lassen. Die Erzeugnisse der DDR-Industrie haben eine Schwäche,

die zwar im Inland keine Rolle spielt, weil die DDR-Bürger, getreu der »Lehre Lenins«, genügsam und opferbereit sind, die aber fatal wird, wenn man diese Erzeugnisse in den Westen verkaufen will: Es ist mangelnde Qualität. Gottlob gibt es Waren, die vorhanden sind, ohne daß sie allzu große Unkosten erfordern. In DDR-Gefängnissen sitzen jene Unbelehrbaren, die sich »Lenins Lehre« bis heute verschließen, und die aus irgendeinem Grunde nicht bereit sind, der Zentrale so zu dienen, wie es Lenin und seine Nachfolger von den »sozialistischen Menschen« erwarten. Mit diesen Menschen kann die Zentrale ohnehin nicht mehr viel anfangen. Sie ist gegen ein von ihr festgelegtes Entgelt, bereit, die Unbelehrbaren dorthin zu entlassen, wo man sich bis heute die Schwäche des »bürgerlichen Humanismus« erlaubt, auch dies ein »Relikt«, durch »Lenins Lehre« längst und für alle Zeiten widerlegt. Erfreulicherweise interessiert man sich dort nicht nur für die Insassen von DDR-Gefängnissen, sondern auch für Antiquitäten und Kunstgegenstände. Das kostspielige Vergnügen, Traditionen zu bewahren, gehört, wie die menschliche Anteilnahme am Schicksal von DDR-Häftlingen, zum »bürgerlichen Humanismus«. Selbstverständlich sind »sozialistische Menschen« über beides längst hinausgewachsen, die Zentrale kann daher im Inland solche Regungen nicht tolerieren, wenn sie auch bereit ist, sie im Falle der Schuldentilgung auszunutzen.

Im Dezember wurde die Erbschaft von Gertrud Heartfield, die wir Tutti nannten, auf diese Weise konfisziert. Der Staat hatte sich längst Einblick in Tuttis Vermögensverhältnisse verschafft. Besonders hatten es ihm die Bibliothek, die Porzellan-Sammlung und die Ost-Asiatika angetan: Es waren Stücke darunter, die sich in den Westen verkaufen ließen. Tutti und ihr Mann, ein weltbekannter Graphiker, waren in den fünfziger Jahren aus dem englischen Exil nach Ost-Berlin zurückge-

kehrt und hatten ihre Sammlungen mitgebracht. Kurz vor ihrem Tode verfaßte Tutti Heartfield ein Testament, in dem sie ihre in Holland lebenden Verwandten und Freunde in der DDR bedachte.
Das Testament wurde niemals eröffnet. Der Staat zog die Erbschaft ein, als hätte es nicht existiert. Die Zentrale setzte Gerüchte in Umlauf, wonach das Testament im Zustand der Unzurechnungsfähigkeit aufgesetzt worden sei. Doch ich hatte Tutti zwei Tage vor ihrem Tod im Krankenhaus besucht, und wußte, daß die Zentrale log. Als Kaiser Caligula seine zerrütteten Staatsfinanzen im ersten Jahrhundert nach Christus mit ähnlichen Methoden zu sanieren suchte, sprach Tacitus von »Rohheit« und »Gier«. Die Zentrale hingegen unternimmt solche Schritte im Sinne des neuartigen Edelmutes, der in »Lenins Lehre« verankert und darauf aus ist, die gesamte Menschheit zu beglücken.

Ein Fall von »Republikflucht«, der sich im September ereignet hatte, beunruhigte uns. Der Fall war nach Kräften vertuscht worden, dennoch sickerte durch, daß eine Leipziger Malerin von ihrer Ein-Tages-Fahrt nach West-Berlin nicht zurückgekehrt war.
Der Zentrale war zuzutrauen, daß sie unseren für November geplanten West-Berlin-Besuch nicht genehmigte, um weiteren Fällen von »Republikflucht« vorzubeugen. Wir hatten die Hoffnung schon fast verloren, da klingelte eines Tages das Telefon und eine Stimme forderte mich auf: »Kommen Sie in die Auslands-Abteilung und holen Sie Ihren Paß. Morgen fahren Sie nach West-Berlin.« Die Begleiterinnen von der Akademie, die uns am Bahnhof Friedrichstraße erwarteten, verbargen ihre Nervosität hinter Scherzen und Geplauder. Mit Verschwörermiene weihten sie uns in eine Sicherheitsmaßnahme der Zentrale ein: wir mußten bis 20 Uhr wieder nach Ost-Berlin zurückgekehrt sein.

Normalerweise gilt ein Ein-Tages-Visum bis 24 Uhr. Warum strich man uns die letzten vier Stunden? Galten sie als besonders gefährliche Tageszeit? War es der Leipziger Malerin erst in der abendlichen Dunkelheit gelungen, sich abzusetzen?
Ich war froh, daß man mein Visum überhaupt erteilt hatte. Die Bildhauerin Mona A. durfte dagegen nicht mitfahren, aus Gründen, die nur der Zentrale bekannt waren. Sie erhielt keinen Anruf, ihr Paß blieb wo er war: im Tresor der Auslands-Abteilung. In den Tagen, die der Erteilung eines Visums vorausgehen, erreicht die Spannung einen Grad, wo sie alle möglichen Vermutungen hervorruft. Jeder hat in seinem Leben etwas gesagt oder getan, das der Zentrale mißliebig sein könnte. Erhielt man das Visum, war alles gut. Erhielt man es nicht, wußte man den Argwohn der Zentrale wie einen Schatten über sich. Man begann zu spekulieren. Was mochte der Grund für die Ablehnung sein? Die Zentrale weiß genau, warum sie ihre Ablehnungen niemals begründet. Es gibt keine bessere Möglichkeit, zwischen nahestehenden Menschen Mißtrauen zu säen. Mona A. würde jetzt überlegen, wo in ihrem Bekanntenkreis eine undichte Stelle wäre, zu wem sie wann was gesagt, und wer es an die Zentrale verraten hatte. Sie würde noch vorsichtiger und verschlossener sein, als sie es ohnehin schon war. Sie würde in Zukunft unerwünschte Äußerungen unterlassen, Risiken vermeiden und sich Extravaganzen versagen. Die unbegründete Verweigerung einer Reise-Erlaubnis ist ein Mittel der Zähmung. Fast immer hat es Erfolg.
Im Unterschied zu Mona A. konnte ich aufatmen. Die Zentrale gab mir zu verstehen, daß sie mir vertraute und mich für halbwegs zuverlässig hielt. Es lag nichts Schwerwiegendes gegen mich vor, meine Telefonate waren unverfänglich, meine Reden verschlüsselt genug, meine Umgebung hielt dicht. Selbst die Affäre mit der Nationalen Volksarmee, das dunkelste Kapitel

meines Lebens in der DDR, schien vergeben und vergessen.
Die Zentrale gab uns eine Gelegenheit, ihre Gunst zu rechtfertigen. Einen weiteren Fall von »Republikflucht« würde sie selbstverständlich nicht verzeihen, dann wäre es höchstwahrscheinlich mit den Ein-Tages-Fahrten für ausgewählte junge Künstler endgültig vorbei. Wir waren uns dessen bewußt. Wir wußten uns als Gegenstand der Aufmerksamkeit der Zentrale, aber auch als Gegenstand der Hoffnungen unserer Kollegen. Es war klar, daß wir, schon aus Gründen der Fairneß, zurückzukehren hatten.
Auch für unsere Begleiterinnen von der Akademie stand einiges auf dem Spiel. Nicht nur, daß man sie im Falle einer weiteren »Republikflucht« zur Verantwortung ziehen würde, es wäre darüber hinaus vielleicht auch für sie mit den Ein-Tages-Fahrten vorbei. Obwohl sie diese West-Berlin-Aufenthalte in angespannter Aufmerksamkeit verbrachten, mit unserer ständigen Beobachtung beschäftigt und gewissermaßen im Zustand der Mobilisierung, so hatten sie immerhin Gelegenheit, dem Einerlei ihres DDR-Alltags für einige Stunden zu entrinnen, auf dem Kurfürstendamm zu flanieren und kleine Einkäufe zu machen. Nicht zuletzt war es für sie eine Prestigefrage. Es gibt in der DDR keine höhere Auszeichnung, als in den Westen fahren zu dürfen. Vielen verleiht die Zentrale Orden, Renten und Sonderzuteilungen, doch nur wenige läßt sie hinaus.
Unsere Begleiterinnen gehörten zu dem engen Personenkreis, der die höchste Stufe des Vertrauens erklommen hat; für diesen Kreis tritt sogar die Isolation, eines der Grundgesetze der DDR, außer Kraft. Die Angehörigen dieses Kreises, in der Parteisprache als »Reise-Kader« bezeichnet, leben im Zustand zugespitzter Schizophrenie. Einerseits wissen sie etwas, was den anderen DDR-Bürgern verborgen bleibt, denn sie haben die Möglichkeit, das Leben im Westen mit dem in der

DDR zu vergleichen. Andererseits können sie von diesem Wissen keinen Gebrauch machen, sie müssen es tief in sich verschließen und begraben. Bei jeder Reise wird ihnen das ganze Ausmaß bewußt, in dem die Zentrale die DDR-Bürger belügt. Sie müssen auch hierzu schweigen. Jede Äußerung, mit der sie verraten, daß sie der Zentrale auf die Schliche gekommen sind, kann ihrem Status als »Reise-Kader« ein Ende bereiten.

Für die »Reisekader« ist Heuchelei ein lebensnotwendiger Schutzmechanismus. Die Heuchelei nimmt von ihrem Wesen Besitz, sie verschleiert ihre Sprache und läßt sie doppelgesichtig und unverständlich werden, oder, um es mit einem modernen Terminus auszudrükken, zu »vielschichtigen Persönlichkeiten«. Ein klares, vernünftiges, vor allem eindeutiges Wort wird man ihnen schwerlich entlocken, sie sind die Meister der »Anspielung«, des »wissenden Lächelns« und des »rätselhaften Schweigens«. Das unterirdische Hin und Her ihres Charakters macht sie dem Verrat geneigt.

Unsere Gesellschaft setzte sich in Bewegung. Die Nervosität unserer Begleiterinnen teilte sich uns mit, und als ich vor dem satt lächelnden Grenzoffizier stand, verlor ich für Minuten die Übersicht über meine zahlreichen Papiere. Der Offizier blätterte darin und kam zu dem Ergebnis: »Daraus wird nischt.«

»Warum?« fragte ich schockiert.

»Bringen Sie erschtemal Ihre Babiere in Ordnung!«

In einem der Formulare war eine Rubrik nicht ausgefüllt. Der Offizier, so alt wie ich, von der grünen Uniform prall umspannt, ließ sich herbei, mir die Rubrik zu nennen.

Ich fand sie und füllte sie aus. Der Offizier warf einen kurzen Blick auf das Formular, nickte seinem Genossen in der Kabine zu und sagte: »Nu siehts schon hübscher aus.«

Seine Blicke folgten mir. Es war nicht üblich, daß man in meinem Alter ins westliche Ausland fahren durfte,

ihm beispielsweise war es nicht vergönnt, heute und bis in alle Ewigkeit.
Wir verließen die U-Bahn auf dem Bahnhof Kurfürstenstraße, um zur Nationalgalerie zu gehen. Die beiden Akademie-Damen blieben ständig in unserer Nähe. Sie hatten sich für diesen Tag zurechtgemacht: die Ältere trug einen langen Ledermantel und karierte Karottenhosen, die Jüngere Lammfell und Samt. Auf ihrem Kopf ruhte ein Mützchen aus schwarzem, changierenden Stoff, wie ich es später bei Karstadt sah. Beide hatten, wie auf Verabredung, nicht eine einzige Faser östlicher Bekleidung am Leibe. Gehörte es zu ihren Anweisungen, nicht als DDR-Bürger erkannt zu werden? Oder wollten sie sich für einen Tag der Illusion hingeben, keine DDR-Bürger zu sein?
Schon nach wenigen Schritten auf West-Berliner Pflaster bemerkte ich, daß hier etwas fehlte. Die Luft war klarer. Es gab keine Autos mit Zwei-Takt-Motoren und keine altersschwachen Schornsteine, aus denen ungeniert tiefschwarzer Qualm in den Himmel stieg, als wäre es selbstverständlich und ein Naturereignis. Auf den Straßen lagen weder versteinernde Haufen von Baumaterial, noch Berge brösliger Briketts, und die Fassaden der Häuser sahen nicht danach aus, als würden sie jeden Moment auseinanderfallen...
Aber das war nicht alles. Wäre es alles gewesen, hätte ich es verkraftet. Denn ich bin fast dreißig Jahre lang im Sinne der »Lehre Lenins« erzogen und beeinflußt worden, und nach dieser Lehre sind Häuser und Autos nicht das Wesentliche, weil sie dem Menschen dienen und alltäglich sind. Gute funktionierende Autos und reparierte Häuser rufen in den Menschen womöglich den Hang zur Entspannung hervor, diesen Erzfeind der »Lehre Lenins« und der ewigen Mobilmachung. Nach der »Lehre Lenins« gilt es als Zeichen von Primitivität und Rückschrittlichkeit, den alltäglichen Dingen Bedeutung beizumessen. Das einzige was zählt, ist »das

Wesen der Dinge«. Was aber war »das Wesen der Dinge« in der Potsdamer Straße in West-Berlin?
Hinter den Fassaden, Autos und Supermärkten verbarg sich »das Wesen des Imperialismus«. Es bestand, so hatte man uns glauben gemacht, in nichts anderem als Unmenschlichkeit. Die Menschen, denen ich hier begegnete, mußten in irgendeiner Weise davon berührt und geprägt sein.
Ich brauchte fünf Minuten, um zu entdecken, daß die Passanten höflicher, freundlicher und vor allem besser gelaunt waren als die Passanten in Ost-Berlin. Ein Mädchen mit bunten Plastetüten im Arm trat aus der Glastür eines Woolworth-Ladens, Popper überholten mich, in wattierten Jacken aus luftigem Stoff, sie lachten, und ihre Schritte in den weichen Tennisschuhen waren federnd und fröhlich. Etwas fehlte.
Es war das *Unaussprechliche,* das Namenlose, Allgegenwärtige, ohne das wir uns das Leben nicht vorstellen konnten, der atmosphärische Druck, der uns ständig umgab und allmählich ein Teil unseres Wesens geworden war. Das Unaussprechliche fiel von mir ab. Sein Fehlen bewirkte, daß mich ein Gefühl der Leichtigkeit erfaßte, wie ein Aufwind. Ich fühlte mich versucht, Tanzschritte zu machen, oder wenigstens genauso federnd und fröhlich zu laufen, wie die Popper, die uns zur Nationalgalerie vorauseilten.
Es war klar, daß die Popper das Unaussprechliche nicht kannten. Sie hatten es noch niemals verspürt, ihre kindlich federnden Schritte, ihre unschuldigen Mienen verrieten es. In ihren Augen hatte ich nichts anderes gelesen, als völlige Ahnungslosigkeit, was das Unaussprechliche betraf. Mit einem Male fühlte ich mich in meine Kindheit zurückversetzt, als auch ich das Unaussprechliche noch nicht kannte, in meine Jugend, als ich mit der rumpelnden Straßenbahn fuhr, und versuchte, einen Blick in das Innere verhängter Busse zu werfen. Damals hatte ich die Ahnungslosigkeit verloren, als ich

das Unaussprechliche in den Gesichtern der korpulenten, uniformierten Männer sah.
Von diesem Augenblick an fühlte ich mich von meinem bisherigen Leben abgespalten. Die »Lehre Lenins« war überflüssig. In einer Welt, die sie nicht beherrschte, fehlte das Unaussprechliche, verringerte sich mein Körpergewicht, erfaßte mich Auftrieb. Hatten die Popper je von der »Lehre Lenins« gehört? Sicherlich. Diese Lehre hat sich überall Zutritt verschafft, und den Namen eines bis dahin erfolglosen russischen Kleinadligen in alle Winde getragen. Doch wenn sie von ihr gehört hatten, wußten sie noch lange nicht, ahnten sie nicht einmal im Traum, was sie bedeutete. Ich starrte den Vorübergehenden ins Gesicht und sah überall das gleiche: Ahnungslosigkeit. West-Berlin erschien mir unwirklich. Ich war außerstande, den am Horizont sichtbaren Ost-Berliner Fernsehturm in dieses Bild einzuordnen. Während ich lief, spukten durch meinen Kopf abgerissene Sätze und Parolen vom »hoffnungslosen Lebensgefühl der Menschen im Westen« und davon, daß »der Imperialismus dem Untergang geweiht« sei. Die Parolen waren ein Teil des Unaussprechlichen. Endlich begriff ich, wozu sie dienten: sie belästigten und vergifteten, verdarben jede Freude und jeden Anblick. Entweder mußte ich jetzt die Augen schließen oder ich mußte das Unaussprechliche für alle Zeiten aus meinem Kopf vertreiben.
Das Wesen der »Lehre Lenins« ist der Zwang. Noch einmal, zum letztenmal, zwang sie mich zu einer Entscheidung. Entweder verfiel ich ihr endgültig, oder sie war für immer abgetan.
Ich sah an diesem Tage noch vieles in West-Berlin, nicht alles gefiel mir, aber selbst das, was mir nicht gefiel, war vollkommen anders als man mir erzählt hatte. Überall sah ich, daß ich das Opfer eines ungeheuerlichen Betruges war.
Am Adenauer-Platz erwarteten mich unsere Damen.

Wir besuchten die Majakowski-Galerie und verhandelten wegen unserer Ausstellung. Anschließend äußerte ich den Wunsch, nach Dahlem ins Kupferstich-Kabinett zu fahren. Sabine kannte es und hatte es mir empfohlen. Unsere Begleiterinnen ließen mich ziehen, doch zuvor ermahnten sie mich: »Vergiß nicht, Punkt acht am Bahnhof Zoo...«
Ich war pünktlich. Unsere Damen erwarteten uns bereits; sie waren noch nervöser als heute morgen: H. war abhanden gekommen.
»Weißt du, wo er ist?« fragte die Ältere, hektisch rauchend.
»Nein.«
»Dann warten wir noch etwas.«
H. kam bald. Sein Gesicht nahm einen undurchdringlichen Ausdruck an, als er die Damen erblickte. Neben mir hörte ich Seufzer der Erleichterung.
Wir sahen noch einmal über den erleuchteten Platz. Ein Mann trug einen farbig bedruckten Karton, zwei Afrikaner schlenderten vorüber, in Jeans und mit Kaugummi kauenden, entspannten Gesichtern. Die Cafés waren geöffnet, bei McDonalds saßen Jugendliche und tranken Cola. Alles war lebendig und voller Bewegung.
Wir standen mit erstarrten Mienen, im Kopf wirre Gedanken und Bilder, und neben uns unsere Damen, in Leder und Pelz.
Wir gingen in den Bahnhof und fuhren zurück.

Es klingelte genau in dem Augenblick, als Frau Jaeckel den Apfelauflauf hereintrug. Sie warf ihrem Mann einen Blick zu, er ging öffnen und kam nach einigen Minuten zurück. Hinter ihm trat noch jemand ins Zimmer, händereibend und mit einem weinroten Nylon-Anorak bekleidet. Der Student aus Göttingen und ich machten Anstalten, aufzustehen und den Mann zu begrüßen.

Aber er wehrte ab und sagte in sächsischer Mundart: »Lassen Sie sich nicht stören.«
Wir beschäftigten uns mit Kaffee und Kuchen. Im übrigen warteten wir darauf, daß der Mann sich vorstellen und seinen Besuch erklären würde. Der Student aus Göttingen hob den Kopf und sah den Mann geradewegs an. Der Mann lächelte aufmunternd und jovial.
»Gefällt es Ihnen hier?« fragte er den Studenten.
Der Student war verblüfft. Er warf Jaeckel einen fragenden Blick zu, aber Jaeckel wich dem Blick aus. Der Student sah mich an. In meinem Gesicht las er grenzenlose Verwunderung. Niemand im Raum gab ihm zu verstehen, wie er reagieren sollte.
Schließlich siegte die Höflichkeit. Er lächelte freundlich und antwortete: »Danke, es gefällt mir gut.«
»Ich weiß, ich weiß«, sagte der Mann, »Sie kommen ja auch nicht das erschtemal in die DDR.«
»Nein... Ich war schon einigemale hier...«
»Haben Sie denn auch genug Geld?«
Ich glaubte, meinen Ohren nicht zu trauen. Ich sah den Mann im Anorak genauer an, und begriff endlich, wer er war. Ich war diesen Leuten bisher kaum begegnet, und mir fehlte das Training, sie zu erkennen. Natürlich, was denn sonst, dachte ich, roter Nylon-Anorak, nichtssagendes, feistes Gesicht, huschende Augen, Fünfziger-Jahre-FDJ-Frisur...
»Ich verstehe Sie nicht!« sagte der Student.
Der Mann lächelte belustigt. Er wandte sich an mich: »Sind Sie auch aus der BRD?«
»Nein.«
»Aber Student sind Sie, habe ich recht?«
»Das ist ein Bekannter aus Berlin, der in Jena studiert«, sagte Jaeckel, um mich vor weiteren Fragen zu bewahren. Seine Frau schien erstarrt. Sie sah aus dem Fenster, wo kahle Bäume ihre Äste in den fahlen Februar-Himmel reckten. Graues, unwirkliches Licht drang ins Zimmer, die Konturen verschwammen. Nur das Cembalo

mit seinen streng geschwungenen Rokoko-Beinchen gab dem Blick einen Halt.
Auf dem Cembalo stand, unter einem Glassturz, eine Gruppe von Miniatur-Figürchen: ein Flötenspieler in Wams und Kniehose, eine Dame im Reifrock, die ein winziges Notenblatt in den Händen hielt, ein Kavalier mit Perücke am Spinett und Zuhörer auf Armstühlen. Ein Rokoko-Konzert. Sah man in dämmrigen Nachmittagsstunden lange genug durch den Glassturz, glaubte man, zierliche Musik zu hören.
Der Mann im Anorak räusperte sich. Dann fragte er den Studenten:
»Waren Sie schon in der großen Buchhandlung am Markt?«
»Nein.«
»Sie sollten hingehen. Es gibt eine Menge Bücher dort, die für Sie interessant sein dürften. Überhaupt gibt es bei uns einiches zu kaufen.«
»Aha.«
»Aber es hapert wohl mit dem Geld?«
Jaeckel schaltete sich ein. »Unser Gast bekommt Geld von uns, wenn er etwas kaufen möchte.«
Der Mann winkte ab. »Aber warum denn? Wir unterstützen ihn gern! Sehen Sie«, sagte er, an den Studenten gewandt, »Sie sind sehr fortschrittlich eingestellt, das wissen mir... Keine falsche Bescheidenheit... Sie gehören zum linken Flügel der Göttinger Studentenschaft, haben sich an andi-imbrealisdischen Demonstrationen beteiligt... Mir kennen die Verhältnisse an Ihrer Universität... Ist uns alles bekannt. Mir sind auch gegen den US-Imbrealismus. Da können mir doch zusammenarbeiten...«
»Wie stellen Sie sich das vor?«
»Ganz einfach. Sie erzählen uns einiche Eindrücke von Ihrer Universität, tauschen mit uns Ihre Erfahrungen aus, über Fragen des andi-imbrealisdischen Kampfes... Sie gehören doch auch zu den progressiven Kräften, ge-

nau wie mir. Warum sollen mir nicht unsere Erfahrungen austauschen?«
»Ja, ich weiß nicht...«
»Aber ich bitte Sie! Sie studieren Nationalökonomie, stimmts? In der BRD sind die Lehrbücher sehr teuer, das wissen Sie so gut wie mir. Wir beraden Sie beim Bücherkauf, bestellen Bücher, Sie sagen uns, was Sie brauchen... Oder wenn Sie andere Dinge benödichen...«
»Ich denke, ich bin nicht der richtige Mann für Sie.«
»Aber, aber. Nicht so schüchtern. Sie kommen gern in die DDR, besuchen Jaeckels. Dabei soll es doch bleiben, oder? Ich schlage Ihnen vor, Sie kommen mal zu uns ins Büro. Ich rufe Sie in den nächsten Tagen an... Bis dahin können Sie sich schon mal überlegen, was mir Ihnen besorgen sollen...«
Unten hupte ein Auto.
Der Mann im Anorak stand unvermittelt auf. »Ich muß gehen. Schade, war nett hier, wirklich. Ich habe mich gefreut, Sie gennenzulernen.« Der Mann gab dem Studenten die Hand, anschließend mir. Jaeckel brachte ihn hinaus.
Als er zurückkam, schwiegen wir noch immer. Frau Jaeckel sah hartnäckig aus dem Fenster. Der Student sah Jaeckel an. »Ja«, sagte Jaeckel, »so ist das hier. Verstehst du, so ist das hier bei uns...«

2. 3. 1984

Die Genossin Rosi Willumat, Stellvertretende Leiterin der Wissenschaftlichen Abteilung Bildende Kunst der Akademie der Künste der DDR, hat die Angewohnheit, am frühen Morgen zu telefonieren.
Zwischen sieben und halb acht klingelte unser Telefon, und die Genossin Willumat überraschte uns mit Anweisungen, Bitten und Nachfragen. Heute ließ sie mich wissen, der Stellvertretende Chefredakteur der Zeitschrift ›Sinn und Form‹ interessiere sich für meine Tex-

te über Armenien, aus denen ich gestern in der Akademie gelesen hatte.
Rosi war gut informiert. Sie wußte von meinem Reisetagebuch und schlug vor, es in ›Sinn und Form‹ abzudrucken. Was sie jedoch nicht wußte: mein Tagebuch enthielt Stellen, die weder ›Sinn und Form‹ noch irgendeine andere DDR-Zeitschrift jemals drucken würde. Ich sah zermürbende Verhandlungen und Kämpfe um einzelne Sätze voraus, und ich verspürte wenig Lust, mein Manuskript verstümmeln zu lassen. Außerdem war das ganze Projekt gegenstandslos. Wir hatten einen Ausreiseantrag gestellt. Ich war erstaunt, daß Rosi es noch nicht wußte.
Vor etwa zwei Wochen rief Rosi schon einmal an, es ging damals um meinen Text für den Katalog der West-Berliner Ausstellung. Darin stand ein Satz, der Rosi verwirrte. Ich schrieb, daß wir nach mehrwöchigem Aufenthalt in Armenien »einen Zuwachs an Kraft und innerer Nonchalance« verspürten, und das erschien ihr anzüglich und hintergründig. Zu Recht, denn der spätere Verlust der »inneren Nonchalance« angesichts des tristen DDR-Alltags brachte mich erstmals auf den Gedanken, die DDR zu verlassen. Dabei hatte ich mich vorsichtig ausgedrückt. Ich meinte »innere Freiheit«, die erschütternde Erfahrung, daß man anders leben könne, als in der DDR.
Armenien war mir sympathisch. Ein großer Teil des armenischen Volkes lebt im Westen, seit türkische Eiferer zu Beginn des Jahrhunderts versuchten, dort ihre Ordnung einzuführen. Später fiel das Land an die Sowjetunion, aber die Kontakte zu den Auswanderern, und damit zum Westen, ließen sich niemals ganz unterbinden, sie stehen jetzt in voller Blüte. Die Auslands-Armenier sind in den USA und in Frankreich zu Geld gekommen, und sie tragen einen Teil dieses Geldes in ihre alte Heimat zurück, finanzieren Kunstschulen und Erholungsheime, und fördern die armenische Kultur. Den

Armeniern ist es gelungen, die obligate sowjetische Isolation zu durchbrechen. Auch die Kampagnen und tagespolitischen Parolen der Moskauer Zentrale verlieren dort, im Land hinter dem Kaukasus, ihre Allmacht und Bedrohlichkeit. Sie schmelzen dahin, wie Packeis in der Sonne. Man führt, unter der Aufsicht der in Jerewan lebenden russischen Instrukteure, die Anweisungen der Zentrale aus, aber ohne großen Eifer. Kultur und Alltag des Volkes bleiben weitgehend verschont.
Ich hatte nach meiner Rückkehr aus Armenien erhebliche Schwierigkeiten, mich in Ost-Berlin zu akklimatisieren. Die scharfen Reden der Parteifunktionäre erschienen mir abwegig, ich verglich die gepflegten Straßen und Parks von Jerewan mit den verkommenen Straßen in Ost-Berlin, ich erinnerte mich an die Toleranz und Kultur der Armenier, und sah um mich verbohrte und verkniffene Gesichter und hörte kreischende Stimmen. Ich hörte Genossen predigen und Betrunkene grölen, und ich dachte: Dieses Volk hält nicht auf sich, es hat keine Selbstachtung, auf ihm ruht kein Segen. Ich hatte dieses Gefühl mit »innerer Nonchalance« sehr behutsam umschrieben. Die Genossin Rosi Willumat nahm dennoch Anstoß daran und bat am Telefon: »Kannst du es nicht ändern? Muß es denn unbedingt ein *Fremdwort* sein?«
Ich fragte: »Was sollte ich sonst schreiben?«
»Nimm doch ein deutsches Wort, etwa: Gelöstheit.«
»Nein«, antwortete ich, »Gelöstheit ist kein schönes Wort, das will ich nicht in meinem Text haben. Ich finde, Nonchalance trifft es am besten.«
Rosis Bedenken waren überflüssig. Der Text wurde nie veröffentlicht. Jener Katalog verschwand, als in der Akademie bekannt wurde, daß wir ausreisen wollten. Aber Rosi Willumat konnte das damals nicht ahnen, und sie ahnte es auch heute morgen noch nicht, als sie mir vorschlug, mein Armenisches Tagebuch in ›Sinn und Form‹ abzudrucken.

Um 14 Uhr erschienen in unserem Atelier zwei Besucher, der Parteisekretär des Berliner Künstlerverbandes und der »Erste Sekretär des Bezirksvorstandes des Verbandes Bildender Künstler«, der Genosse Dr. Günter Piechotta. Wir begriffen sofort, daß der Parteisekretär und Dr. Piechotta die ersten Unterhändler waren, die im Auftrag der Zentrale mit uns sprechen, uns überreden und zum Hierbleiben bewegen sollten.
Sabine blieb hinter ihrem Schreibtisch sitzen. Ich bot den Herren Kaffee an. Mir war klar, daß dieses Gespräch die Weichen stellen würde. Unser Fall konnte, wie ein Tumor, als gutartig oder bösartig angesehen und behandelt werden. Dieser Unterschied war entscheidend, denn er würde bestimmen, wie lange man zur »Bearbeitung« unseres Antrages brauchen und auf welche Art man uns ausreisen lassen würde. Ich horchte beim Kaffeekochen auf die Stimmen im Nebenzimmer und registrierte mit Erleichterung, daß sie gedämpft und höflich waren.
Der Parteisekretär schlug vor, den Fall zu vertuschen. Sollten wir den Antrag zurückziehen, seien uns Diskretion und Verständnis gewiß. Er versprach, alle Angelegenheiten so zu regeln, daß »niemand etwas davon erfährt«. Er kündigte sogar an, daß drohende Parteiverfahren »zu überprüfen«.
Hätten wir, womit man in der Zentrale offenbar rechnete, mit unserem Antrag Druck ausüben wollen, konnten wir nunmehr frohlocken: Die Zentrale ging auf unsere Bedingungen ein. Aber wir wollten der Zentrale keine Zugeständnisse abpressen, wir wollten tatsächlich hinaus. Außerdem wußten wir, daß niemand die Zentrale ungestraft unter Druck setzen kann. Eines Tages würde man sich der Sache erinnern. Die Zentrale ist geduldig. Sie wartet jahrelang, aber irgendwann, wenn man nicht mehr daran denkt, schlägt sie zurück.
Sabine wies auf den Rückgang unserer Aufträge hin. Sie zeigte Mappen mit Arbeiten, die ohne Begründung

abgelehnt worden waren, und andere, die man zwar akzeptiert und bezahlt, aber niemals veröffentlicht hatte. Diese Fälle nahmen in der letzten Zeit zu und Sabine sprach von »systematischer Einkreisung«. Dr. Piechotta schüttelte bekümmert den Kopf. Er befand sich in einem Konflikt: Selbstverständlich durfte er unsere Ausreise nicht gutheißen, andererseits schien sie ihm das kleinere Übel zu sein. Ihm war anzusehen, daß er Angst hatte. Erst jetzt wurde ihm klar, wie fatal sich die Angelegenheit entwickeln konnte, wenn wir den Antrag zurückzogen, um den Preis einer »Untersuchung der Hintergründe«.
Warum hatte der Verlag des ZK Sabine laufend Honorare gezahlt, wenn ihre Arbeiten dort verschwanden und nicht veröffentlicht wurden? Warum erhielt sie vom Kinderbuchverlag und von anderen Verlagen, für die sie zehn Jahre lang erfolgreich gearbeitet hatte, schlagartig keinen einzigen Auftrag mehr? Warum waren unsere Arbeiten in letzter Zeit bei den Ausstellungen des Verbandes stillschweigend ausjuriert worden? Dr. Piechotta sah sich mit Dingen konfrontiert, gegen die er machtlos war, wenigstens jetzt, in diesem fortgeschrittenen Stadium. Er sprach von »Filzokratie« und von »vorübergehenden Schwierigkeiten«, aber im Grunde glaubte er selbst nicht daran. Nach anderthalb Stunden einigten wir uns. Wir würden den Antrag nicht zurückziehen und er »diesen Schritt« nicht billigen, wenn er auch eingestand, daß wir Gründe angaben, »die nicht vom Tisch zu wischen sind«.
Der Parteisekretär und Piechotta drückten nochmals ihr Bedauern aus. Ich empfand im stillen eine Art Sympathie, weil sie nicht von »Verrat« gesprochen, sondern alles besonnen erwogen hatten. Auch sie schienen Sympathie zu empfinden, denn wir ersparten ihnen Scherereien. Unser Entschluß, ohne Krach zu gehen und im Westen einen beruflichen Neubeginn zu riskieren, war in ihren Augen respektabler, als die Zentrale zu erpres-

sen und sie zu einer Untersuchung zu zwingen, die niemandem angenehm war.
Ich sah sie an unserem Fenster vorbei zu ihrem Dienstwagen eilen. Entweder begaben sie sich jetzt zum ZK, um dort zu berichten, oder sie mußten ein Telefonat führen. Aber ich hatte den Eindruck, als würden sie melden: »Es hat keinen Zweck, laßt sie gehen.«

Zu Hause empfing uns unser 11jähriger Sohn. »Eine Frau hat eben angerufen«, erzählte er, »und mich gefragt, ob ich schon weiß, daß wir verreisen werden.«
»Und was hast du geantwortet?«
»Daß ich nichts davon weiß. Wir wollen ja auch nicht verreisen, sondern in den Westen gehen. Und danach hat sie nicht gefragt.«
Wer konnte angerufen haben? Es war gut, daß wir den Kindern die Wahrheit gesagt und sie gebeten hatten, am Telefon vorsichtig zu sein.
Sabine fragte: »Hat die Frau ihren Namen genannt?«
»Nein.«
»Hat sie sonst nichts gesagt?«
»Sie hat gefragt, wann ihr nach Hause kommt.«
Die Anruferin gab sich bald zu erkennen: es war Rosi Willumat.
»Ist es wirklich wahr«, fragte sie, »was ich eben gehört habe?«
»Ja.«
»Seid ihr euch auch über die Folgen im klaren?«
»Natürlich.«
»Gut. Dann erwarte ich dich am Montag um 14 Uhr in der Kaderabteilung der Akademie.«
Rosi Willumat erfuhr es erst am späten Nachmittag, denn als sie heute morgen anrief und mir die Veröffentlichung in ›Sinn und Form‹ vorschlug, wußte sie noch nichts. Warum teilte man es Rosi erst so spät mit? Wartete man in der Zentrale den Ausgang unseres Ge-

sprächs mit Dr. Piechotta ab? Hoffte man, uns in diesem Gespräch umstimmen zu können? Wenn Rosi unterdessen informiert war, hieß das: Man hoffte nun nicht mehr?

Als wir kamen, war Pröpperts Frau schon betrunken. Sie hieß Waltraud und Pröppert hatte sie vor kurzem geheiratet. Niemand kannte sie, außer Regina S., die auf einer Tagung neben ihr gesessen hatte. Sie war es auch, die Pröpperts Bekanntschaft mit Waltraud arrangierte. Die Heirat wirkte überstürzt. Niemand verstand, warum es plötzlich so schnell gehen mußte, doch ich denke, Pröppert hatte einfach das Alleinsein satt.
Das Ehepaar S. kam heute nicht, und auch Beckmann kam nicht. Er wollte heiraten, die Tochter irgendeines Generals. Er richtete eine Vier-Zimmer-Wohnung ein, und zwischen ihm und seinem Freund Pröppert entstand, was Trifonow das »Mißverhältnis« nennt.
Der Architekt T. und seine Frau erschienen und brachten Blumen mit. Waltraud konnte sich zur Begrüßung kaum noch aus ihrem Schaukelstuhl erheben. Es wurde unausgesetzt Weißwein getrunken, und das Gespräch drehte sich um Mißlichkeiten. T. sprach über pathologische Organisationsfehler in seinem Baubetrieb, über psychischen Druck und über ruinöse Günstlingswirtschaft. Wenn er eine Atempause einlegte, erlitt die Gastgeberin einen ihrer hysterischen Weinkrämpfe. Pröppert war verzweifelt. Es bedrückte ihn, daß Beckmann und das Ehepaar S. seine Einladung nicht angenommen hatten. Als er genug getrunken hatte, schimpfte er auf Beckmann und dessen Frau, über S. verlor er jedoch kein Wort, denn sie gehören zur höchsten Parteispitze. Er hegte die Hoffnung, daß sie ihm in einer schwierigen Angelegenheit helfen würden: er suchte eine größere Wohnung. Pröppert und Waltraud bewohnen ein Zimmer mit Küche und Innen-WC. Ihre Bemü-

hungen beim Wohnungsamt waren vorerst gescheitert, sogar Pröpperts Chefredakteur, als er Pröppert zuliebe dort vorstellig wurde, fertigte man kurz ab. Der Chefredakteur fand, man dürfe das nicht auf sich beruhen lassen und hatte gemeinsam mit Pröppert eine Beschwerde verfaßt, direkt an Konni Naumann, den Chef der Berliner Bezirksleitung. Beckmann, mit seiner Vier-Zimmer-Wohnung und seiner Generalstochter, mißbilligte diesen Vorstoß. Er fand, Pröppert gehe »zu weit«. »Er tat so«, berichtete Pröppert, »als hätte ich nicht eine Eingabe an Naumann geschrieben, sondern in einer Botschaft um Asyl gebeten!« Es war die Zeit, als DDR-Bürger ausländische Botschaften aufsuchten, und sich dort einquartierten. Pröppert wußte nicht, daß wir einen Ausreiseantrag gestellt hatten; er ahnte nicht einmal, daß wir überhaupt auf diesen Gedanken kommen würden. Es war unser letzter Besuch bei ihm, und wir wollten weder ihn noch Waltraud in Schwierigkeiten bringen. Er war gekränkt, daß Beckmann ihn für jemanden hielt, dessen Staatstreue wankte. Er wollte nur eine größere Wohnung, weiter nichts.
Waltraud brach trunken in Tränen aus, vergrub ihr Gesicht in den gepolsterten Händen und stampfte mit den Füßen. Sie sah uns alle mit tränennassen Augen an und fragte schluchzend: »Warum? Warum?« Ich hatte auf elf Uhr ein Taxi bestellt und pries im stillen meine Voraussicht. T. sprach ungerührt weiter, als sehe und höre er nicht, über zu geringe Gehälter, schlechte Wohnungen und zu hohe Preise. Seine Frau war blaß und abgekämpft. Sie hatte zu Hause zwei kleine Kinder, und es wurde immer schwieriger, den Standard zu halten. Beckmann und seine Frau wollten sich gar nicht erst Kinder anschaffen, und S. hatten zwar Kinder, aber sie wurden aus Wandlitz versorgt. Endlich kam unser Taxi. Sabine setzte ihren Hut auf und sagte: »Ich habe mich gefreut, euch alle noch einmal zu sehen.«

5. 3. 1984

Mein Mentor an der Akademie der Künste, der Maler Professor Walter Womacka, zugleich Rektor der Kunsthochschule Berlin-Weißensee, kehrte erst am späten Sonntagabend von der Ostsee zurück. Gegen halb elf erreichte ich ihn telefonisch und bat um ein dringendes Gespräch. Er bestellte mich für heute morgen in sein Büro. Wir saßen uns in Ledersesseln gegenüber, und ich versuchte, in seinem Gesicht zu lesen, ob er etwas wußte.

Er wußte noch nichts. Es war mir gelungen, dem Anruf der Zentrale zuvorzukommen. Das bewahrte ihn vor peinlichen Augenblicken, denn wenn sein Meisterschüler in den Westen ging, erwartete man von ihm, daß er die »Hintergründe« kannte. Daher fragte er, nachdem er die Kopie unseres Briefes an Hager gelesen hatte: »Und das sind alle Gründe, die Sie dazu veranlassen?«

Es gab »Hintergründe«. Wir hatten sie in dem Brief nicht erwähnt, denn es war anzunehmen, daß Hager sie kannte. Ein entscheidender Grund für die Verschlechterung unserer Situation war der »Offene Brief« meines Vaters an Erich Honecker, der 1979 im »Neuen Deutschland« erschienen war, und in dem oppositionelle Künstler als »kaputte Typen« bezeichnet wurden. Gleichzeitig empfahl mein Vater sich selbst und seine unwandelbare »Treue zur Partei« dem Staatsoberhaupt zu Diensten.

Alle kannten diesen Brief, denn er hatte wie eine Bombe eingeschlagen. Der alte Wieland Herzfelde sagte: »So etwas faßt man nicht einmal mit der Feuerzange an...«

Die Zentrale irrte, wenn sie auf Regungen des »gesunden Volksempfindens« gegenüber oppositionellen Künstlern spekulierte. Der Versuch, sie zu »kaputten Typen« zu erklären, schlug fehl. Denn diesen Künstlern galt die allgemeine Sympathie, gerade weil sie die

Zentrale kritisierten. Der Mann, der sie im Geiste untertänigster Parteitreue angriff, wurde zum Symbol für etwas, worunter alle litten: verderbliche Unbelehrbarkeit. Ich geriet, als Träger seines Namens, zwischen die Stühle. Die Oppositionellen mieden mich, und die parteitreuen Kreise mißtrauten mir, denn ihnen war nicht verborgen geblieben, wie ich über den »Offenen Brief« dachte.
Womacka fragte: »Warum haben Sie nie mit mir darüber gesprochen?«
Ich fragte zurück: »Hätten Sie mir helfen können?«
»Na gut«, sagte Womacka schließlich, mit einer vagen Geste in Richtung Telefon. »Ich werde sagen: Sie konnten nicht darüber sprechen, *denn über so etwas spricht man nicht gern...*«
Er hielt Wort. In den noch folgenden Gesprächen wurden wir nicht mehr nach »Hintergründen« gefragt.

Ich kam zu früh in die Akademie. Die Genossin Rosi Willumat machte mir in der Säulenhalle beschwörende Zeichen, ehe sie im Korridor zum Büro des Kaderleiters verschwand. Zehn Minuten später holte sie mich. Der Kaderleiter half mir aus dem Mantel und bot mir eine Zigarette an, er bot mir auch später immer wieder Zigaretten an; er, die Genossin Willumat und ich rauchten zwei Stunden lang fast ununterbrochen, aber es blieb unsere einzige Gemeinsamkeit. Das Gespräch war ermüdend und ohne Ergebnis. Ich erfuhr lediglich, daß die Akademie beschlossen hätte, mich sofort auszuschließen. Ich hatte Womacka am Morgen gesagt, daß ich für meinen Teil keinen Grund wüßte, warum mein Meisterstudium abgebrochen werden sollte, aber Womacka hatte nur gelächelt und mir geantwortet, daß diese »Maßnahme« selbstverständlich sei. Rosi Willumat, als ich meine Verwunderung darüber ausdrückte, rief in komischer Verzweiflung: »Aber ich bitte dich,

was gibt es da zu fragen? Wir lassen doch keinen Meisterschüler ausreisen?«
Die Genossin Willumat war nachträglich überrascht, daß ich mich an der Armenien-Veranstaltung der Akademie beteiligt hatte, obwohl an diesem Tag der Antrag schon gestellt worden war. Sie vermied das Wort »Heuchelei«, aber es geisterte durch ihren Kopf. Bei dieser Gelegenheit fiel ihr ein, daß ich im internen Reisebericht der Genossin K., unserer Begleiterin in Moskau und Armenien, positiv beurteilt wurde. »Die Edith K.«, preßte sie hervor, »hat so gut über dich gesprochen...« Sie war den Tränen nahe, und das Wort »Verrat« lag ihr auf der Zunge. Doch sie sprach es nicht aus. Möglicherweise war zu diesem Zeitpunkt schon die Anweisung ergangen, uns weder nach »Hintergründen« zu fragen, noch anders zu provozieren. Statt dessen lag *Behutsamkeit,* wie ein Spinnweb, über allen Gesprächen, und dabei blieb es – von einer Ausnahme abgesehen, bis zum Schluß. So erfuhr Rosi nie, was sie bewegte: Wie war es möglich, die DDR verlassen zu wollen, und dennoch Sympathie für Armenien zu empfinden?

Immer wieder hieß es: Verrat. Solschenyzin war ein Verräter, Axjonow und die Tochter Stalins, Swetlana Allilujewa. Jewtuschenko übte Verrat, als er im West-Fernsehen sowjetische Zustände kritisierte, und Andrej Wosnessenski, weil er sich in New York nicht gegen Swetlana Allilujewa aussprach. Es geschah ihm recht, wenn ein sowjetischer Funktionär erklärte, man werde ihn »zerquetschen wie eine Laus...«.
Mancher war auch nur vorübergehend ein Verräter, wobei »vorübergehend« ein dehnbarer Begriff ist – es konnte zwanzig Jahre lang dauern. Solche Verräter waren Tuchatschewski und Jakir, Babel und Mandelstam, Bucharin und Kamenew, überhaupt alle »Bucharinisten«, »Trotzkisten« und »Volksfeinde«. Es gab Millionen Verräter, und niemand wußte mehr genau, wer nun einer war und wer nicht. Denn viele Verräter wurden später rehabilitiert, und dann waren diejenigen Verräter, die sie vorher Verräter genannt hatten. Verräter waren fast alle, schließlich sogar Berija und Molotow, aber auch Molotow wurde noch einmal rehabilitiert und 93jährig wieder in die Partei aufgenommen. Es gab tausend Gründe, aus denen man ein Verräter wurde. Es konnte »subjektiver Idealismus«, »Fraktionsmacherei« und »Kosmopolitismus« sein, aber auch eine Kontroverse mit Chruschtschow, Fragen des Maisanbaus betreffend.
Stalin war kein Verräter. Als Hitler die Sowjetunion überfiel, war von Stalin zwei Wochen lang nichts zu hören und nichts zu sehen. Er mußte erst den Schock überwinden, denn Hitler war der einzige Mensch auf der weiten Erde, dem Stalin vertraut hatte. Er mißtraute seiner Frau, seinen Freunden und seinen Genossen, seinen Ministern und Marschällen, aber Hitler glaubte er, und auf Hitler fiel er herein. Der Fall ist einmalig, daß ein Staatsoberhaupt sich bei Kriegsbeginn verkriecht und tot stellt. Während dieser zwei Wochen wurden tausende junger Männer wegen »Feigheit« und wegen

»Verrats« erschossen, man sah nicht so genau hin –, denn es war Krieg und die Lage ungeklärt und wirr. Nicht zuletzt deshalb, weil der Allgewaltige und Allwissende, der »Vater der Werktätigen«, weil Stalin seinen Posten verlassen hatte. Diese zwei Wochen existieren nicht. Sie sind aus der »sozialistischen Geschichtsschreibung« verschwunden, wie der Pakt mit dem faschistischen Deutschland, wie der Einmarsch in Polen und wie das Foto, auf dem der breit lächelnde Stalin mit Hitlers Außenminister von Ribbentrop Sekt trinkt, ein Foto, das der ›Völkische Beobachter‹ mit der Überschrift versah: »Ein historischer Händedruck«.
Stalin verrechnete sich. So gründlich, wie sich nur ein mittelalterlicher Despot verrechnen konnte, der davon träumte, im Bund mit einem anderen Tyrannen das bürgerliche Europa »auszulöschen«. Stalin begriff niemals, warum Hitler sein Land überfiel – es erschien ihm sinnlos und vernunftwidrig. Hinzukam, daß Stalin kurz zuvor das Führungskorps der sowjetischen Armee liquidiert hatte, von den fünf ersten Marschällen blieben nur zwei am Leben: der Lakai Woroschilow und der schlichte Reitergeneral Budjonny, und es gab kein Regiment in der Millionen-Armee, aus dem nicht wenigstens der Kommandeur oder der Stabschef oder beide verhaftet worden wären. Die sowjetische Armee verfügte über keine modernen Waffen, denn es war verboten, einen Krieg mit Hitler-Deutschland auch nur für möglich zu halten. Jeder, der öffentlich davon sprach, verschwand spurlos, und nach so gründlichen Vorbereitungen fand Hitler dann auch richtig einen fast kampfunfähigen Gegner vor. Der Mangel an Offizieren und Kriegstechnik wurde durch unmenschliche Härte wettgemacht und Hunderttausende russische Infanteristen fielen, als man sie, altertümliche Karabiner in den Händen, gegen Panzer losschickte. Das unvorstellbare Elend, das der Krieg dem russischen Volk brachte, geht auf das Konto des Aggressors, aber auch auf das Konto

des »Vaters der Werktätigen«, der die sowjetische Armee ruiniert hatte. Und dennoch stand Stalin aus diesem Desaster auf, wie Phönix aus der Asche. Er konnte noch weitere Millionen Menschen des Verrats bezichtigen und grausam bestrafen.

Dieser Vorgang geht eigentlich über menschliche Vorstellungskraft, zumindest über die Vorstellungskraft eines Menschen des 20. Jahrhunderts. Im faschistischen Deutschland fand sich immerhin zu später Stunde eine Gruppe von Generälen und Würdenträgern, die den Tyrannen beseitigen wollte. Die sowjetischen Marschälle aber standen Gewehr bei Fuß, als Stalins Heros wieder auferstand und erneut zum göttlichen Richter über Verrat und Treue wurde.

Noch immer heißt es: Verrat. Wer das Land verläßt, wer auch nur an Lenins menschheitsbeglückender Lehre zweifelt oder »westliche Irrlehren« für überdenkenswert hält, ist ein Verräter. Dieses Wort kann einen jeden treffen, der den Kopf zu heben wagt, und es macht erst halt an der allerhöchsten Pyramidenspitze, wo zuviel Göttliches im Spiel ist, um so weltliche Worte wie Verrat zu gestatten. Die Unfähigkeit, Lenin und Stalin mit menschlichen Maßstäben zu messen, enthüllt den vor-bürgerlichen Geisteszustand dieses Systems. Tolstoi schrieb in »Krieg und Frieden«, daß »die Anerkennung der Größe als eines Begriffs, der mit dem Maßstab des Guten und des Bösen nicht meßbar ist, nur eine Anerkennung der eigenen Nichtigkeit und unmeßbaren Kleinheit« sei. Göttliche Größe hier, unmeßbare Kleinheit dort, ein System, das auf diesem Fundament erbaut ist, gleicht einem bewegungsunfähigen Fossil. Es mag Feuer speien und grollen, aber die Entwicklung geht darüber hinweg.

Am Abend kam überraschend der Genosse Herbert Braun. Der 72jährige hatte die Mühe nicht gescheut, bei regnerischem Wetter die ziemlich weite Entfernung zurückzulegen, und daher entstand neben dem von ihm geplanten Überrumpelungseffekt noch eine andere Wirkung: ich verspürte Mitleid mit ihm. Herbert Braun ist auf mein Mitleid nicht erpicht, und viele, die ihn von früher kennen, als er Macht hatte und hohe Parteifunktionen bekleidete, besonders diejenigen, die ihm Parteistrafen oder Schlimmeres verdanken, werden mein Mitleid nicht gutheißen. Aber als er im Korridor stand und überlegte, ob er seinen Inhalator benutzen sollte oder nicht, tat er mir leid. Er faßte sich schnell, stiefelte durch die Zimmer und sah sich ungeniert um. Das, was er bisher geflissentlich übersehen hatte, erwies sich jetzt als bedeutungsschwer. Wir waren »bürgerlich« eingerichtet. Er fand die Worte: »Janz schön ausjestattet – det muß ick sagen!«
Sabine gab ihm nicht die Hand, sie erhob sich nicht einmal von ihrem Sofa. Herbert Braun nahm unaufgefordert Platz und begann mit einer längeren Erklärung. »Ick bin nicht gekommen um euch zu bitten!« Es folgten Ausführungen über den Stolz, der es ihm verbiete, Leute wie uns überhaupt um etwas zu bitten, schon gar nicht darum, nicht in den Westen zu gehen. Er sei ohnehin verblüfft, wie man als intelligenter Mensch auf diesen Gedanken verfallen könne, angesichts »der Bilder der Verworfenheit, die dieset System uns täglich zeigt«. Aber, was ihn am meisten empörte: »Ick kenne euch nun schon einije Jahre, aber ick habe nich jewußt, det ick et mit *Heuchler* zu tun habe!« Als ich eine abwehrende Handbewegung machte, schlug er die Faust auf den Tisch und rief noch einmal: »Jawohl, mit Heuchler!«
Ich stand auf, um die Tür zu schließen. Unsere Kinder mußten dieses Gespräch nicht unbedingt miterleben. Doch Sabine fand, daß dieses Gespräch ohnehin über-

flüssig war. Sie sagte es Braun, und sie bat ihn, uns zu verlassen. Braun erwies sich als dickköpfig. »Det hätte ick euch nich zujetraut – in dieser Situation die Fahne zu wechseln! Schon Marx schreibt in der ›Kritik am Gothaer Programm‹, ooch im Sozialismus jibt et Ungerechtigkeiten. Schön. Aber deshalb wird man doch nicht zum Handlanger der Weltbourgeoisie! Und jenau det seid ihr: Handlanger der Weltbourgeoisie!« Noch im Korridor murrte er: »Det ick mich so jetäuscht habe – gerade jetzt die Fronten zu wechseln!« Im Treppenhaus blieb er plötzlich stehen, sah mich zerstreut an und fragte: »Hab' ick allet jesacht wat ick sagen wollte? – Ja, ick globe schon...«

Fünf Minuten später klingelte das Telefon.

Ein alter Bekannter, der Grafiker Professor Axel B., bat um eine Unterredung. Wie kam das nun wieder zustande? B. mied uns seit längerem, seit alle seine Bemühungen gescheitert waren, uns »zur Vernunft zu bringen«. Er war es, der unsere zunehmende Unwilligkeit schon vor Jahren mit dem Wort »Karriere-Feindlichkeit« bezeichnet hatte; und der seitdem überall ungefragt erzählte, uns sei nicht mehr zu helfen. B. fuhr gelegentlich in den Westen, um hinterher von eleganten Restaurants und »noblem Design« zu schwärmen, aber Auswirkungen auf seine Karriere-Freundlichkeit hatte das nicht. Er erklomm, als Funktionär des Künstlerverbandes, weiterhin Sprosse um Sprosse. Wir hatten längst das Interesse daran verloren, wer in welchem Gremium saß und welche Position bekleidete. Sabine konnte die Namen all dieser Gremien nicht im Kopf behalten, und auch ich begann sie zu verwechseln, die »Zentralvorstände« und »Sektionsleitungen«, »Bezirksausschüsse« und »Zentralen Arbeitsgruppen«, diese Namen änderten sich auch viel zu schnell, und es bedurfte der ungeteilten Zuwendung, um stets auf dem neuesten Stand zu sein. Es war mir passiert, daß ich einem Kollegen zu seiner Wahl in den »Bezirksvorstand« gratuliert hatte, dabei handelte es sich um die »Zentrale Sektionsleitung«, und da dieser Unterschied offenbar wesentlich war, nahm mir der Kollege den gutgemeinten Glückwunsch übel. Seitdem kümmerte uns nicht mehr, was im Verband vorging, obwohl wir ihm als Mitglieder angehörten. Die Druckschriften, Kataloge und Programme, die uns monatlich vom Verband zugeschickt wurden, warf ich in den Papierkorb. Es ist absurd, wenn die Künstler eines Landes sich nur in der Funktionärssprache verständigen dürfen, und ich wußte nie, was ich von Texten halten sollte, wie den »Thesen zur Gebrauchsgraphik in der sozialistischen Gesellschaft und den dazu erarbeiteten Leitgedanken«. Darin standen Absätze wie der folgende, dessen Inhalt mir gänzlich verschlossen war: »Auf der Grundlage von Jahresarbeitsplänen arbeiteten zwanzig Leitungsmitglieder nach festgelegten Arbeitsaufgaben und Bereichen. Das Prinzip der Selbständigkeit und Eigenverantwortung war im Hinblick auf unsere große Sektion erforderlich. Damit konnte, soweit dies von den einzelnen Leitungsmitgliedern richtig verstanden wurde, die Arbeit auf viele Schultern verteilt werden.« Welche Arbeit? Wozu brauchten die Ost-Berliner Gebrauchsgrafiker »Zwanzig Leitungsmitglieder«, und wenn es schon diese zwanzig gab, zu welchem Zweck hatten sie »Jahresarbeitspläne?« Ich las Sabine solche Schriftstücke vor, wir sahen uns an und wußten, daß wir diesen Nonsens irgendwann nicht mehr ertragen würden. Es war nicht unsere Welt.

Professor Axel B. hingegen war in dieser Welt zu Hause. Er gehörte höchsten Gremien an und überblickte die Verbandshierarchie. Wenn wir in Gesprächen unsere Unbildung auf diesem Gebiet zu verstehen gaben, lachte er amüsiert, aber mit einem ärgerlichen Unterton. Vermutete er Desinteresse oder sogar »Überheblichkeit«? Irgend etwas schien er uns jedenfalls zu verübeln, sonst hätten wir sein Lachen nicht schon seit

zwei Jahren entbehren müssen. Doch es gab so vieles, das er beanstanden konnte, daß es schon nicht mehr lohnte, darüber nachzudenken. Beispielsweise nannte ihn Sabine in aller Öffentlichkeit niemals anders als »Axelchen«, wie sie es von ihrem Vater, B.'s Lehrer, gehört hatte. Alle in der Familie Klemke nannten ihn »Axelchen«, nur meine Schwiegermutter warnte: »Paßt auf, ihr müßt klüger sein! Er ist jetzt ein mächtiger Mann...«
Aber wir wollten nicht klüger sein, denn dazu war es ohnehin zu spät. Vieles schlug uns schon negativ zu Buche: Ich hatte mich dem »Ehrendienst« entzogen, Sabine besuchte seit zwei Jahren die Parteiversammlungen nicht mehr und schließlich hatte sie die von einer einflußreichen Genossin vermittelte Stelle als Gutachterin beim ZK einfach ausgeschlagen. Dahinter konnte nur Absicht stecken, zumindest eine Haltung, die Zuverlässigkeit und Treue zur Zentrale ausschloß. Man begann sich allgemein von uns zurückzuziehen, alte Freunde waren neuerdings »mit Arbeit überhäuft«, andere behaupteten, wir hätten sie nicht eingeladen und sie müßten daher glauben, wir wollten sie nicht mehr sehen. Auch B. hatte sich nicht mehr in Erinnerung gebracht. Wir hörten nur dann und wann von dritter Seite, er hielte uns für einen hoffnungslosen Fall. Um so überraschter waren wir jetzt, unvermutet von ihm angerufen zu werden. Das Telefon klingelte, Sabine hob ab, sagte: »Nein!« und legte auf.
»Wer war denn das?« fragte ich.
»Axelchen.«
»Oh!« sagte ich. Dann kam mir ein Einfall: »Hat man ihn beauftragt uns anzurufen?«
»Das ist mir egal!« antwortete Sabine. Seit sie den Genossen Herbert Braun hinausgeworfen hatte, schien sie in unbarmherziger Stimmung zu sein.
»Er ist schließlich ein alter Freund«, wandte ich ein.
»Hör auf! Damit ist mir Axelchen eben schon selbst ge-

kommen. Er will sich mit uns treffen, ›um unserer alten Freundschaft willen‹...«
Das Telefon klingelte wieder.
Diesmal nahm ich den Hörer ab. Zunächst war B.'s Lachen zu hören. Dann sagte er:
»Ich hatte gehofft, vernünftig mit euch reden zu können...«
Ich erwiderte: »Dazu ist es jetzt zu spät. Ihr habt zwei Jahre lang nicht vernünftig mit uns reden wollen.«
»Das stimmt nicht! Diese Jacke ziehe ich mir nicht an. Ihr hättet auch einmal anrufen können...«
»Ich habe doch angerufen. Damals, als deine Frau meinen Brief nicht beantwortet hat. Du hast im Nebenzimmer gefrühstückt und konntest deshalb nicht ans Telefon kommen. Erinnerst du dich?" Im Hörer war noch einmal B.'s Lachen zu hören: diesmal klang es ratlos. Auch er tat mir leid. Sicher hatte es ihn Überwindung gekostet uns anzurufen. Wollte er wirklich mit uns sprechen, oder steckte die Zentrale dahinter?
Und wie verhielt es sich mit dem Genossen Herbert Braun? War er einer Regung seines Herzens gefolgt oder führte ihn ein Auftrag zu uns? Wir gaben es auf, diese Fragen zu erhellen und gingen schlafen.

7. 3. 1984

Nichts ist fataler, als ausgerechnet jetzt von Graphomanie geplagt zu werden. All die Blätter beschriebenen Papiers – wohin damit? Ich suchte heute im Atelier vergebens nach sicheren Verstecken. Vorsichtshalber habe ich mir angewöhnt, bei heruntergelassenem Rolleau zu schreiben, damit mich niemand von der Straße aus beobachten kann.
Gestern nachmittag kam meine Schwiegermutter und brachte uns Schokolade für die Kinder, Kaffee und Konserven. Wir waren gerührt, beruhigten sie aber: Bisher machte man keine Anstalten, uns auszuhungern. Sie will nicht darüber sprechen, da sie es offiziell noch gar

nicht weiß. Der Professor erfuhr es gestern durch einen gutgemeinten Anruf. Der Anrufer sagte: »Es sieht gut aus. Im Verband ist es schon durch.«
Meine Schwiegermutter bot uns an, über Ostern in ihr Haus auf der Insel Hiddensee zu fahren, außerdem im August, »falls ihr noch hier seid.«
Spät abends kam Alewtina N., der wir von dem Besuch des Genossen Herbert Braun erzählten. Sie bestand darauf, Braun hätte eine »Wanze« in unserer Wohnung installiert. »Wo hat er gesessen?« fragte sie. »Dort, an dem Tisch.« – »Dann dreh ihn um, ob etwas darunter ist!« Es war nichts darunter, aber Alewtinas Eifer verschaffte uns eine heitere Viertelstunde.
Der heutige Tag war anstrengend. Wir waren zu 11 Uhr ins Sekretariat des Berliner Künstlerverbandes bestellt. Im Vorraum tagte wieder irgendein Gremium, früher hätte mich interessiert welches, ich hätte versucht, Beobachtungen zu machen: wer neben wem sitzt und den Ton angibt; denn es hätte Aufschlüsse über unsere kommenden Geschäfte bedeutet. Wenn man nicht mehr dazugehört, braucht man sich darum nicht mehr zu kümmern.
Auf einem Tisch lagen Grafiken aus. Eine Jury hatte kurzzeitig ihre Arbeit unterbrochen und alles stehen- und liegengelassen. Ich erinnere mich an ein Blatt mit dem Titel »Die Erotik der Macht«, eine verklemmte, von derangierten nackten Leibern wimmelnde Zeichnung. Daneben lag eine Aquatinta von Akademiemitglied Herbert Sandberg, die Sabine irrtümlich für eine Schülerzeichnung hielt, außerdem eine Arbeit der Malerin Antje Fretwurst-Colberg, auf der ein bedrängter, verkümmerter Mensch inmitten Mondgesteins saß. Isaac Bashevis Singer schreibt, der moderne Künstler sei ein Scharlatan. Das unerträgliche an der Bildenden Kunst der DDR ist jedoch, daß zur Scharlatanerie ein aufgepfropfter »politischer Inhalt« kommt. Die Zentrale fördert diese verqueren Fabrikate, sofern sie sich in

eine der zahllosen Kampagnen gegen die »Bedrohung der Menschheit durch den Imperialismus« einordnen lassen. Man gibt vor, für den Frieden und das »Glück der Menschen« zu sein, aber die öffentlich geförderte Bildende Kunst vermittelt ein beängstigendes Lebensgefühl. Unsere Kollegen zeichnen verschüchterte, frierende Strichmännlein, und nennen sie »Akt«, und »Portrait«, und stellen mit Vorliebe dar, wogegen sie angeblich sind: Zerstörung und Krieg. Unterirdisch und unterbewußt herrscht der *Ausnahmezustand.* Man will niemals Ruhe geben, wühlt die Gemüter auf und sorgt dafür, daß jedermann zittert und bangt. Trotzkis »permanente Revolution« ist nicht tot, jedenfalls nicht im geistigen Leben der DDR. Alles ist politisch und hochnotpeinlich, wer das Land verlassen möchte, ist »ein Handlanger der Weltbourgeoisie", schon der geringste Einwand »schadet der Sache« und gefährdet die »bewährte Politik der Partei«. Paranoia und Hysterie sind längst in Fleisch und Blut übergegangen. Die Phantasie westlicher Anhänger des Trotzkismus und der Revolution reicht nicht aus, sich einen Alltag vorzustellen, in dem der psychische Alarmzustand herrscht, und monströse Institutionen unter Berufung darauf ermächtigt sind, den »zivilen Sektor« mehr und mehr zu vertilgen.
Wir kennen Sandberg, Frau Fretwurst und unsere Kollegen, sie haben Familien, Autos, Häuser, Hunde und Sorgen wie alle Menschen. Aber sie beschäftigen sich künstlerisch mit dem Krieg, mit Leichen, Atombomben und dem Inferno, zeichnen mit gereizten, verstiegenen Strichen und steigern sich in ein Weltbild aus Angst und Verfolgungswahn hinein. Der Genosse Herbert Braun sagte vorgestern abend, wir müßten die Partei verstehn, *»jetzt, in dieser Situation...«* Es ist, seit wir denken können, immer irgendeine »Situation«, es ist immer Ausnahmezustand, und es ist immer ein Zustand, der alles rechtfertigt.

Das Gespräch mit dem Parteisekretär, zu dem wir bestellt waren, verlief kurz und knapp. Er teilte uns mit, daß wir aus der Partei ausgeschlossen würden.

12. 3. 1984

Die Grafikerin Jutta Zippel entstieg einem gelben Auto und eilte mit wehenden Mantelschößen auf mich zu. Schon von weitem rief sie: »Ist es wahr, was wir gehört haben?« Ich bat sie und ihren Mann, in unsere Wohnung zu kommen. Wir waren früher mit Jutta Zippel befreundet, aber unterdessen sind fast fünf Jahre vergangen, in denen wir uns kaum gesehen haben. Vor fünf Jahren arbeiteten wir in unserer Wohnung, weil wir noch kein Atelier besaßen, und damals standen in allen Zimmern Arbeitstische und Regale mit Farben. Es war fast unmöglich, in so eingeengten Verhältnissen Ordnung zu halten, und ein Moskauer Freund erinnerte sich später: »Damals war eure Wohnung irgendwie voller Trümmer...«
Inzwischen sind wir anders eingerichtet. Jutta Zippel zeigte mit der Hand reihum und fragte: »Und da wollt ihr gehen?« Es stellte sich heraus, daß sie und ihr Mann unseren Entschluß verurteilten. Juttas Mann fand, wir würden dadurch unsere »Ehre verlieren«. Ich fragte ihn: »Wie stellst du dir das vor?« Er wußte sofort eine Antwort: »Ihr werdet euch an den Gegner verkaufen, das ist bisher allen so gegangen...«

13. 3. 1984

Ich erzählte H. von Jutta Zippels Besuch und ihren irren Ansichten über »Ehre«. H. sagte: »Jeder, der euch etwas anderes fragt, als, wie ihr drüben zurechtkommen wollt, ist ein Heuchler.«

15. 3. 1984

Jeden Morgen, wenn ich zur Schwimmhalle gehe, muß ich die »Protokollstrecke« überqueren, auf der sich die führenden Funktionäre der DDR, aus Wandlitz kommend, ins Stadtinnere fahren lassen. In der letzten Zeit ist eine neue Sorte Volvo-Pullmann-Limousinen aufgetaucht und neue Citroens, die wie Raumkapseln aussehen, schwarz, mit dunklen Scheiben; sie fliegen zärtlich surrend in Richtung Stadtzentrum. Der Aufwand an Sicherheitskräften ist überwältigend. Es gibt Verkehrspolizisten in weißem Gummimantel, die über Funk Anweisungen empfangen, ambulante Wachposten in Reithosen und mit hellgelbem Koppelzeug, es gibt dunkelblaue Volvos mit Rundumleuchte, die auf der Protokollstrecke hin und her fahren, es gibt Zivilisten in praktischer Allwetterkleidung, und es gibt flotte Jungs in der Uniform der Volkspolizei, die, auf den Absätzen wippend, in Walkie-Talkies sprechen...

Dieses dreiste Paradieren hat wenig mit Sicherheit zu tun. Es soll dem Straßenpublikum zeigen: Hier sind *wir* und das ist *unser* Staat.

Ich blieb heute zu Hause, denn ein Verbandsfunktionär, der im Zusammenhang mit unserem Ausreiseantrag bei Klemke war, hatte zu Gertrud gesagt: »Weiß Ihr Schwiegersohn schon, daß er alle Bücher aufschreiben muß, die er mitnehmen will? An seiner Stelle würde ich langsam anfangen.« Ich beschloß, seinem Rat zu folgen und sofort zu beginnen. Wir besitzen etwa 2500 Bücher, und die meisten wollten wir nach Möglichkeit mit in den Westen nehmen.

Beim 152. Buch klingelte das Telefon. Es war Pröppert, an dessen Stimme ich sofort erkannte, daß er etwas gehört hatte; sie war gepreßt und dumpf.

»Es gibt über euch ein Gerücht – ist das wahr, was erzählt wird?«

»Ja.«

»Aber was wird aus unserem Projekt?«

»Ich weiß es nicht. Sie werden möglicherweise alle Bücher streichen, mit denen ich zu tun habe.«

Ich tat so, als hätte ich es schon verscherzt, dabei bedrückt es mich: der Band Čapek wird nicht mehr erscheinen, und das Buch, das Pröppert und ich zusammen machen wollten, auch. Gerade hatten wir einen Verlag gefunden, und ich begann, Material für die Illustrationen zu sammeln.

17. 3. 1984

Der Mann, der Punkt zehn Uhr an die Tür des Ateliers klopfte, ist stolz auf seine Pünktlichkeit. Er trug einen pompösen beigefarbenen Lammpelz, den er sich vor zwei Jahren in Kassel oder Bremen gekauft hat, einen beigefarbenen Pullover, beigefarbene Cord-Hosen und beigefarbene Salamander-Stiefeletten. Auch sein Gesicht war beige; es wirkte eingefallen und angeschlagen, aber gestrafft und zu allem entschlossen. Mein Besucher fand im Sessel eine annähernd bequeme Haltung, räusperte sich und sagte trocken: »Na, Sohn, dann laß mal hören.« Er imitierte unverkennbar eine seiner literarischen Figuren, den Hamburger Großreeder und Bankier Carl Rennbach aus dem zweiten Band seines berühmten Romans »Die Abenteuer des Werner Holt«. Dort versinkt Rennbach »halb liegend« in einem großen Sessel, wirft dem Helden des Romans einen schrägen Blick zu und beginnt mit den Worten: »Machst Scherereien, Neffe?« Mein Besucher bezeichnet sich selbst als »überzeugten Anti-Kapitalisten«, daher machte mich die großbürgerliche Pose um eine Antwort verlegen. Ich schob ihm die Kopie meines Briefes an Hager hinüber. Er las sie lange und gründlich, legte sie aus der Hand und fragte:
»Mit wem habt Ihr schon verhandelt?«
Ich sagte es ihm.
»Und Hager selbst, oder die Genossin Ragwitz haben sich nicht an euch gewandt?«
»Nein. Sie haben einen Vize-Präsidenten des Verbandes, Professor G., beauftragt, das Nötige einzuleiten.«

»Und ist dieser Professor G. bei euch gewesen?«
»Nein, er war bei Klemke und hat ihn informiert.«
»Wie hat Klemke reagiert?«
»Überhaupt nicht.«
»Er hat es also nicht verurteilt, daß seine Tochter und sein Schwiegersohn in den Westen gehen wollen?«
»Davon ist mir nichts bekannt.«
»Was sagt Womacka?«
»Daß er es bedauert.«
»Und euer Parteisekretär?«
»Daß es ihm leid tut.«
So ging das einige Zeit, bis er genug wußte, um die Angelegenheit überblicken zu können. Was ihn am meisten schmerzte, war, daß man ihn nicht offiziell informiert hatte. Er erfuhr es durch Bekannte, und nicht, wie Klemke und die Akademie, von oben. Das mochte ein bedenkliches Zeichen sein, zumindest für einen Mann, dem seine ungetrübten Beziehungen nach oben stets am Herzen gelegen haben.
Schätzte ihn das Büro Hager als Unsicherheitsfaktor ein, der eine glatte Abwicklung unseres Falles stören könnte? Mißtraute ihm die Parteispitze?
Als ich sah, wie hart ihn das traf, tat er mir sekundenlang leid. Er hatte dem Einvernehmen mit der Parteiführung vieles geopfert, und jetzt enthielt man ihm drei Wochen lang vor, daß sein ältester Sohn ausreisen wollte. Er bemühte sich, diesem Umstand etwas Positives abzugewinnen: »Wahrscheinlich wollten sie mich nicht beunruhigen. Sie wissen, daß ich in letzter Zeit exzessiv gearbeitet habe.« Er liebt solche Wörter: exzessiv, radikal, total, hart und scharf. »Man muß scharfe Trennlinien ziehen« – zu »Abweichlern«, »Es kommt einen mitunter hart an« – die »Linie der Partei«. Besonders in letzter Zeit kann er »die Linie der Partei« oft nicht mehr verstehen, er begreift nicht, warum Akademiemitglied Fühmann im Westen Literaturpreise entgegennehmen darf und dennoch in der Akademie eine starke

Lobby hat. Sein Wesen ist das Entweder-Oder. Für ihn ist die Welt »in zwei festzementierte Blöcke gespalten, die sich unverrückbar gegenüberstehen.« Wer innerlich so sehr am Unverrückbaren festhält, hat Angst. Und Angst schien auch das vorherrschende Gefühl zu sein, das ihn im Zusammenhang mit meiner Ausreise bewegte. Ich versuchte mir vorzustellen, wovor er Angst haben könnte. Fürchtete er, wir würden »politische Gründe« für die Ausreise angeben und ihn dadurch in den Ruf bringen, seine Söhne nicht »im Sinne der Partei« erzogen zu haben? Was dies betraf, konnte ich ihn beruhigen: Wir ließen uns auf politische Diskussionen grundsätzlich nicht ein.

Er machte mir Vorschläge. Ich sollte den Antrag zurückziehen, und er wolle mit seinem Einfluß dafür sorgen, daß die Affäre für uns keine Folgen hätte.

»Das würde unsere Lage nicht verbessern«, erwiderte ich.

»Warum nicht? Wenn es so ist, wie du an Hager schreibst und gegen euch unbegründete Antipathien bestehen, dann müßte es doch möglich sein, die Leute ausfindig zu machen, von denen das ausgeht.«

»Es handelt sich um namhafte Verbandsfunktionäre...«

»Dann nenne doch die Namen!«

Das war der entscheidende Punkt. Seinem Rat folgen hieße: sich mit der Zentrale durch ein gemeinsames Geheimnis für immer verbinden. Wir würden uns in den Kreis derer begeben, die mit der Zentrale verstrickt, schlimmer noch: ihr verpflichtet sind. Und wer in diesen Kreis gebannt war, kam nicht mehr hinaus.

Wenn man uns bisher so höflich behandelte und möglicherweise sogar hinaus ließ, gab es dafür vor allem einen Grund: Wir waren der Zentrale *nicht* verpflichtet.

Unser Gespräch war beendet, es gab nichts mehr zu sagen. Den »Offenen Brief« hatten wir übrigens beide mit keinem Wort erwähnt.

19. 3. 1984

Pröppert und seine Frau erschienen, um mich ihrer Freundschaft zu versichern. Sie kamen erst in der Dämmerung und auch nur »auf einen Sprung«. Pröppert beschwor mich, seinen Namen niemals in irgendeinem Zusammenhang mit »dieser Geschichte« zu erwähnen. Sein Posten im Verlag sei sonst in Gefahr.

23. 3. 1984

Es gibt Entscheidungen, die man nichtsahnend in seiner Jugend trifft und deren Folgen einen im Alter mit Anna Achmatowa denken lassen: »Mein Leben ward vertauscht...«

Henriette Cohn entstammt einer reichen Bankiersfamilie aus Berlin-Westend. 1932 wurde sie Jungkommunistin, aus Opposition gegen ihr Elternhaus, und weil sie es schick fand; sie war damals achtzehn Jahre alt. Als die Nazis an die Macht kamen, wurde daraus Ernst. Die Partei nahm sie beim Wort und teilte sie in einem Berliner Arbeiterbezirk zu illegaler Arbeit ein. Hier lernte sie ihren Mann kennen, einen kommunistischen Funktionär, mit dem sie 1936 nach Moskau emigrierte. Ein Jahr später wurde Henriettes Mann als »Volksfeind« verhaftet und in die kasachische Steppe verbannt. Henriette blieb mit einem zehn Monate alten Sohn in Moskau zurück, zog ihn groß, überlebte den Krieg und die Schrecken der stalinistischen Nachkriegszeit, sie überlebte auch Stalin, und sie fuhr nach seinem Tode »dorthin«, nach Kasachstan, um ihren Mann zu suchen. Er wurde 1957 rehabilitiert. Henriette hatte ihn tatsächlich gefunden und im Lager einen weiteren Sohn geboren, meinen Schulfreund Wasja. Die Familie zog in die DDR, und zwei Wochen vor dem 13. August verschwand Henriettes älterer Sohn, den sie in Moskau über die Kriegs- und Nachkriegsjahre gebracht hatte, nach Stuttgart. Er hatte genug. Henriettes Mann verzieh seinem Sohn nicht, daß er in den Westen

gegangen war und verbat sich den Namen in seiner Gegenwart zu erwähnen.
Ich sah diesen Sohn erst auf der Beerdigung seines Vaters, an einem warmen Maientag des Jahres 1975. Am Grabe stand der West-Berliner Oberkantor Esterongo Nachama neben dem Parteisekretär und als der von einem schwarzen Tuch mit David-Stern verhüllte Sarg zur Gruft getragen wurde, zwitscherten Vögel, flimmerte die Luft, aber die alte Genossin Adele Rosenstein gab Michael Cohn aus Stuttgart nicht die Hand. Dabei waren auch ihre Eltern im Lager gewesen und dort umgekommen, und sie war es, die Michael in Moskau zu sich nahm, als Henriette Cohn, geborene Adelsberg aus Berlin-Westend auszog, um in der kasachischen Steppe ihren Mann zu suchen. Michael Cohn stand ratlos neben seinem Mercedes, er verstand nicht, warum ihm Adele seinen Gruß verweigerte, und auch ich verstand es nicht, weder damals noch heute.
Adele Rosenstein ist einige Jahre jünger als Henriette Cohn. Sie besuchte die Moskauer »Karl-Liebknecht-Schule« für deutsche Emigrantenkinder, gemeinsam mit Konrad Wolf und seinem Bruder Mischa, dem späteren Stellvertretenden Minister für Staatssicherheit der DDR und gemeinsam mit dem heute im Westen lebenden Wolfgang Leonhard, Autor des Buches »Die Revolution entläßt ihre Kinder«. Meine Moskauer Freundin Swetlana Stern war an dieser Schule Pionierleiterin. Auch ihr Mann wurde im Lager ermordet; und einst erzählte sie mir in ihrer Moskauer Wohnung mit gedämpfter Stimme von alledem, von den Mädchen, die morgens weinend zur Schule kamen, weil man in der Nacht ihre Eltern abgeholt hatte, und von den Komsomol-Versammlungen, auf denen sich diese Mädchen öffentlich von ihren Eltern lossagen mußten.
Wir wissen nicht viel. Aus dem Leben von Adele Rosenstein kenne ich Bruchstücke, aber bis heute weiß ich nicht, wer Adele Rosenstein *wirklich* ist. Ihr Mann, ein

bekannter Journalist, soll sich 1961 im Wald bei Wandlitz erschossen haben. Das erzählte mir zu vorgerückter Stunde der Schwiegersohn eines Mitglieds des Polit-Büros, und auch von anderen Seiten hörte ich später, »Ja, es gab da so eine mysteriöse Geschichte...«

Die offizielle Version für seinen frühen Tod lautete: Krebs. Als Student war ich oft in Rosensteins großer, ein wenig verlotterter Villa in einer Ost-Berliner Staatssicherheits-Siedlung. Adele und ihre Töchter führten ein offenes Haus und waren gastfreundlich. Es verkehrten dort verschiedene, eigentlich unvereinbare Kreise: Schauspielerinnen und bekannte Dissidenten, die Ausreisegenehmigung schon in der Tasche, feierten hier Abschied. Und zwischen ihnen saß – in häuslicher Aufmachung – Adeles Nachbar, ein General der militärischen Abwehr. Man konnte Abende erleben, auf denen verbotene Lieder vorgetragen wurden. Unter den Zuhörern war die Genossin Major der Staatssicherheit Schulz und applaudierte. Junge Leute aus dem Biermann-Kreis, die Gitarre auf den Knien, tranken Sekt mit ihnen unbekannten älteren Damen, und an vielen dieser Abendunterhaltungen nahmen West-Berliner teil, – und dachten sich nichts.

Auch ich dachte mir nichts, erst später, als ich die Umstände des Todes von Adeles Mann erfuhr, wurde ich stutzig. Mein Schulfreund Wasja Cohn, Henriettes im Lager geborener Sohn, kam ebenfalls in Rosensteins Haus. Doch das war später, als wir uns bereits aus den Augen verloren hatten.

Wasja, die Sängerin Nina Hagen und ich gingen in eine Klasse. Der aus Geithain bei Leipzig stammenden Unterstufenlehrerin Birgitta Möck, die es nebst ihrem beim Ministerium für Staatssicherheit beschäftigten Mann im Zuge der ersten systematischen Sachsenansiedlung nach Berlin verschlagen hatte, waren wir alle drei suspekt. Nur waren Nina und ich durch die Prominenz unserer Eltern abgesichert. Wasja dagegen allen

Schikanen wehrlos ausgeliefert. Wurde es zu schlimm, erschien Henriette Cohn im Direktorat, um Wasjas Rechte wahrzunehmen, aber diese Interventionen verschafften ihm Ruhe für höchstens zwei bis drei Tage, dann begann alles von neuem.

Nina ist längst im Westen, auch ich gehe jetzt. Wasjas Bruder lebt in Stuttgart, seine Großmutter, Henriettes Mutter aus Berlin-Westend in einer Villa bei Montreux, 93jährig und ungebrochen. Sie kann ihre Tochter bis heute nicht verstehen und wäre jederzeit bereit, ihrem Enkel Wasja eine Existenz im Westen aufzubauen. Doch Wasja bleibt wo er ist – in einem Land, in dem er weder geboren noch jemals gut behandelt wurde.

Er ist ein Pechvogel, aber das macht nichts, denn nicht nur der Bruder und die Großmutter sind reich, auch Henriette ist es – und sie kann Wasja versorgen. Nur auf ihren Reisen kann er ihr nicht folgen. Henriette reist neuerdings nach Stuttgart und Montreux. Sie zeigt Polaroid-Fotos, auf denen sie mit Bankiersfrauen Tee trinkt, und es ist zu erkennen, daß sie sich dort wohl, mehr noch: heimlich zu Hause fühlt. Ansonsten ist sie bis heute eine Genossin, die sich um Parteitreue bemüht. Das erstaunlichste daran ist: diese Tatsache erfüllt sie mit Stolz.

Genausowenig wie von Adele Rosenstein weiß ich von Henriette wer sie *wirklich* ist. Sie wohnt noch immer dort, wo ich sie in meiner Kindheit kennenlernte, als Wasja mich das erstemal zu sich nach Hause einlud, aber Wasja wohnt nicht mehr bei ihr, Henriette ist nicht mehr fünfzig, sondern siebzig, und ihr Mann, nachdem er das Lager überlebt hat, ist vor zehn Jahren zivil, aber nicht friedlich gestorben. In seinen letzten Lebensjahren quälten ihn nervöse, psychosomatische Erkrankungen; er war ein galliger, gereizter Herr, den schreckliche Erinnerungen in den Nächten nicht schlafen und bei Tage nicht froh sein ließen.

Er flößte mir Angst ein, als ich an einem Sonnabendnachmittag – ich war achtjährig – den gleichaltrigen Wasja Cohn besuchte. Wir kamen aus der Schule und trafen ihn im Treppenhaus, wo er den Briefkasten öffnete, dabei fielen Kuverts mit ausländischen Marken heraus, und als ich mich bückte und sie ihm aufhob, sah er mich kurz und durchdringend an: »Wasjas Freund? Ich habe Wasja eigentlich verboten, fremde Kinder mitzubringen, solange er in Betragen immer nur Vieren bekommt.« »Aber Papa«, sagte Wasja, »das ist doch Hansi *Noll!*« »Ach so, hm, na dann...«

Das Treppenhaus erkannte ich sofort wieder. Ich erkannte den Briefkasten, die mit brauner Ölfarbe gestrichenen Putten, das Geländer aus hölzernen Säulen, ich erkannte auch die Wohnungstür, noch ehe ich das Türschild las, ein Schild aus blitzendem Messing, auf dem in englischer Schreibschrift stand: Cohn.

Die Tür öffnete sich augenblicklich, als hätte Henriette dahinter gestanden. Sie sah aus wie vor zwanzig Jahren: elegant und frisch. Aus der Küche war das Fauchen einer Kaffeemaschine zu hören, und im großen lichtdurchfluteten Eckzimmer wartete zartes Porzellan, eine Schale mit Kuchen und ein Aschenbecher.

In Henriettes Zimmer hat seinerzeit Wolf Biermann gesessen, aber auch der Schriftsteller Dieter Noll, der, als die Partei es verlangte, im ›Neuen Deutschland‹ schrieb: »Es war und ist selbstverständlich, daß ich mit Biermanns Gedankengut ebensowenig gemein habe, wie mit dem seines ideologischen Chefberaters Havemann.« Was hatte Biermann schon groß gesagt? Daß auf den Baustellen geklaut wurde, und daß die Funktionäre stur und herzlos waren? Darüber sprach alle Welt. Die Funktionäre können nur herzlos sein, denn das System, dem sie dienen, ist es: sie selbst nennen es nicht Herzlosigkeit, sondern »Revolutionäre Härte«. Henriette Cohn hat »revolutionäre Härte« zur Genüge kennengelernt. Nicht immer hat sie so angenehm gelebt wie jetzt. Ihre Wohnung ist behaglich eingerichtet, allerdings auch »bürgerlich«. Sollte der Genosse Herbert Braun sie besuchen, würde er die »Bürgerlichkeit« übersehen, denn Henriette bleibt. Auf dem Buffet stand die vierbändige Trifonow-Ausgabe. Während ich mit Henriette über die Gründe unserer Ausreise sprach, und sie mir von der »Empörung alter Genossen« und der »Verwirrung unter den Studenten der Kunsthochschule« erzählte, wobei wir erst Kaffee, dann Kognak tranken, Kuchen und später belegte Brote aßen, als Henriette sagte: »Ich bin schizophren«! und »Ich kann mit siebzig nicht mehr dahin zurück, wo ich vor fünfzig Jahren mit wehenden roten Fahnen aufgebrochen bin«, währenddessen dachte ich immer wieder ein Wort, den Titel von Juri Trifonows letztem, nicht beendetem Roman. Er sollte »Das Verschwinden« heißen.

Verschwunden sind die Eltern von Adele Rosenstein und der Mann von Swetlana Stern, der Vater Trifonows, verschwunden sind unsere Kinderjahre, meine Spiele mit Nina und Wasja, das blinde Vertrauen, unser Glaube und unser Gehorsam. Verschwunden ist vor allem unsere Überzeugung, daß *alles so sein muß*. Zu vieles ist geschehen, das sich nicht mehr entschuldigen läßt, nicht einmal mehr mit »revolutionärer Härte«.

Geblieben ist dieses große Eckzimmer, in dem Henriette ihren Geschäften nachgeht, die Zeitschriften ›Nowy Mir‹ und ›Literaturnaja Gaseta‹ liest, Gäste empfängt und bewirtet, mit russischer Konfitüre und englischen Cakes, und in dem sie oftmals allein ist, und ihren Erinnerungen nachhängt.

Und noch etwas ist geblieben: Henriettes unerschütterliche Treue zum Sozialismus, trotz aller vergangenen und gegenwärtigen Erlebnisse, und aller Reisen nach Stuttgart, Montreux und in die kasachische Steppe. Eine derartige Unerschütterlichkeit, unwandelbar in sich ändernden Zeiten, kann ich nicht verstehen, noch glauben.

24. 3. 1984

Der Bischof von Erfurt soll, wie mir gestern erzählt wurde, die sich verschlechternden zwischenmenschlichen Beziehungen zum Gegenstand einer Predigt gemacht und erklärt haben, in der DDR wachse eine an sich sympathische Jugend in so unerfreuliche Verhältnisse hinein, daß es niemanden Wunder nehmen kann, wenn diese Jugend sich gefährlich entwikkelt. Betrunkene Halbwüchsige krakeelten gestern in der Straßenbahn, mit der ich von Henriette Cohn nach Hause fuhr, am Geländer stand ein verlumpter Mann und gestikulierte, aus der geöffneten Tür der Kneipe am Bahnhof Prenzlauer Allee drang das Rumoren alkoholisierter, aggressiver Menschen, Punker mit geschorenen Köpfen und Kunstlederjacken standen lauernd auf dem Anton-Platz. Henriette Cohn fragte mich gestern, welche Zukunftsaussichten ich für die DDR sähe. Aber weil ich nicht weiß, wer Henriette *wirklich* ist, gab ich ihr keine Antwort. Doch so viel ist gewiß und nicht mehr zu leugnen: der Alltag, der uns umgibt, hat nichts mit dem zu tun, was Zeitungen, Radio und Fernsehen verbreiten und die Funktionäre in ihren Reden behaupten. Es existieren zwei Welten: die eine offiziell, irreal, auf den Lehren verstorbener Philosophen aufgebaut, die andere real, alltäglich und voll von aufgestauten, lange unterdrückten Kräften. Beide sind unheimlich und kafkaesk, die eine, weil sie eine leere Hülle ist, die andere, weil sie verschwiegen wird.
Das Sekretariat des Berliner Verbandes rief an und teilte mit, daß wir am 3. April endgültig aus der Partei ausgeschlossen würden. Der Parteisekretär lasse grüßen.

25. 3. 1984

Heute vormittag hatte ich ein langes Gespräch mit meinem Bruder und kehrte zu Fuß durch sonntäglich verödete Straßen nach Hause zurück. Von den zerfressenen Fassaden sterbender Häuser fällt der

Putz, hinter düsteren Toreinfahrten liegen gespenstische Hinterhöfe mit überquellenden Müllkästen, auf dem Gehsteig stießen meine Füße gegen Haufen von versteinertem Mörtel, vermodernden Brettern und zersplitterten Dachziegeln. Vor mir türmten sich Berge von Braunkohlen-Briketts und hinter Gardinen spähten bleiche Gesichter nach dem einsamen Spaziergänger. Die Straßen atmeten Resignation, Unlust und lähmende Schlamperei. Am Pistoriusplatz traf ich zwei Betrunkene, sie torkelten johlend über die leere Straße, nahebei führte eine unfrisierte Frau in Kittelschürze und Pantoletten ihren Pudel spazieren.

Mein Bruder ist Arzt. Er arbeitet gelegentlich im Rettungsamt Pankow, und er erzählte mir von dem immer stärker um sich greifenden Alkoholismus. »Wir können all die Betrunkenen kaum versorgen«, sagte er, »und es sind junge Männer darunter, denen gebe ich keine drei Jahre mehr.«

Sabine las, als ich nach Hause kam, in Trifonows Roman »Widerschein des Feuers«. Sie bat mich, ihr ein Foto des Genossen Ordshonikidse zu zeigen, von dem dort gerade die Rede war. »Ich möchte sehen«, sagte sie, »wie er aussah...«

Ich fand ein Foto; es zeigt ihn gemeinsam mit roten Kommandeuren: er war klein, kurzbeinig und straff. Ordshonikidse erschoß sich, als Stalin damit begann, Lenins Mitkämpfer zu beseitigen. Wer von den fünfzig uniformierten Männern, die ihn auf jenem Foto umgeben, mochte die dreißiger Jahre überlebt haben? Das Foto ist in dem Buch »Das russische Wunder« abgedruckt, das 1961 in der DDR erschien. Die Autoren, Annelie und Andrew Thorndike, halten es weder für erwähnenswert, daß Ordshonikidse sich erschoß, noch daß die Männer, in deren Mitte er stand, in sibirischen und kasachischen Lagern verschwanden.

Aber sie sagen voraus: »1981 wird in der UdSSR ein Überfluß an materiellen und kulturellen Gütern gesichert sein.« Dieser »Sprung nach vorn« folge zwangsläufig aus der Anwendung von Lenins Theorien, wonach der sozialistische Staat über alle gesellschaftlichen Gewinne verfüge, und sie »in den weiteren Aufbau der Wirtschaft« investiere. Damit sei, im Gegensatz zur »kapitalistischen Wirtschaftsanarchie« ein ständiges Anwachsen des Wohlstands »der Massen« garantiert. Der Staat verfügt über alle Profite, lenkt alle Investitionen und plant zentral, welche »materiellen und kulturellen Güter« der Bevölkerung zur Verfügung gestellt werden. Was aber geschieht, wenn ihm Fehlplanungen unterlaufen? Wenn man zentral zu planen vergißt, die Geschäfte mit Wurst zu beliefern? Und wer ist überhaupt »der Staat«, wer plant und lenkt tatsächlich?

Der sowjetische Schriftsteller Grigorij Baklanow räsonniert in seinem Buch »Der geringste unter den Brüdern« über die Aufstiegschancen in einem zentralistischen System. Im Apparat des sozialistischen Staates erfordert der Weg nach oben, dorthin, wo geplant und gelenkt wird, die vollständige Zuwendung eines Menschen. Kann ein Spezialist, ein qualifizierter Mensch, diese Zuwendung aufbringen? Und wenn er es tut, wenn er die Zeit und die Kräfte erübrigt, für all die »gesellschaftlichen Verpflichtungen« für sinnlose Sitzungen und »Parteiarbeit«, bleibt er dann noch lange ein Spezialist? Baklanows Held, ein Moskauer Professor, liebt seine wissenschaftliche Arbeit, aber die ideologischen Pflichtübungen und Gesellschaftstänze, Tribut jeder Karriere im Sozialismus, hindern ihn daran. Dieser Konflikt ruiniert ihn. Es zeigt sich, daß die begabten und befähigten Menschen im Sozialismus ihre Karriere mit halbem Herzen betreiben: Sie fürchten, sich zu *vergeuden*. Aber wer steigt dann auf? Baklanow erkennt: Es sind die Unfähigen. Die Folge: »Ein unfähiger Mensch zieht überall das Leben auf sein niedriges Niveau herab und rings um sich bringt er immer neue Unfähigkeiten hervor.«

Die Prognosen der sechziger Jahre haben sich nicht erfüllt. Heute von »Überfluß« zu sprechen wäre offener Hohn. Die alltäglichen Mißlichkeiten, Fehlplanungen und Malheurs drücken das Lebensgefühl der Menschen in den sozialistischen Ländern und beeinträchtigen ihre Leistungsfähigkeit. Denn der Aufstieg der Unfähigen zeitigt zentrale Fehler, die sich lawinenartig über das Leben aller ergießen. Sie beeinträchtigen das Zusammenleben, vergiften den Alltag und zerstören Ehe und Familie. Der Aufstieg der Unfähigen kostet den Sozialismus seine produktivsten Kräfte, indem er es begabten Menschen unmöglich macht, ihre Fähigkeiten zu entfalten. Die Intellektuellen in den sozialistischen Ländern haben die Misere inzwischen erkannt. Sie sehen darin ihr elementarstes Lebensproblem, und nicht zufällig ist es zum Kardinalthema der modernen Sowjetliteratur geworden. Trifonows Helden zerbrechen daran, Baklanows Professor verliert sich in deprimierenden Selbstanalysen und Wassilij Schukschins jugendliche Dorfbewohner begehren in ungeschickten Revolten dagegen auf. Ein Hauch von Nihilismus zieht durch diese Bücher, weil keiner der Autoren einen Ausweg zu zeigen wagt. Die Schriftsteller ahnen und wissen etwas, das sie um keinen Preis aussprechen dürfen, und so bedienen sie sich verschlüsselter Formen. Baklanows Held sinniert über einen Aufsteiger: »Ich habe nie erlebt, daß seine Augen je von einer Idee aufgeleuchtet hätten... Was verbirgt sich dort im ewigen Dunkel?... Was kann sich schon verbergen, außer Hohlheit? *Das größte, am strengsten gehütete Geheimnis ist Hohlheit.«*

Hohlheit ist das Geheimnis der Repräsentanten des Systems. Und was ist das System selbst? Ist es auch hohl? Vieles deutet darauf hin, Erscheinungen wie Verlogenheit und Brutalität, die stets Begleiterscheinungen der Hohlheit sind. Die Unfähigen sind nicht nur unfähig, sie sind gleichzeitig gezwungen, zu lügen und zu unter-

drücken. Sie unterdrücken jede Initiative zur Verbesserung der Verhältnisse, weil sie darin eine Bedrohung ihrer Position erkennen. Denn Verbesserung ist Veränderung und Veränderung beinhaltet Risiko – und gerade Risiken können sich die sozialistischen Aufsteiger nicht leisten. Wenn etwas schiefgeht, besteht die Gefahr, daß sie ihren Posten verlieren. Doch das ist für sie die größte Katastrophe, weil sie wissen, daß sie nichts können, und von der Zentrale gegebenenfalls fallengelassen werden, kurz und schmerzlos, denn sie sind austauschbar und Ersatz steht in ausreichender Menge zur Verfügung. Niemals darf ihre Unfähigkeit allzu offensichtlich werden, und um keinen Preis dürfen sie, wie es die Schriftstellerin Irina Grekowa ausdrückt, »irgendeine Strömung verpassen«.
Sie haben keine Zeit, sich mit Initiativen und Vorschlägen von unten zu beschäftigen. Sie müssen ständig bereit sein, jede neue Strömung rechtzeitig zu wittern, zu ergreifen und auszunutzen. Das betrifft selbstverständlich nur die Strömungen von oben, und dafür, daß sie sich jäh ändern, sorgt die Zentrale. Also werden die Aufsteiger immer in Atem gehalten, und darüber vernachlässigen sie ihre eigentlichen Aufgaben. Entstehen schwerwiegende Fehler und Pannen, werden sie nach oben vertuscht und nach unten abgewälzt, von Etage zu Etage, bis sie endlich die Schwächsten und Kleinsten treffen. Aus diesem Grund sorgt sich Baklanows Professor bei dem Gedanken an einen Aufsteiger vor allem um seine Studenten: »Er benutzt seine Funktion als Sprungbrett. Von hier aus möglichst hoch zu springen, ist er bereit, sie mit Füßen zu treten.« Aber springen muß ein Aufsteiger, und zwar so hoch, wie es nur möglich ist, weil von der Zentrale ein unwiderstehlicher Sog ausgeht: der Sog der Macht. Und Macht ist lebensnotwendig: Sie ist die einzige Garantie für Sicherheit. Welcher Mensch, sei er auch sozialistischer Funktionär, strebt nicht verständlicherweise Sicherheit an?

Auch das ist eine Erscheinung des Zentralismus: Sicher ist man nur ganz oben. Wer unten ist, kann zugedeckt werden, nicht selten sogar verschwinden. Trifonows Angst vor dem »Verbergen« und »Verschwinden« versteht jeder, der es erlebt hat: verschwiegen zu werden, vergessen zu werden, um sich den »weißen Kreis« zu spüren, ohne entrinnen zu können. Es ist wie ein Alptraum. Dann gibt es keine Hoffnung auf Veränderung mehr, nicht einmal durch einen glücklichen Zufall, denn auch glückliche Zufälle kann die Zentrale vereiteln, dann nützt höchstens eins: Abbitte tun; nicht selten für imaginäre Vergehen, »Selbstkritik« üben und Besserung geloben – und oft nützt nicht einmal das.
Die sozialistischen Funktionäre interessiert nicht mehr ihre Funktion, die sie beliebig vertauschen würden, sondern nur noch der Stellenwert dieser Funktion in der Hierarchie. Dadurch wird der Apparat seelenlos und anonym, er existiert zunehmend um seiner selbst willen und entfernt sich mehr und mehr von der Realität. Der kritische Punkt ist erreicht, wo sich der Staat von dem Boden löst, der ihn trägt. Seine Vertreter versenken sich in eine Scheinwelt, wie einst Marie-Antoinette, die ahnungslos in ihrer künstlichen Meierei im Trianon lebte und Ludwig XVI., der solange Tabatieren drechselte, bis ihnen der Staat um die Ohren flog.
Der deutsche Rokoko-Maler Johann Gottlieb von Mannlich beschreibt in seinen Memoiren den Seelenzustand des europäischen Adels vor der französischen Revolution. Es ist erschütternd, wie vollkommen ahnungslos diese Kreise von dem plötzlich hervorbrechenden Erdbeben überrascht wurden. Sie hatten sich mit Falknerei, Hofintrigen, Mätressen und neuen Parkanlagen beschäftigt, nur nicht mit dem, was zu ihren Füßen vorging, mit dem Grollen und Rumoren, das langsam anwuchs. Denn Umwälzungen werden angekündigt, und wer Augen hat zu sehen, der erkennt ihre Zeichen.
Die Sympathie sowjetischer Schriftsteller zu Ausstei-

gern, Gottesnarren und Rebellen, zu den verkappten Gegnern des politischen Systems, ist beredt genug. Sie ist russische Literaturtradition, besonders aus vorrevolutionären Zeiten. Die staatlich institutionalisierten Formen des Zusammenlebens, Ehe, Familie, berufliches Avancement, werden als Ursache menschlichen Niedergangs dargestellt. Eine erträgliche Alternative wird gesucht, aber ist sie innerhalb der Grenzen dieses Systems noch zu finden? Die moderne Sowjetliteratur ist wieder so weit: Ihr gnadenloser Realismus enthüllt Verhältnisse, die grundsätzlicher Veränderung bedürfen. So lehnt Schukschin jede Art etablierten Lebens ab und stellt ihm, wie einst Tolstoi, eine romantische Verklärung unverdorbenen bäuerlichen Daseins gegenüber, Rasputin und Wassilij Below zeigen, daß auch dieses Leben von unlösbaren Konflikten überschattet ist, Lipatow und Pawel Nilin stellen die Ehe als Krankheitsursache dar, und Trifonow schildert das Familienleben als bedrückende Umschnürung. Schukschins ländliche Helden, seine begabten aber eigensinnigen Charaktere, wollen sich nicht einordnen, sie verbrauchen ihre Energien und Talente in anarchistischen Aktionen, indem sie Funktionäre mit Tintenfässern bewerfen und betrunken randalieren. Das Motiv für diese Ausbrüche liegt in dem improvisierten Gedicht, das ein junger Bursche zur Gitarre singt:

> Nie im Leben werd' ich buckeln,
> von der Seite und von vorn,
> vor den goldgefaßten Brillen...

Mögen die Methoden archaisch sein, die Richtung steht fest. Noch ist es so, daß jeder Ausbruchsversuch von der Wucht des Staates erstickt und umgedreht werden kann: Schukschins Helden, deren Quertreiberei handfest ist, kommen in den Knast, während die intellektuellen Gestalten Trifonows oder Baklanows seelisch erdrückt werden. Angesichts der unerschütterli-

chen Allmacht des Staates richtet sich ihr Veränderungswille schließlich gegen sie selbst. Daran gehen diese Menschen zugrunde, erkranken an psychosomatischen Syndromen und zerstören sich in Selbstquälerei. Eine Frage verfolgt sie Tag und Nacht: Wie sind wir so geworden?
Einige Autoren gehen weiter und brechen aus dem inneren Gefängnis aus. Michail Rostschin erzählt in der Novelle »Erinnerung an eine Liebe« die unschuldige Love-Story zwischen einem Oberschüler und seiner jungen Lehrerin in den Zeiten des Nachkriegsstalinismus. Es ist nicht menschliche Unzulänglichkeit wie bei Trifonow, die diese Liebe zerstört, sondern eindeutig und unmißverständlich der unerträgliche Druck gesellschaftlicher Verhältnisse. Die verlogene, puritanische Moral der Stalinzeit, die unmenschliche Härte des alltäglichen Lebens, eine dem Europäer unvorstellbare Wohnungsnot, all das bricht über die beiden jungen Menschen herein und zerreibt sie zu Staub.
Die marxistische Literaturwissenschaft unterfing sich, »Romeo und Julia« als Paradefall gesellschaftlicher Einwirkungen auf das Privatleben zu deuten. Was sagt sie nun hierzu? Sie verschweigt es, wie jede Wahrheit, vor allem jede, die das eigene System betrifft. Doch angesichts der klaren und realistischen Darstellung der modernen Sowjetliteratur ist die staatlich geförderte und kontrollierte Literaturwissenschaft mehr als entbehrlich. Es bedarf keiner Interpretationen, alles liegt offen vor Augen: Die Gesellschaft unterdrückt und zerstört das Individuum.
Es gibt keine Wunder, auch kein russisches. Der zentralistische Zarenstaat wurde blutig zerschlagen und nach einer Zeit hoffnungsvoller und idealistischer Wirren entstand an seiner Statt ein neuer Zentralstaat: die Herrschaft der Unfähigen, für die Lüge und Unterdrükkung eine Existenznotwendigkeit ist, zur Verschleierung ihres größten Geheimnisses, der Hohlheit.

27. 3. 1984

Mein Moskauer Freund Kolja B. rief am Nachmittag aus dem Hotel »Stadt Berlin« bei uns an. Er war für drei Tage in Ost-Berlin. Abends fuhren H. und ich zum Hotel, stellten den Wagen ab und gingen mit Kolja spazieren. Es war neun Uhr abends, die Innenstadt menschenleer, und wir schämten uns für die unsagbar triste Atmosphäre unserer Heimatstadt. Auf dem Alexanderplatz sahen wir eine betrunkene Frau. Als sie die Mitte des verödeten Platzes erreicht hatte, stand, wie aus dem Erdboden gewachsen, ein Polizist vor ihr und packte sie am Arm. Sie wollte sich losreißen, da stürzte ein weiterer Polizist herbei, dann noch ein dritter. Die Betrunkene kreischte: »Ick wer ja varrickt! Dreie uff eenmal!« Man führte sie seitlich irgendwohin, und sie schrie immer wieder: »Dreie uff eenmal!«

28. 3. 1984

Im Briefkasten lag ein längliches Kuvert mit dem Absender: »Zentralkomitee der Sozialistischen Einheitspartei Deutschlands – Büro Hager«. Als ich es öffnete, zitterten meine Hände.
Hagers persönlicher Referent, der Genosse Rätz, teilte uns in lapidaren Wendungen mit, daß unsere Angelegenheit »den zuständigen staatlichen Stellen zugeleitet« worden sei. Ich brauchte Minuten, um den Sinn dieser Floskel zu verstehen. Sabine drängte: »Nun sage mir doch endlich, was sie schreiben?«
»Sie haben grünes Licht gegeben.«
»Lies vor!«
Ich las den Brief vor. Schon daß man uns überhaupt einer schriftlichen Antwort würdigte, war ein günstiges Zeichen. Die Angelegenheit »den zuständigen staatlichen Stellen zuzuleiten« bedeutete nichts anderes, als sie anzuweisen, unseren Antrag zu bearbeiten. Eigentlich war Hager für Ausreiseanträge nicht zuständig. Er

hätte das vorschieben, er hätte auch gar keine Antwort geben können.
Wer über Erfahrungen mit der Zentrale verfügt, weiß, daß wir den erfreulichsten Bescheid erhielten, der überhaupt möglich war. Das Büro Hager »leitete zu«, es übergab also den »zuständigen Stellen« das gesammelte Material, damit dort die Details unserer Ausreise organisiert würden. Das hieß nicht, daß wir sofort ausreisen durften. Wir waren immer noch Mitglieder der SED, denn erst am 4. April sollte die »Kreis-Partei-Kontroll-Kommission« unseren Ausschluß perfekt machen. Ich war noch nicht über meinen Akademieausschluß informiert, und wir besaßen noch sämtliche Papiere: die Verbandsausweise, den Dienstausweis der Akademie und das rote Parteidokument.
Hager hat entschieden. Nun obliegt es subalternen Stellen, wie schnell die Formalitäten abgewickelt werden. Aber eines ist klar: Wir werden ausreisen.
Am Nachmittag erfuhr ich inoffiziell, daß mein Akademieausschluß in der vergangenen Woche entschieden wurde. Zu Beginn der Sitzung erschien Generaldirektor Schnabel und teilte den Akademiemitgliedern mit, Herr Noll hätte einen Antrag auf Ausreise aus der DDR gestellt. Zwei der Herren wußten es schon: Klemke und Womacka, aber sie hüllten sich in Schweigen. Über Gründe und Hintergründe wurde kein Wort verloren. Der Vorgang soll nicht länger als drei Minuten gedauert haben.

29. 3. 1984

Vor vier Wochen habe ich meinen Brief an Hager in der Poststelle des ZK abgegeben. Das Büro Hager hielt sich peinlich genau an die gesetzlich vorgeschriebene Frist zur Beantwortung von »Eingaben aus der Bevölkerung«. Es blieb eine Frage: Warum brauchte das Büro Hager vier Wochen, um das Placet zu geben?

Eine Indiskretion gab uns heute Gewißheit: Man hatte im Büro Hager gründliche Untersuchungen angestellt. Denn dort war alles bekannt: Welche Zensuren unsere Kinder in der Schule bekamen, wieviel Alkohol wir tranken und in welchen finanziellen Verhältnissen wir uns befanden. Kontakte zu Bürgern oder Institutionen westlicher Staaten ließen sich nicht ermitteln, an unserem Leumund gab es nichts auszusetzen, und alle unsere Gesprächspartner gaben übereinstimmend an, daß wir fest zu unserem Entschluß standen.
Es ist schon einige Tage her: Ich ließ abends im Atelier die Rolleaus herunter, zog meinen Mantel an und verließ das Haus. Auf der Straße bemerkte ich, daß ich meine Handschuhe vergessen hatte. Ich ging zurück, trat in den Hausflur und prallte dort mit zwei Herren zusammen, über die kein Zweifel möglich war. Es ist nicht so, daß sie alle grüne Kutten tragen. Diese beiden trugen lange Mäntel westlicher Fabrikation, der eine war wattiert, der andere aus weichem Leder. Sie hatten modische Frisuren und distinguierte Gesichter, und dennoch erkannte ich sie, hätte jedes Kind sie erkannt. Es liegt an der Ausstrahlung.
Wir erschraken alle drei. Ich denke, sie hatten die Anweisung mir nicht zu begegnen, und sie hatten auch alles richtig kalkuliert und gewartet, bis ich die Rolleaus herunterließ. Nur meine Vergeßlichkeit konnten sie nicht vorausahnen. So standen wir uns überraschend gegenüber: Sie, die mir nicht begegnen sollten, ich, der ich bisher nicht wußte, daß sie sich für mich interessierten. Wir grüßten uns höflich. Es war das einzig sinnvolle Verhalten in dieser Situation.
Sie klingelten bei Herrn Gunske, einem Rentner, der die Pflichten des »Hausvertrauensmannes« versieht. Als Gunske öffnete, schoben sie ihn in seinen düsteren Korridor, drängten sich selbst hinein, und schon klappte die Tür.
Gunske, die Hände in den Taschen seiner ausgebeulten

Trainingshosen, lungerte die folgenden Tage im Hausflur und auf dem Hof herum, kaute an einem erloschenen Zigarrenstummel und zwinkerte mir mit seinen trüben Äuglein zu. Am dritten Tag hielt er es nicht mehr aus und sprach mich an: »Na, Herr Noll, ick ha jehert, sie wolln nachm Westen machen?«
»Woher wissen Sie das? Haben es Ihnen die Herren erzählt, die neulich bei Ihnen waren?«
»Nee, um Jottes Willen, bei mir war keener... Ick meine bloß so. Die ham ja ooch nich uff Sie jewartet... Na, wert schafft...« Tags darauf war Herr Gunske verschwunden. In seiner Wohnung war ihm irgend etwas passiert, er war von der Leiter gestürzt oder dergleichen. Am Vormittag kam ein Krankenauto und brachte ihn weg. Eine Unglückswohnung. Gunske war sie erst kürzlich, nach dem Tod der lebenslustigen, aber übergewichtigen Frau Kulick zugefallen, die eines Abends so viel Milchreis mit Birnenkompott zu sich nahm, daß sie am nächsten Tag vom Rettungswagen abgeholt wurde, um nie zurückzukehren. Die Wohnung liegt zentral. Jeder, der den Hausflur passieren will, muß an ihr vorüber. Frau Kulick war auch Gunskes Vorgängerin im Amt des »Hausvertrauensmannes«, auch sie hielt sich gern im Hof und im Hausflur auf und spähte in unser Fenster.

30. 3. 1984

Erst jetzt erkenne ich die Menschen unter denen ich geboren bin und bisher lebte. Sie sind anders, als ich dachte. Denn das vorherrschende Gefühl – das uns neuerdings entgegengebracht wird – ist Sympathie. Mein Vater und der Genosse Herbert Braun haben uns verurteilt und von »Verrat« gesprochen, einige Freunde haben nicht mehr den Mut mit uns zu verkehren, aber alle anderen zeigen eine fast demonstrative Hilfsbereitschaft. Viele von ihnen würden die DDR verlassen, wenn es nicht reale oder vermeintliche Gründe gäbe,

die sie davon abhalten. Wir hören von allen Seiten: »Ich würde es auch tun, aber mein Vater ist Funktionär – er würde sofort seinen Posten verlieren.« Oder: »Ich hätte nicht die Kraft, zwei Jahre zu warten, bis mein Antrag genehmigt wird.« Es ist nicht nur eine Frage der Kraft, sondern vielmehr eine Frage der finanziellen Mittel und des sozialen Hintergrundes. Nicht selten ergeht bei Antragstellung Berufsverbot. In der DDR gibt es keine Arbeitslosenunterstützung. Wovon soll eine Familie leben, wenn der Vater seine Arbeit verliert? Man kann von Ersparnissen zehren und vom Verkauf des Hausrats und des Autos. Es gab Familien, die alles verkauft hatten und auf gepackten Koffern saßen und deren Ausreiseantrag dann in letzter Minute abgelehnt wurde. Die DDR hat niemals gezögert, soziale Ungerechtigkeit, Berufsverbot und Willkür in anderen Ländern zum Gegenstand ihrer moralischen Entrüstung zu machen. Dabei ist ihr eigenes System so ungerecht es nur geht, selbst noch im Falle der Ausreise. Um es offen zu sagen: Die Ausreise ist eine Frage des Geldes. Nur wer über Mittel verfügt, übersteht die oft Jahre dauernde Wartezeit, die anderen werden ruiniert. Sie kommen im Westen an, ohne Kraft und ohne Reserven. Der DDR bleibt die Genugtuung, sie vollständig gerupft und in einem Zustand aus ihren Fängen entlassen zu haben, der den existentiellen Neubeginn so schwer wie möglich macht.
Die DDR hat lange versucht, die Ausreisenden zu kriminalisieren. Ihre eigene Bevölkerung folgt ihr darin nicht mehr. Allgemein wird das Bedürfnis, die DDR zu verlassen, für etwas vollkommen Normales, sogar Verständliches angesehen. Die Moral des Staates, die jeden verurteilt, der sich »Lenins Lehre« und dem »realen Sozialismus« entzieht, dringt nicht mehr durch. Die DDR-Bürger haben ihre eigene Moral.
Wir haben Farbe bekannt, und seither ist alles Diffuse aus unserem Leben verschwunden. Die Gemüsehändle-

rin und der Besitzer des kleinen Ladens an der Ecke bieten uns ihren Kredit an. Täglich klingelt das Telefon und Bekannte lassen uns wissen: »Wenn ihr Hilfe braucht, stehen wir euch zur Verfügung.«

Am Nachmittag beobachte ich aus dem Atelierfenster, wie der Abschnittsbevollmächtigte der VP und zwei weitere Polizisten in den Toreinfahrten der gegenüberliegenden Häuser stöberten. Sie nötigten Bürger, ihre Briefkästen zu öffnen und den Inhalt vorzuzeigen. Am Abend erfuhr ich von meiner Schwägerin den Grund für diese Bemühungen; man hatte auch sie veranlaßt, ihren Briefkasten zu öffnen, und dort fand sich ein Flugblatt, auf dem stand: »Erich, mach die Tore auf, dann gehen wir wählen!« Das Flugblatt wurde beschlagnahmt.
Noch einmal kamen Pröpperts, wieder in der Dunkelheit, und wieder auf »einen Sprung«. Pröppert lag daran, einen Vertrag zu vernichten, der zwischen uns abgeschlossen war – er litt unter der Zwangsvorstellung, ich könnte diesen Vertrag im Westen zeigen und ihn dadurch kompromittieren. Das Ehepaar war schlecht aufgelegt, eine Folge des gestrigen Abends, als sie mit Freunden von der Staatssicherheit Sekt mit Kognak getrunken hatten. Wir gingen gemeinsam zur Straßenbahn-Haltestelle und trafen unterwegs einen Kollegen von mir, den auch Pröppert kennt. Die Begegnung war Pröppert, das sah ich ihm deutlich an, sehr ungelegen.
Unser Freundeskreis schmolz. Zwischen unseren Freunden und uns stand das, was Professor Axel B. »Karrierefeindlichkeit« nannte. Wir entzogen uns »gesellschaftlichen Funktionen«, unsere Freunde bemühten sich darum. Uns verschlug es in den Parteiversammlungen die Sprache, sie redeten weiterhin mit.
Eine alte Freundin, die sich nicht von uns zurückzog, war Gertrud Heartfield. Auch sie lebte, seit ihr Mann,

der Grafiker John Heartfield, gestorben war, mehr und mehr in Zurückgezogenheit. Aber Tutti Heartfield durfte reisen. Sie hatte während der Nazizeit in England gelebt und hielt es nicht aus, wenn sie nicht einmal im Jahr dorthin fuhr. In den letzten Jahren hatte die Akademieadministration des Generaldirektors Schnabel ihr das Reisen mehr und mehr erschwert, und bei den unsinnigen Prozeduren, die zur Erlangung der Reisegenehmigung unerläßlich wurden, verlor sie ihre Kräfte und ihre gute Laune. Sie bemühte sich, die Verhältnisse in der DDR sinnvoll zu finden, aber es fiel ihr mit den Jahren immer schwerer. Sie und ihr Mann hatten erst in den sechziger Jahren erfahren, auf welche Art ihr Moskauer Freund Sergej Tretjakow ums Leben gekommen war – und da war es zu spät, um zu reagieren: Tutti und Johnny saßen fest. Denn Tutti ließ keinen Zweifel daran, daß sie niemals aus England in die DDR gekommen wäre, hätte sie gewußt, was sie heute wußte. So etwas kann man in der DDR nicht offen aussprechen, nicht einmal gegenüber Freunden. Tutti sagte nicht: Wir haben es bereut, hierher gekommen zu sein, aber sie erzählte uns Geschichten, die nichts anderes bedeuteten. Sie erzählte uns, wie der Schriftsteller Egon Erwin Kisch aus Mexiko nach Prag zurückgekehrt war, er wurde noch in Ehren empfangen und starb 1948. 1952 fand der Schauprozeß gegen Slansky, Arthur London und Andre Simone statt. Simone war Kischs Freund, er wurde zum Tode verurteilt. Tutti sagte dazu: »Wir haben Kisch damals gefragt: Mußt du unbedingt nach Prag gehen? Wir haben hier verschiedenes gehört... Aber Kisch erklärte: ›Ich möchte in der Heimat sterben.‹ Er konnte nicht ahnen, daß es so schnell gehen würde.« Dieses Gespräch fand in London statt, wo Kisch aus Mexiko kommend, zwischenlandete und wo er mit dem Ehepaar Heartfield essen ging. Tutti erinnerte sich: »Wir brachten ihn in sein Hotel zurück, und da sagte er es: ›Ich möchte in der Heimat sterben.‹«

Ist Tutti »in der Heimat« gestorben? Sie starb im vergangenen Dezember in Ost-Berlin, im Krankenhaus der Deutschen Volkspolizei. Als ich sie das letzte Mal besuchte, einige Tage vor ihrem Tod, sprach sie nur noch englisch. Ich saß eine Viertelstunde ratlos an ihrem Bett, denn sie antwortete nicht auf meine in deutscher Sprache gestellten Fragen. Erst, als ich fragte: »And I heard, that the children from Amsterdam have been here?« antwortete sie: »Yes, every day…«

Wo ist Tutti wirklich gestorben? Und woran dachte sie in ihren letzten Stunden? Die Tage davor hatte sie in der DDR verbracht und ihre Geschäfte geordnet. Es lag ihr am Herzen, ein neues Testament aufzusetzen, das zu Ungunsten staatlicher Stellen ausfiel. Zwar hinterließ sie Johnnys Rechte und Tantiemen der Akademie, aber ihr Privatvermögen vererbte sie ihren in Holland lebenden Kindern und Ost-Berliner Freunden. Diese Freunde, zu denen auch wir gehörten, wurden nicht einmal zu Tuttis Beerdigung eingeladen. Wir alle wußten, daß man uns betrogen hatte, aber wir sprachen nicht über Tuttis letzte Tage und ihren späten Versuch, ihrer Enttäuschung Ausdruck zu verleihen. Wir verloren untereinander kein Wort über jenes Testament, das spurlos verschwand, wie Tuttis Vermögen, ihre chinesischen Deckelvasen, die colorierten Lithografien von Thomas Rowlandson, ihr Auto und ihr Wochenendhaus. Sogar die Tiefkühltruhe und der Kühlschrank, die sie ihrer Sekretärin hinterlassen hatte, verschwanden spurlos und geheimnisvoll, jedes Teesieb und jeder Knopf, und eines Tages sahen wir ein rotes Lastauto den Hof von Tuttis Haus verlassen, darauf stand: VEB-Antikhandel Pirna.

Wir gingen dennoch zu Tuttis Beerdigung. An ihrem Grabe stellte sich heraus, daß der Kreis, den sie zusammengehalten hatte, jetzt zerfiel. Tutti war für uns alle eine Verbindung zur Welt. Zum erstenmal in meinem Leben beneidete ich West-Berliner Bürger, Tuttis Freunde von der Elefanten-Press-Galerie. Sie stiegen, als alles vorüber war, in ihr Auto und fuhren davon. Wir blieben hier.

1. 4. 1984

H. erzählte mir heute morgen im Schwimmbad, wie man seine fünfjährige Tochter gestern im Kindergarten für ein kleines Vergehen bestraft hatte: Man hängte ihr eine Papptafel um den Hals, auf die als Zeichen für schlechtes Betragen eine dunkle Wolke gemalt war. Die artigen Kinder erhielten kleine Sonnen. H.s Tochter wurde gezwungen, dreimal um den Hof zu laufen, damit alle ihre Tafel sehen konnten. »Natürlich«, sagte H., »hat sie den ganzen Abend geweint. Ich bin heute morgen zur Leiterin gegangen und habe mich beschwert.«
»Und was ist dabei herausgekommen?«
»Die Leiterin hat den ›Übereifer‹ der Kindergärtnerin kritisiert.«
»Was für ein Vergehen war es denn eigentlich, wofür deine Tochter bestraft wurde?«
H. lachte. »Es war, glaube ich, ›Störung der Mittagsruhe‹...«

2. 4. 1984

»Es macht *keinen Spaß* mehr«, sagte gestern eine Bekannte, als wir über die Atmosphäre in unserer Stadt sprachen.
Daran denken unsere Herren nicht: die Menschen verzeihen vieles, wenn sie nur ihren *Spaß* haben dürfen. In der Antike gab man Brot und Spiele, im Mittelalter commedia del'arte, Volksfeste und die Bärenhatz, im Spanien der katholischen Inquisition immerhin Musik und Tanz. Die Bürger Roms liebten die Päpste nicht, aber ihre prächtigen Prozessionen und Feste sahen sie

gern, die Triumphwagen, Königin Christine zu Pferde, die Kardinäle in Purpur, die Barone in vergoldetem Harnisch. Am Abend wurde auf illuminierten Plätzen gesungen und getanzt, aus Brunnen floß Wein, die Dichter lasen Sonette und in den Palästen der Prälaten wurde Theater gespielt...

Den Sinnen des DDR-Bürgers wird wenig Anregung geboten. Millionen sehen am Abend die Sendungen des West-Fernsehens. Sie täten es nicht, hätten sie nicht Abwechslung bitter nötig. Die Kinder sehen am Abend lieber die »Sesamstraße« als die Sendungen des DDR-Kinderfernsehens. Die Erwachsenen erholen sich, ob nun »fortschrittlich eingestellt« oder nicht, beim Anblick der Glitzerwelt von »Dallas« und »Denver«. Die Jugendlichen zucken die Achseln, wenn man ihnen mit den Staats-Rockgruppen »Karat« oder »City« kommt, aber sie zahlen 150,– Mark für eine Boy-George-Platte aus dem Westen. Boy George singt eben von den alltäglichen Angelegenheiten junger Leute, von ihrer Liebe und ihrem *Spaß,* während DDR-Rockgruppen von »Lunten, die schon brennen« und »Raketen« singen. Alle haben diese zwanghafte Politisierung satt. Niemand hat *Spaß* an einer Malerei, die »Schreitende« und »Stürzende« darstellt, und an einer Literatur, in der beständig Probleme gewälzt und verbissene Mienen gemacht werden. Gibt es denn gar keinen Humor? Doch, es gibt zum Beispiel die amtliche »Zeitschrift für Humor und Satire«, die allwöchentlich unter dem Namen ›Eulenspiegel‹ erscheint. In der letzten Nummer finden sich, neben politischen Artikeln, die so abgeschmackt sind, daß sie der Leser überblättert, Scherzgedichte wie dieses:

> »Viel lieber als 'ne Flaschentasche
> trägt mancher Mann 'ne Taschenflasche.«

Selbst dieses Gedicht ist noch mit einem »gesellschaftlichen Inhalt« befrachtet, denn die Flaschentasche dient

als feine Anspielung gegen Ehemänner, die ihrer Frau nicht bei der Rückführung leerer Flaschen (Sekundär-Rohstoffe) in die nächstgelegene »Erfassungsstelle« behilflich sind.
Sind die Redakteure des ›Eulenspiegel‹ dem Stumpfsinn verfallen? Nein, sie sind eingeschüchtert. Eine Reihe von personellen Umbesetzungen gereichte diesem Blatt nicht zum Vorteil. Es ist jetzt, nach einigen zu weit gehenden Scherzen, entschärft und kastriert, und die Redakteure parieren beim allerleisesten Stirnrunzeln der Zentrale. Noch vor wenigen Wochen hatte der ›Eulenspiegel‹ gewagt, über populäre, feuchtfröhliche Unterhaltungssendungen des DDR-Fernsehens zu spaßen. Da gab das staatliche Blatt des Fernsehens, die Illustrierte ›FF dabei‹ mit allerhöchster Genehmigung einen Warnschuß ab, und der ›Eulenspiegel‹ verstummte. Erst kürzlich war der stellvertretende Chefredakteur abgesetzt worden, weil eine Karrikatur auf die Preissteigerung bei Lebensmitteln erschien. Seither steht der ›Eulenspiegel‹ unter »Parteikontrolle«, und eine Beauftragte der Zentrale nimmt als Beobachterin an den Redaktionssitzungen teil. Man fragt sich, wie unter solchen Umständen der fauxpas mit den Fernsehsendungen überhaupt möglich war: Hatte es die Beauftragte an »Wachsamkeit« fehlen lassen, oder war ihr unbekannt, daß derber, gesunder Volkshumor den persönlichen Geschmack höchster Funktionäre trifft? Für DDR-Bürger mit besonderen geistigen Ansprüchen gibt es die verschlüsselte, oder wie es im allgemeinen Sprachgebrauch heißt, »umgesetzte« Auseinandersetzung mit der Wirklichkeit. Sie wird in manchen DDR-Theatern praktiziert. Monatelang flattern dann Gerüchte durch die Intelligenzkreise Ost-Berlins: in diesem Theater wird jenes Stück gegeben und darin sind einige Stellen... Ich habe mir solche Inszenierungen nicht angesehen, denn diese Art des Aufmuckens erschien mir zu dürftig. Sie zeigte nicht geistige Freiheit, sondern

Sklavenmentalität. Einmal besuchte ich eine Aufführung von Gogols »Revisor«, weil ein Freund aus England sie unbedingt sehen wollte: Er hatte gehört, sie sei »kritisch«. Ich wartete vergebens auf etwas »Kritisches«, ich wartete bis zum Schluß, aber dann geschah es: Der Intendant des Hauses, noch im Kostüm, trat an die Rampe und sagte: »Meine Herrschaften, auch zu uns ist ein Revisor unterwegs!« Verblüfftes Schweigen und – donnernder Applaus.

Mein englischer Freund fragte mich, was das zu bedeuten habe: »Was hat er denn gesagt?«

»Daß zu uns ein Revisor unterwegs ist.«

»Aber warum applaudieren die Leute?«

»Ich weiß es auch nicht – es soll vielleicht eine Anspielung sein!«

»Eine Kritik?«

»Ja, gewissermaßen...« Ich geriet in Verlegenheit. Wie sollte ich ihm auseinandersetzen, daß sich die DDR-Intellektuellen auf so verquere Art abreagieren? Wir durften ja keine Kritik üben, die das Wesen der Sache berührte. Es mußte immer um sieben Ecken und möglichst unverständlich sein, in einem Code abgefaßt, den nur Eingeweihte verstanden. Ich hätte Stunden gebraucht, meinem Freund, einem wissenschaftlichen Bibliothekar aus Oxford, alle diese Zusammenhänge zu erklären. Das hätte uns den Abend verdorben. Ich hätte es auch kurz machen und sagen können: Wir leben in einem Land, in dem die Intellektuellen und auch alle anderen Bürger unterdrückt werden, so direkt und so unverfroren, daß sie nicht einmal mehr wagen, kritisch zu denken, geschweige denn zu sprechen, zu schreiben oder zu handeln. Die Zentrale weiß, daß Eisen härter ist als Menschenfleisch, und auf diesem einfachen Grundsatz ruht das ganze Gebäude. Aber das wäre zu abstrakt gewesen, und auch diese Betrachtungsweise hätte uns den Abend verdorben. *Spaß* hatten wir jedenfalls nicht an diesem Theaterabend, und wann immer

ich hörte, in einer neuen Shakespeare-Inszenierung trete ein Kerkermeister auf der sächsisch spricht, ging ich nicht hin.
Der Mangel an Spaß bestimmt unser Alltagsleben. Auf bedrückende Weise verbindet sich die ohnehin nicht sehr sprühende Volksmentalität mit einem zentralistischen Staatsgefüge, und dabei entsteht ein öffentliches Leben, so trist, so lustlos und so lähmend, wie sonst kaum irgendwo auf der Welt. Für alle, die sich von Berufs wegen mit Spaß beschäftigen, für Journalisten, Künstler und Schriftsteller, ist die Öde der Öffentlichkeit eine unerträgliche Atmosphäre. Es gibt daraus nur einen trügerischen Ausweg: den Rückzug ins Privatleben. Während ich schreibe, schläft meine Frau, am Fußende der Couch hat sich die Katze zusammengerollt, die Kinder sind bei Klemkes zum Kaffee eingeladen. Alle sind gesund, wir haben genug Geld, und ich weiß, daß mich morgen im Atelier interessante Arbeit erwartet. In unserer kleinen Welt ist alles zum besten bestellt, und so ist es bei H., bei Alewtina und bei allen unseren Freunden. Wir leiden keine Existenznot, aber hinter der Fassade eines scheinbar gesicherten und geregelten Lebens spüren wir eine zweite Wirklichkeit: Isolierung, Bedrängung und den unberechenbaren Zugriff der Zentrale, dem wir jederzeit hoffnungslos ausgeliefert sind. Wir spüren Trifonows Angst vor dem »Verschwinden«, seine Angst vor dem »riesigen Laken, unter dem man alle verbergen kann, alle, alle«.
Die Jahre vergehen, wir sehen und hören. Wir möchten, ein Menschenbedürfnis und Menschenrecht, darauf reagieren. Statt dessen sind wir verurteilt, starr, stumm und verschlossen zu werden wie unser Stern. Es gibt viel Unerträgliches auf diesem Stern. Für uns ist das schlimmste: das Schweigen.

2. 4. 1984

Mein Bruder besuchte (gestern) meinen Vater in dessen Haus in Z. am See. Er erfuhr dort, daß wir einen Ausreiseantrag gestellt hätten. Ich fragte ihn: »Hast du dich nicht gewundert?« – »Nein«, antwortete er, »ich dachte bloß: Und ich Idiot sitze immer noch hier...«

Mein Bruder und seine Frau beschlossen, ebenfalls die Ausreise zu beantragen. Vorsichtshalber wollen sie ihre Dokumente, Diplom und Approbationsurkunde fotokopieren lassen, denn es soll Fälle gegeben haben, in denen man ausreisewilligen Ärzten die Approbation entzog.

Am frühen Morgen klingelte das Telefon. Die Genossin Rosi Willumat ließ mich wissen, daß ich aus der Akademie ausgeschlossen bin, und sie forderte mich auf, meinen Akademieausweis umgehend in der Kaderabteilung abzugeben.

Ich wollte wissen: »Wird mir die Akademie eine schriftliche Mitteilung darüber schicken, daß ich ausgeschlossen wurde?«

»Nein, so etwas wirst du nicht erhalten.«

»Dann bekommt ihr auch euren Ausweis nicht zurück.«

»Aber das kannst du doch nicht machen!«

»Warum verweigert ihr mir eine schriftliche Kündigung? Ihr gebt jedem, der wegen Unfähigkeit und Faulheit hinausgeworfen wird, so ein Dokument, warum nicht mir?«

Ich war so wütend, daß ich jetzt lieber schwieg, denn ich fürchtete, Unbedachtsamkeiten zu sagen. Um so mehr redete Rosi Willumat. Sie weiß wie ich, daß unsere Gespräche mitgehört werden, und auch sie mußte sich absichern. Niemand sei jemals wegen Unfähigkeit entlassen worden, und die Ausstellung von Dokumenten in jedem Fall korrekt gewesen. Mein Fall sei »etwas anderes«. Als ich weiterhin schwieg, schaltete sie auf ei-

nen herzlichen und kollegialen Ton um. Die Akademie werde von sich hören lassen. »Herzliche Grüße an Sabine.«
Die Akademie ließ nicht von sich hören. Im Stillen werden sich Rosi Willumat und Generaldirektor Schnabel gewundert haben: Wie konnte ich so naiv sein und ein Dokument verlangen? Mein Ausschluß aus der Akademie war ungesetzlich, das wußten Rosi und Schnabel so gut wie ich, und man würde sich hüten, das schriftlich zu belegen.
Generaldirektor Schnabel war ohnehin verärgert. Wir hatten uns an Hager gewandt und nicht an ihn oder den Kulturminister, und das widersprach seinen Vorstellungen von staatsbürgerlichem Verhalten. Einmal hätten wir den Instanzenweg einhalten müssen, zum anderen war es eine Impertinenz, die Zentrale selbst zu behelligen: Wußten wir nicht, daß man dort Wichtigeres zu tun hatte?
Schnabel hielt seinen Ärger zurück, nur einmal, im Gespräch mit Sabines Eltern entfuhr ihm der Ausruf: »Sie benehmen sich, als wäre Hager ihr Onkel!« Hager war nicht unser Onkel, aber auch Schnabel war es nicht. Wären wir an ihn herangetreten, hätte er es seinerseits dem ZK melden müssen. Indem wir das gleich selbst taten, ersparten wir ihm Mühen und Umstände. Mußte er uns nicht dafür dankbar sein?
Etwas anderes verdroß ihn: Er fühlte sich übergangen. Unser Fall wäre für ihn eine Gelegenheit gewesen, seine Wichtigkeit zu beweisen. Doch das wäre auf unsere Kosten geschehen, er hätte hinauszögern und verschleppen können, er hätte den Moloch des Akademieapparates eingeschaltet, und dort sind schon ganz andere Dinge auf der Strecke geblieben, als unser Antrag.
Unser Antrag war nicht wichtig. Er entschied zwar über das weitere Leben von mindestens vier Menschen, aber das sind Kleinigkeiten, die neben den großen Notwendigkeiten verblassen. Und die größte Notwendigkeit

war, daß der Apparat seine Macht demonstrieren konnte, und wie immer auf Kosten der Menschen, die es betraf.

3. 4. 1984

Als ich mit Sabine heute morgen in ein Café ging, wo wir mit Alewtina und ihrem Mann verabredet waren, sah sie blaß und müde aus. In der Parkstraße sagte sie plötzlich: »Vielleicht solltest du ihnen doch deinen Akademieausweis zurückgeben?«

»Aber dann kann ich nachher im Westen nicht beweisen, daß ich gearbeitet habe.«

»Solange du diesen Ausweis hast, werden wir erst gar nicht in den Westen kommen. Du solltest dort anrufen und herausfinden, ob es noch Sinn hat auf ein Dokument zu warten.«

»Das werden sie mir nicht sagen. Außerdem weiß ich nicht und kann es auch nicht wissen: kommt das mit dem Dokument von oben oder ist es Schnabels persönliche Schikane?«

In dem kleinen Café aßen wir warmen Apfelstrudel mit Schlagsahne und sahen in den Regen hinaus. Schulkinder in Pelerinen und gelben Gummistiefeln liefen durch die Pfützen; nasse Autos umfuhren vorsichtig die Schlaglöcher. Als wir nach Hause schlenderten, waren wir guter Dinge. Alewtina ging in ihr Atelier, das in der Nähe unserer Wohnung liegt. Beim Abschied sagte sie: »Nehmt es mit Humor...«

Von ferne sahen wir eine Gestalt im silbergrauen Regenmantel hastig unseren Hausflur betreten. Es war Gertrud Klemke, die zufällig in einem Geschäft 10 Bücher-Regale entdeckt und sofort gekauft hatte. Die Regale wurden geliefert, und wir waren nicht zu Hause. Sie lief ins Atelier, fand uns auch dort nicht und glaubte uns verschwunden. Sie war erleichtert, als wir gutgelaunt den Hausflur betraten, aber der Schreck saß ihr noch in den Gliedern.

Alle spüren: Es ist die entscheidende Phase. Das Büro Hager hat entschieden, aber was geschieht nun? Wann werden wir ausreisen? Es gibt tausend Gerüchte, Spekulationen und Prophezeiungen. Uns schwirrt von alledem der Kopf.
Wir haben begonnen, alle entbehrlichen Dinge einzupacken. Mit den Listen, in denen unsere 2000 Bücher erfaßt sind, haben wir angefangen. Es war eine mühsame Beschäftigung, die sich über mehrere Tage ausdehnte. Viele unserer Bücher sind alt und kostbar, und uns quält die Ungewißheit, ob wir sie mitnehmen dürfen. Es gab Fälle, in denen Bücher und Antiquitäten keine Ausfuhrgenehmigung erhielten. Die Besitzer mußten sie, zu ihrem Schaden, in aller Eile verkaufen. Anderen Ausreisenden nahm man ihr Eigentum einfach weg.
Das Unerträgliche an unserem jetzigen Zustand ist die Ungewißheit. Wir erleben den Ausnahmezustand, oder, wie es Heinrich Mann nannte, »das gefährliche Leben für alle Tage«. Es gibt hierzulande viele Menschen, die sich daran gewöhnt haben, wie an etwas Normales. Wir konnten und wollten es nicht, denn es widerspricht unseren Lebensinteressen. Ein Künstler braucht Anregung, aber er braucht vor allen Dingen Ruhe und sichere Verhältnisse, wie die russische Dichterin Anna Achmatowa schrieb:

»Und nicht zu tief im Unglück
sei er, und ja nicht verschlossen...«

Wir verschlossen uns dagegen immer mehr, um der Beunruhigung durch die Zentrale zu entgehen. Jetzt, kurz vor der Ausreise, müssen wir noch hinaus aus unserem Kastell und uns dem »gefährlichen Leben für alle Tage« stellen.
Wir bemühen uns, den normalen Alltag aufrechtzuerhalten, dabei steht der Balkon voller Kisten, sind verschiedene Möbelstücke bereits mit Schutzüberzügen umhüllt. Wir schmuggeln Manuskripte und wertvolle

Gegenstände auf abenteuerlichem Weg außer Landes und sprechen, selbst in der Wohnung, mit gedämpfter Stimme. Unser Telefon wird abgehört, es knarrt und knattert bei jedem Gespräch. Dennoch werden wir täglich von Freunden angerufen und gefragt: »Wißt ihr schon etwas.«

»Nein, wir wissen noch nichts.«

Wolkonski sagte mir am Telefon, wie ich zu fahren hätte: ich sollte am Kalinin-Prospekt aussteigen und das große Haus hinter der weißen Kirche suchen. Es war ein glücklicher Zufall, daß ich Wolkonski überhaupt in Moskau antraf, denn meist ist er draußen in Peredelkino oder auf Reisen. Er wurde durch seine Illustrationen zu Puschkin und Tolstoi international bekannt, er arbeitet für ausländische Verlage und unternimmt Studienreisen nach Europa und Amerika. In einer Berliner Ausstellung sah ich ein Aquarell von ihm: Es stellte eine New Yorker Straßenkreuzung im Regen dar.

Wolkonski arbeitet langsam und raffiniert. Als ich ihn auf das Aquarell ansprach, erzählte er mir: »An diesem Tag war so schreckliches Wetter, daß Natalja und ich nicht hinuntergehen konnten. Natalja schrieb Briefe, und ich stand am Fenster. Unten lag dieser Platz. Da begann ich ihn zu zeichnen...«

Der Fahrstuhl hielt ruckartig. Die Wohnung war irgendwo weit oben, im elften oder zwölften Stock. Die Farbe im Treppenhaus blätterte ab, und an der Wand hingen hektografierte Rundschreiben. Natalja Wolkonskaja öffnete. Sie ist sechzig Jahre alt, doch wenn man sie sieht, versteht man, warum Wolkonski sich vor dreißig Jahren in sie verliebte. Die Wohnungseinrichtung stammt aus dem Empire: blauseidene Sofas, halbrunde Spiegelkonsolen und Tischlampen mit Umhüllungen aus cremefarbenem Taft. Im Salon sah ich Nataljas Portrait, das ich aus Katalogen kannte. Das Bild ist zwanzig Jahre alt, Natalja gleicht ihm noch immer.

Wir aßen in der Küche. Durch ein großes Fenster, das Moskauer Neubaugebiete zeigte, fiel helles Mittagslicht. Wolkonski goß georgischen Wein in Barockgläser. Doch zunächst tranken der Hausherr und ich, wie es sich gehört, ein Gläschen Moskauer Wodka und aßen Pasteten und Weißbrotscheiben mit geräuchertem Lachs. »Auf deine Gesundheit!« sagte Wolkonski, und

Natalja wiederholte in russischer Sprache: »Auf deine Gesundheit!« Sie hantierte an einem automatischen Herd und stellte Borschtsch in alten Meißner Tellern vor uns hin. Die Suppe war heiß und kräftig, und bevor wir sie aßen, tranken wir noch einen Wodka, diesmal »auf die Hausfrau«. Später gab es Filets mit Gemüse, anschließend Moskauer Eis. Natalja stand auf, um eine westdeutsche Kaffeemaschine in Gang zu setzen. Sie hatte kleine Kuchen gebacken, mit einer Füllung aus sibirischen Moosbeeren und übergoß sie mit süßer Sahne.

Nach dem Essen führte mich Wolkonski in den Salon. Eine der Schmalseiten des Zimmers nahm ein großer Bücherschrank aus rotem Mahagoni ein, in dem alte Ausgaben russischer und europäischer Klassiker standen, in rotem und blauem Leder und mit goldener Prägung, Puschkin und Voltaire, Balzac und Gogol, Stendhal und Saltykow-Schtschedrin, Goethe und Tolstoi. Vor diesem Regal verbrachten die Wolkonskis ihre seltenen Moskauer Abende, wenn Verpflichtungen sie veranlaßten, über Nacht zu bleiben. Nataljas Sessel, ein Damensessel des Empire, war blauseiden, neben ihm stand ein Mahagoni-Tischchen, in dessen glänzend polierter Platte sich eine geöffnete Bonbonniere, eine Moccatasse und ein Brillenetui aus bordeauxrotem Leder spiegelten. Alexander Wolkonskis Lesesessel war mit purpurfarbenem Satin bezogen und hatte an den Seiten ausziehbare Platten, auf denen Bücher und ein Notizblock, eine Lupe und ein goldener Füllhalter lagen. Zwischen den Sesseln stand ein Tischchen, darauf eine Lampe mit Spitzenschirm.

Wolkonski bat mich, in einem der blauseidenen Sessel Platz zu nehmen, die nahe dem Fenster an der Wand standen. Auf den ovalen Tisch legte er Bücher und Mappen, die ich mir ansehen sollte, vor allem eine eben veröffentlichte Ausgabe von Tolstois Roman »Krieg und Frieden« mit seinen Illustrationen. Ich habe selten

etwas Schöneres gesehen. Auf großen Farbseiten fuhren Kaleschen durch herbstliche Birkenwälder, schmückten sich elegante Damen in weißen Kleidern zum Ball, waren Gesellschaften auf Veranden um den Samowar versammelt, oder Herren auf morgendlichen Waldlichtungen bei der Schnepfenjagd zu sehen.
Jeder Jagdhund, jeder Empirestuhl und jeder Pelerinenmantel war meisterhaft gezeichnet. Das Bezauberndste waren Szenen, die in halbdunklen Salons spielten: Das Licht kleiner Ampeln fiel weich auf die Gesichter der Damen und ließ goldene Epauletten an den Uniformen der Männer aufleuchten.
Wolkonski stand neben mir und gab Erläuterungen. »Hier bin ich extra nach Jasnaja Poljana gefahren, um den Wald zu zeichnen... und diesen Stuhl habe ich in Fürst Menschikows Palais in Leningrad gesehen...« Auch die Garnitur, auf der ich saß, war verewigt, der ovale Tisch, das Sofa, auf dem diesmal Damen in weiten Röcken in vertraulichem Gespräch zu sehen waren, und die beiden Sessel.
Wolkonski wurde am Telefon verlangt, später erfuhr ich, daß man ihn meinetwegen angerufen hatte. Es ging um eine zusätzliche Karte zur Eröffnung der Moskauer Ausstellung von Baron Thyssen-Bornemiszas Sammlung. Die Karte wurde ihm jetzt zugesagt, und Natalja verschwand in dem blauseidenen Schlafzimmer, um sich umzuziehen. Eine halbe Stunde darauf kam sie wieder zum Vorschein, in einem grauen Pariser Kostüm. Früher hatten Wolkonskis ein Auto und einen Chauffeur. »Aber er war ständig betrunken«, erzählte mir Alexander im Fahrstuhl, »und da hat Natalja ihn hinausgeworfen.« Heute mußten wir ein Taxi suchen, und als wir es endlich gefunden hatten, murrte der Fahrer, weil er zum Puschkin-Museum fahren sollte. Er habe Schichtwechsel und müsse ins Depot. Natalja machte Anstalten auszusteigen, aber Wolkonski steckte dem Fahrer hinter ihrem Rücken etwas zu, und zehn Minu-

ten später waren wir vor dem Museum. Wie immer, wenn westliche Kunstausstellungen in Moskau zu sehen sind, stand auch heute eine vielhundertköpfige Menschenschlange nach Karten an. Für das Akademiemitglied Professor Alexander Wolkonski, seine Gattin und seinen Gast wurde eine Seitentür geöffnet. Eine Museumsdame eilte uns voraus und flüsterte mit den »Diensthabenden« und Milizionären, worauf sie zur Seite traten.
Wolkonski kennt alle Welt. Er war mit Twardowski und Trifonow befreundet und hat die Achmadullina gemalt. Auch in der Ausstellung traf er ständig Bekannte, die ihn respektvoll begrüßten, einige Worte an ihn richteten und sich dann entfernten. Nur ein hagerer, asketischer Mann, mit einer Frisur, die an einen Blumenkohl erinnerte, verwickelte Wolkonski in ein längeres Gespräch. Wolkonski stand etwas vorgeneigt, hörte, die Brauen emporgezogen, aufmerksam zu und sprach selbst nur wenig und wohlüberlegt. »Was wollte er denn schon wieder?« fragte Natalja, als der Mann im Gewühl verschwunden war.
»Er will mich zur Mitarbeit an diesem Sammelband bewegen... Aber ich weiß nicht recht...«
»Wer war der Herr?« frage ich.
»Nun«, antwortete Wolkonski mit einer vagen Handbewegung, »er ist ein bekannter Kunstkritiker, der sehr links eingestellt ist... Zur Zeit genießt er«, und Wolkonski deutete mit dem Daumen nach oben, »großes Ansehen...«
Natalja zuckte die Schultern. Sie wandte sich wieder dem Bild zu, vor dem wir standen. Es war ein Männerbildnis von Rogier van der Weyden.
Auf der Treppe sagte Natalja: »Die Kollektion ist sehr gut und erlesen. Sascha, ich denke, wir gehen noch einmal hierher, wenn es etwas leerer ist.«
Wolkonski fragte mich: »Hat dir die Sammlung auch gefallen?«

»Ja«, antwortete ich, und mir fiel ein, was in einem DDR-Staatsbürgerkundelehrbuch über Thyssen stand: »Er sammelt in seinen protzigen Wohnsitzen wertvolle Bilder – das Geld schaffen die Arbeiter.«
Ich zitierte diesen Satz aus dem Gedächtnis. Wolkonski lächelte, doch Natalja sah mich verwundert an: »Das steht in einem DDR-Schulbuch?«
Dann sagte sie unwillig: »Als ob es nicht immer reiche Privatleute gewesen wären, die Kunst gesammelt haben!«
Wir gingen die Uliza Kropotkinskaja hinunter. Der Asphalt glänzte, es war ein herrlicher, sonniger Oktobernachmittag. Im Schwimmbecken badeten Menschen, und dahinter lag das berühmte »Haus an der Uferstraße« im Sonnenlicht.
In diesem Haus lebten in den dreißiger Jahren die Spezialisten und Regierungsangestellten, die Stalin verhaften und erschießen ließ.
»Kennst du dieses Haus?« fragte Natalja.
»Natürlich«, antwortete ich.
Jeder Moskauer kennt es und jeder Freund dieser Stadt. »Sabine hat es 79 gezeichnet«, sagte ich, »von dort drüben aus, vom Vorplatz der Metrostation. Wenn man sich an das eiserne Geländer stellt, kann man es gut erkennen.«
»Kennst du es auch aus der Nähe?«
»Ja, ich bin vor einigen Tagen dort gewesen.«
»Aha«, sagte Wolkonski. Dann wechselte er das Gesprächsthema.
An der Metrostation Kropotkinskaja fand Wolkonski einen Schwarz-Taxi-Fahrer, der mich ins Hotel fuhr.
Ich traf Wolkonski noch einmal, als ich von Leningrad kommend nach Jerewan flog und in Moskau zwischenlandete. Wir brachten einen Teil unseres Gepäcks in die Akademie, die Autos warteten, wir waren stundenlang gefahren, vom Flughafen Scheremetjewo in die Stadt und hatten noch einmal stundenlang zu fahren: aus der

Stadt nach Domodedowo. Wir wollten eben ins Auto steigen, da kam Wolkonski aus dem Atelier seiner Meisterschüler, und wir gingen ihm entgegen. Er ist siebzig Jahre alt, groß und imposant. Er lief ruhig und hielt sich gerade, und als er uns sah, begann er zu lächeln. »Bitte grüße Natalja«, sagte ich, »und richte ihr aus: ich werde den Nachmittag mit euch nicht vergessen«. Wolkonski verneigte sich und winkte uns hinterher. Ich habe ihn und Natalja seither nicht mehr gesehen.

5. 4. 1984

Die ›Außenpolitische Wochenzeitschrift Horizont‹ erschien bis vor etwa einem Jahr wöchentlich, wurde aber inzwischen wegen der zunehmenden Papierknappheit in eine Monatsschrift umgewandelt. Bei dieser Gelegenheit entließ man die Hälfte der Redakteure. Um die verbleibenden Stellen kam es zu Kämpfen und Intrigen, denn die entlassenen Redakteure fanden nur schwer neue Arbeit. Ein Freund erzählte uns einen Fall von Denunziation, bei dem eine als subtil und sensibel bekannte junge Dame den Schreibtisch ihres Kollegen aufbrach und kompromittierende Fotos zu Tage förderte. Sie lief damit zum Chefredakteur, der Kollege wurde entlassen, sie blieb und erhielt seinen Posten.
Ich habe schon mehrmals beschlossen, ›Horizont‹ abzubestellen, wie ich es vor zwei Jahren mit dem ›Neuen Deutschland‹ tat. Ich erinnere mich, wann ich den Entschluß faßte: Eines Morgens, beim Lesen der Kulturseite. Es war von »Wehrbereitschaft in der Kunst« die Rede, unter anderem wurde das Bild eines Rostocker Malers abgebildet, es zeigte einen »Matrosen der Volksmarine« und darunter stand: »Das Gemälde ›Matrose der Volksmarine‹ entstand 1971. Es gehört zu jenen Arbeiten, in denen die Erfahrungen langjähriger Zusammenarbeit mit den Seestreitkräften ihren Ausdruck gefunden haben.« Ich dachte daran, wie schlecht unsere Aktien standen, denn wir waren zu keiner »Zusammenarbeit mit den Seestreitkräften« bereit. Am Abend überwand ich meine Trägheit, eilte zur Post, füllte das nötige Formular aus und ging erleichtert nach Hause. ›Horizont‹ überlebte unsere Abkehr von der Parteipresse. Einmal im Monat steckt das 30seitige Blatt in unserem Briefkasten, und jedesmal wundere ich mich darüber. Wir lesen keine anderen DDR-Zeitungen mehr, sehen nicht fern und hören bei der Arbeit im Atelier allenfalls den englischsprachigen Sender

AFN. Aus diesem Grunde erscheint uns ›Horizont‹ mittlerweile wie ein Bote aus einer anderen Welt. Diese Zeitungen gleichen Suchtmitteln – man verträgt sie nur, wenn man sie ständig konsumiert und an ihr Gift gewöhnt ist. So, wie einem Nichtraucher unwohl wird, wenn er einmal im Monat eine Zigarette raucht, so erschütterte uns einmal monatlich der ungewohnte Ton von ›Horizont‹.
Ich schlug das Heft auf, blätterte es durch und begann auf der letzten Seite zu lesen. Die Fotomontage eines gutgekleideten Geschäftsmannes, dessen Gesicht von einem schwarzen Klecks bedeckt war, fesselte mich. Die Überschrift hieß: »Schmutzige weiße Kragen«, und der Artikel beschäftigte sich mit der Wirtschaftskriminalität in kapitalistischen Ländern. Beim Lesen erwies sich, daß der Autor weiter nichts getan hatte, als die westliche Presse zu studieren, einschlägiges Material zusammenzutragen und es »parteilich« zu kommentieren. Aber wer gab ihm ein, einen Herrn Moser stets nur den »sauberen Herrn Moser« zu nennen, und wer riet ihm zu den unverständlichen, unfreiwillig komischen Metaphern, durch die ganze Sätze absurd wurden? Weshalb gefiel er sich darin, alle beschriebenen Vorgänge mit gewollter Ironie zu schildern, die in Wahrheit nichts anderes war, als Schadenfreude? Der Zufall will es, daß ich den Autor dieses Artikels persönlich kenne. Ich bin ihm einige Male im Verlag begegnet, und in meiner Erinnerung ist er ein weißhaariger, kultivierter und gutmütiger Mann. Diesen Stil hätte ich ihm nie im Leben zugetraut. Er spricht nicht so, er denkt nicht so, und er würde normalerweise auch nicht so schreiben. Zwingt man ihn, seine Feder in Hohn und verunglückten Sarkasmus zu tauchen? Nein, das ist es nicht. Er schreibt schon selber so, denn der Zwang sitzt in seinem eigenen Kopf. Kurz vor der Ausreise las ich einen Zeitungsartikel von Pröppert: auch er war in diesem Stil verfaßt, dabei kenne ich Pröppert schon lange

und gut. Er hat sich oft über diese Art zu schreiben lustig gemacht und sie – um uns zu amüsieren – gelungen parodiert. Warum schrieb er nun selber so?
In dem berühmten Roman »Zwölf Stühle« von Ilf und Petrow wird ein Redner beschrieben, der eigentlich über die Vorzüge einer neuen Straßenbahnlinie sprechen möchte. Aber als er den Mund öffnet, kommen zu seiner eigenen Verwunderung schablonierte Sätze über die »internationale Lage« heraus. Ein Mechanismus blockiert die Verbindung zwischen Denken und Sprechen und sorgt dafür, daß die Äußerungen der Menschen ihrer Individualität beraubt werden. Eine synthetische Sprache, weitab von jeder Menschlichkeit, beherrscht das öffentliche Leben. Diese Sprache enthält wenig Informationen, sie ist bettelarm an Nuancen, aber weitschweifig und polemisch. Wer sich die Mühe macht, findet diese Sprache schon in Lenins administrativen Schriften, und ich habe nie verstanden, warum Schklowski und Tynjanow Lenins Stil literarisch hochwertig fanden.
Inzwischen ist diese Sprache noch abgegriffener, abgeschmackter und ärmer, dafür aber um so bösartiger und ausfallender geworden. Der Leser von ›Horizont‹ liest auf Seite dreißig: »So haben sich da in den letzten Wochen manche Akteure der kapitalistischen Massenmedien gar mächtig ins Zeug gelegt, wegen eines zugegeben makabren Vorgangs, der sich im Staate Israel ereignete...« In diesem Artikel ist nur eine Information enthalten: das außenpolitische Verhältnis zwischen der DDR und Israel ist weiterhin schlecht. Dagegen scheint sich dieses Verhältnis gegenüber Österreich erfreulich zu entwickeln, sonst wäre der mit »Saubere Flüsse« überschriebene Artikel auf Seite 24 nicht so ungewohnt höflich. Der Inhalt beider Artikel, die Affäre um die Leiche einer Rumänin auf einem jüdischen Friedhof, und Maßnahmen der österreichischen Regierung zur Reinigung der Gewässer, dient nur als Transportmittel

für die unterirdische Beeinflussung. Der gutfunktionierende Leser assoziiert fortan mit Israel etwa »Makabres«, mit Österreich hingegen »Sauberkeit«. Diese Assoziationen sind gefühlsbetont und daher wirksam: die dürre Anweisung »Israel – schlecht«, »Österreich – gut« würde nicht genügen. Zur Motivierung bedarf es der Gefühle und des Unterbewußtseins, denn unklare, aber intensive Gefühle behindern das kritische Denken. Die Bereitschaft, das kritische Denken auszuschalten, und sich unterschwellig füttern zu lassen, muß ständig trainiert werden, wie eine Dressur. Am besten solange und so intensiv, bis der Gefütterte daran Vergnügen empfindet. Er fragt nicht mehr: Was sind das für Gefühle, die mich über die Unzulänglichkeiten anderer Länder und Menschen lächeln lassen, heißen sie nicht Gehässigkeit und Schadenfreude? Er hält diese Gefühle, so ungern er sie im Privatleben eingestehen würde, für normal und menschlich, wenn sie die von der Zentrale aufgestellten Zielscheiben treffen. Er sollte nur wagen, über »makabre« Ereignisse in Polen oder Wirtschaftskriminalität in der Sowjetunion ebenso zu lächeln...

Neid, Haß und Hohn sind erwünscht, aber nur in einer Richtung. In *welcher* Richtung, bestimmt die Zentrale. Diese Richtung ändert sich unvorhergesehen, so daß Menschen, die auf dem laufenden sein wollen, gezwungen sind, diese Zeitungen ständig zu lesen und sich mit den neuesten »Richtlinien« der Zentrale versorgen zu lassen.

Diese Menschen werden haltlos und ohne eigenen Willen, schlimmer noch: ohne eigene Gefühlswerte. Sie werden süchtig und können ohne die Fütterung durch die Zentrale nicht mehr leben. Schließlich trauen sie ihren eigenen Sinnen nicht mehr.

Als ich das erstemal in West-Berlin war, sah ich sofort: Hier geht es zivil zu. In einem Second-Hand-Shop in der Potsdamer Straße plauderte der dicke Besitzer mit einer ausländischen Kundin, eine Tasse mit dampfendem Kaffee stand auf dem Ladentisch, und er fragte: »Wat macht eigentlich Ihr Sohn?« Eine junge Frau führte draußen einen wollhaarigen Hund spazieren, und ein Chinese in einem Trenchcoat mit kariertem Futter verneigte sich entschuldigend, als wir in der Ladentür ins Gedränge kamen. All das sah ich, und noch viel mehr. Es ist unverständlich, weshalb ich mich darüber wunderte. Doch was ich sah, durfte nicht sein, denn West-Berlin war »Frontstadt«, »Vorposten« und »Hochburg« des Imperialismus. Ich erwartete nicht unbedingt, überall Polizei und bewaffnete Banden zu sehen, aber eine scharfe, desolate und zerrüttete Atmosphäre schien mir selbstverständlich. Ich war, als ich in der Kurfürstenstraße aus der U-Bahn stieg, innerlich gewappnet und gepanzert. An der nächsten Ecke ließ ich Panzer und Waffen fallen und dachte: Warum haben sie dich so belogen?

Dieses Gefühl blieb. Ich kann ihnen ihre Lügen niemals verzeihen, denn ich habe sie tatsächlich geglaubt. Ich schäme mich dessen nicht, denn es geschah aus Gutgläubigkeit und Unerfahrenheit, aber ich verachte diejenigen, die gelogen haben und immer noch lügen, dreist und ungeniert, obwohl ihr Stern versteinert und sinkt. Kein DDR-Bürger kehrt aus dem Westen zurück, ohne nicht hinterher am Sinn des zentralistischen Apodikts zu zweifeln, sogar geübte Heuchler erleben Stunden der Anfechtung. Die Zentrale weiß das und bleibt mißtrauisch. Ich glaube nicht, daß die Reisebeschränkungen für DDR-Bürger fallen werden.

Uns ließ man fahren, weil man unserer zu sicher war. Wir genossen Privilegien und lebten weit über dem DDR-Durchschnitt, und die Zentrale traute uns einfach nicht zu, daß wir darauf verzichten würden. Außerdem weiß die Zentrale, daß sich DDR-Bürger – und seien sie privilegiert – schwer zu etwas aufraffen, weil sie zu sehr an ein Leben ohne eigenen Willen gewöhnt sind.

Aber wir hingen nicht so sehr an unseren Vergünstigungen und waren nicht so willenlos, wie man glaubte, und deshalb kamen wir zwar zurück, aber nur, um zu gehen.
Die Funktionäre, die uns von der Zentrale als Unterhändler geschickt wurden, verstanden uns nicht. Sie wollten wissen, womit man uns in den Westen gelockt hätte. Sie sprachen von Glanz, Blendwerk und Flitter, von irreführenden Fassaden. Sie glaubten, wir seien dem Reiz des Exklusiven und Außergewöhnlichen erlegen. Sie konnten nicht ahnen, daß wir nur eines gesehen hatten und nicht mehr missen wollten: das normale menschliche Leben. Wir hatten den ewigen Ausnahmezustand satt, die permanente Revolution, die Kampagnen und unberechenbaren Einfälle der Zentrale, die über heißgelaufene Leitungen überall eindringen, in jeden Schlupfwinkel und in das Innere jedes Menschen.

7. 4. 1984

Aus dem Atelier kommend, begegneten wir in der Börnestraße dem Abschnittsbevollmächtigten der Volkspolizei, der bei unserem Anblick stehenblieb und auf die Uhr sah. Wir wunderten uns darüber. Machte er sich neuerdings die Mühe, unseren Tagesablauf zu kontrollieren? Etwa 50 Meter von unserer Haustür entfernt parkte ein Mercedes mit roter Diplomatennummer, dessen Fahrer im nahegelegenen Lebensmittelgeschäft Getränke einkaufte. Wahrscheinlich hatte dieses Auto den Verdacht des Abschnittsbevollmächtigten erregt.
Im Briefkasten fand ich die »Mitteilungen der Akademie der Künste der DDR«, eine interne Publikation, die ich heute zum letzten Mal erhielt. Ich bin der Akademie nicht mehr verbunden, von der Frage abgesehen, ob und wann ich einen schriftlichen Bescheid über meinen Ausschluß erhalten werde. Der Kaderleiter rief gestern an, seine Stimme klang bestürzt, denn die Genos-

sin Willumat hatte ihm mitgeteilt, ich wolle meinen Ausweis »unter keinen Umständen« abliefern. Doch die Genossin Willumat weiß sehr gut, unter welchen Umständen ich zur Rückgabe des Ausweises bereit bin. Auch Generaldirektor Schnabel scheint es bekannt zu sein, sonst hätte er nicht gestern versucht, Klemke gegen mich vorzuschicken: er sollte mir den Ausweis »durch gutes Zureden« entlocken. Klemke erwiderte auf dieses Ansuchen, es gehöre nicht zu seinen Aufgaben als Sekretär der Akademie, anderen Leuten Ausweise abzuverlangen. Die ohnmächtige, aber intensive Wut des Generaldirektors Schnabel konzentriert sich auf die Frage, ob ich meinen Ausweis zurückgebe oder nicht. Ich glaube langsam, daß es besser wäre, ihnen das Dokument abzuliefern und mir Ruhe zu verschaffen.

Im »Mitteilungsblatt der Akademie« war Gertrud Heartfield ein dürftiger Nachruf von wenigen Zeilen gewidmet. Sie ist im Dezember beerdigt worden, jetzt haben wir Anfang April und so lange brauchte der riesenhafte Akademieapparat, um einen Nekrolog zu fabrizieren. Ich wurde schon auf der Beerdigung das Gefühl nicht los, sie wollten Tutti schnell unter die Erde bringen und vergessen. Die neuen Leute, Aufsteiger aus dem FDJ-Millieu, kennen wenig Pietät. Woher sollten sie auch mit derart altmodischen und bürgerlichen Gefühlen belastet sein? Auf ihren FDJ- und Parteihochschulen haben sie anderes gelernt, vor allen Dingen, wie man sich nach oben durchboxt und Hindernisse aus dem Wege schiebt.

Tutti Heartfield war entschieden ein Hindernis. Sie genoß, als ehemalige Emigrantin und Antifaschistin, alte Vorrechte, die man nicht gut antasten konnte. Ihre Freunde, Brecht, Helene Weigel und Anna Seghers, waren tot, aber Tutti lebte noch, wenn auch unbeachtet und von der »sozialistischen Öffentlichkeit« fast gänzlich totgeschwiegen. Ein Schriftsteller fragte mich vor

zwei Jahren verwundert: »Was, die Witwe von Heartfield lebt noch – und hier bei uns?«
Für treues Ausharren in einem Staat, der sie ignorierte, erhielt Tutti Heartfield ein Begräbnis von schändlicher Beiläufigkeit. Generaldirektor Schnabel, an dessen Administration sie verzweifelt war, sprach an ihrem Grab; einige alte Damen, der greise Professor H. und Freunde aus dem Westen, aber niemand, der Staat und Regierung vertreten hätte, gaben das Geleit. Was ist denn schon groß erwähnenswert an der Kunst der DDR, wenn nicht die wenigen Künstler, die aus dem Exil kamen, wie Brecht und Heartfield? Ein einigermaßen fairer Staat hätte sie, ihre Witwen und Kinder, in Ehren gehalten. Tutti Heartfield mußte sich in den letzten Jahren ihres Lebens mit unwürdigen Schikanen und Übergriffen auseinandersetzen, als Krönung wurde ihr Testament übergangen und ihr Privatvermögen konfisziert. Es ist mir ein Bedürfnis, diese Ungeheuerlichkeit aller Welt zur Kenntnis zu bringen.

Wieland Herzfelde ist älter als dieses Jahrhundert und er kann sagen, daß es *sein* Jahrhundert ist. Denn er stand an der Wiege seiner Kultur, als er gemeinsam mit seinem Bruder John Heartfield und dem Zeichner George Grosz den »Club dada« gründete, eine imaginäre Weltdachorganisation der modernen Kunst, die bestimmt wurde von Idealismus und Utopie, Abstraktionen und Absurditäten, vom Umsturz alles bisherigen, einer Mischung aus Amerika, Paris und vorrevolutionärem Rußland.
Eigentlich heißt er Herzfeld. Doch die Dichterin Else Lasker-Schüler fand Herzfeld nicht dynamisch genug: »Hängen sie ein ›e‹ an«, riet sie dem 17jährigen Wieland, »dann klingt es besser, nicht wie eine Bummelbahn, sondern wie ein Schnellzug.« Schnell, dynamisch wollte Herzfelde sein, denn diese Namensänderung fiel in die Zeit der ersten Amerikanismus-Welle der jungen europäischen Intelligenz: Wielands Bruder Helmut anglisierte seinen Namen und nannte sich fortan John Heartfield, George Grosz behängte die Wände seines Ateliers mit Fotos von Boxern und Reklameplakaten, Picasso und Braque applizierten Zeitungsausschitte, Zigarettenschachteln und Knöpfe zu kubistischen Bildern, und in Petersburg träumten junge Futuristen von Stahlbrücken und Wolkenkratzern. Heartfield und Grosz erfanden die Fotomontage, Tschichold und Lissitzky die »Elementare Typographie«. Doch was heißt erfanden, diese Dinge lagen in der Luft, sie wurden gebraucht, und die jungen Künstler verliehen ihnen Gestalt. In Berliner, Pariser, Münchner und Petersburger Ateliers und Café-Häusern, im »Café Stephanie«, in der »Rotonde«, im »Café des Westens« und in skurrilen Nachtklubs hinter dem Newski-Prospekt wurde das geboren, was später unser Jahrhundert beherrschte: Expressionismus und konstruktivistische Architektur, das moderne Zeitschriften-Layout, Montage-Möbel, reimlose Dichtkunst und abstrakte Malerei.

Der Erste Weltkrieg konnte diese Bewegung nicht schwächen, sie ging im Gegenteil daraus gestärkt hervor. Alle waren sich nun erst recht einig, daß es so nicht weitergehen könne, und daß etwas Neues, noch nie Dagewesenes an Stelle des Alten zu treten habe. Der expressionistische Maler Erich Heckel schrieb: »Wir wußten, wovon wir weg wollten, wo wir hin wollten, wußten wir freilich noch nicht.«
Wohin es ging, bestimmten auch nicht die Künstler, sondern stärkere Kräfte, die plötzlich hervorbrachen. In Rußland siegte die Revolution, und ihre Allgewalt schlug in die Nachtklubs am Newski-Prospekt ein, hob alle empor und verstreute sie wie Strandgut. Sie schwemmte Chagall nach Paris, und hob den jungen Majakowski in seiner orangefarbenen Bluse in schwindelnde Höhen, zum Dichter und Sprachrohr der Revolution und zu ihrem Opfer der nachfolgenden Konsolidierung, die sich Arbeiter-und-Bauernstaat nannte, und in Wirklichkeit Stalin hieß. Auch Wieland Herzfelde, Heartfield und Piscator wurden Kommunisten. Sie erhielten ihr Parteidokument von einer romantischen Dame mit Doktorgrad: Rosa Luxemburg. Piscator machte revolutionäres Theater, Heartfield forderte auf einer Fotomontage: »Platz dem Arbeiter«, und George Grosz zeichnete die verhaßten Reichswehroffiziere, mit scharfen Strichen, die an den Schnitt des Seziermessers erinnerten; es waren jene Offiziere, die bald darauf Frau Dr. Luxemburg am hellichten Tage ermordeten.
Wieland Herzfelde gründete einen Verlag. Bei der Namensgebung zog er wiederum Else Lasker-Schüler zu Rate, die den Namen eines phantastischen persischen Prinzen vorschlug: Malik. Der Malik-Verlag wurde ein gutes Geschäft. Die Wogen schlugen hoch, und wer sich mit dieser Turbulenz verband, konnte davon leben und erwarb sich Ruhm. Denn all das, was wir heute »die Klassenkämpfe der Weimarer Republik« nennen, fand seinen Niederschlag in der Kunst, in den Radie-

rungen der Käthe Kollwitz, in den Bildern von Otto Dix, in den Zeichnungen von George Grosz, die nun Spekulanten und übergewichtigen Bankiers galten, und in den politischen Fotomontagen von Heartfield. Andere Künstler, die dem »Club Dada« nahegestanden hatten, Max Ernst, Archipenko und Arp, zogen sich wieder in ihre Ateliers zurück. Oskar Kokoschka wagte den Rückzug aus der Politik öffentlich zu bekennen, als er ein bei den März-Unruhen durch Schüsse beschädigtes Rubens-Bild beklagte. Grosz und Heartfield attackierten ihn daraufhin in der von Herzfelde herausgegebenen Zeitschrift ›Der Gegner‹. Sie nannten Kokoschka einen »Kunstlumpen« und verstiegen sich zu dem Aufruf: »Wir fordern alle auf, Stellung zu nehmen gegen die masochistische Ehrfurcht vor historischen Werten, gegen Kultur und Kunst!«

Dieser Radikalismus erwies sich als verhängnisvoll. Grosz sollte ihm später, in seiner Autobiographie »A little Yes and a big No« abschwören und Heartfield in einem Londoner Emigranten-Café darauf zu sprechen kommen, wo er mit Kokoschka beisammen saß. Kokoschka war großzügig: »Es ist schon lange her...« Aber es blieb ein tragischer Fehler, denn bald wurde es tatsächlich ernst mit der »Stellungnahme gegen Kunst und Kultur«, in Deutschland marschierten SA-Kolonnen, und Grosz war wieder veranlaßt, Bewaffnete zu zeichnen, diesmal mit Hakenkreuz. Dann begann Hitler die moderne Kunst in Deutschland zu liquidieren, und drei Jahre später folgte ihm hierin noch ein anderes Staatsoberhaupt, Josef Stalin, der die russischen Vertreter umbrachte. Heartfield, Grosz und Herzfelde gingen ins Exil, genauso wie Kokoschka, und in der Sowjetunion verschwanden Lissitzky, Altman und Tatlin von der Bildfläche – wer mit dem Leben davonkam, konnte von Glück reden. Franz Radziwill malte das Bild »Wohin in dieser Welt?«, und in der Tat: Wo sollte man hin? Es konnte einem ergehen wie dem Maler Heinrich

Vogeler, der aus Deutschland in die Sowjetunion emigrierte, um dort umgebracht zu werden.
Herzfelde ging über Prag in die Vereinigten Staaten und gründete auch hier einen Verlag. Es gelang ihm allerorten, sein Kapital, den vom »Club Dada« ausgehenden revolutionären Impuls, gewinnbringend arbeiten zu lassen. Darin war er seinen Freunden überlegen, denn er war kein Utopist. Kunst muß, das sah Herzfelde mit Scharfblick, *gemacht* werden, sie braucht *promotion* und *know how* wie jeder andere Artikel. Das gilt auch für revolutionäre Kunst, selbst wenn sie mit der Kommunistischen Partei verbunden ist, und Herzfelde machte sich wenig daraus, ein Kapitalist in Sachen Antikapitalismus zu sein.
Er bekennt sich heute, da er 88jährig zurückgezogen in Ost-Berlin lebt, zu allem, was er in seinem langen Leben getan hat, selbst noch zu jenem Artikel in der Zeitschrift »Der Gegner«, der »Der Kunstlump« überschrieben war. Er lebt in dem Bewußtsein, einer der größten Kunstmacher dieses Jahrhunderts gewesen zu sein, und dieses Bewußtsein gibt ihm eine fast majestätische Würde, die durch nichts zu erschüttern ist und extremen Situationen stand hält. Sie kommt aus innerstem Herzen, und Herzfelde hat recht, das Recht des Überlebenden, denn alle sind tot: Max Ernst und Hans Arp, Heartfield und Grosz, Archipenko und Piscator, Majakowski und Lissitzky, auch die Mitunterzeichner des Dada-Briefes an Chaplin sind es, Georgio de Chirico und Tristan Tzara, und auch Chaplin selbst.
Herzfelde kann nichts verblüffen, denn alles Moderne, das einer Gestalt bedarf, geht letztlich auf seine Café-Haus-Zirkel zurück. Brasilia, Mies van der Rohe, das Centre Pompidou – es ist ja alles Konstruktivismus, Montagekunst und Kubismus, und all das, sagt Herzfelde, »haben wir damals erfunden«.
Wieland Herzfelde wurde in der DDR, die er zu seiner letzten Heimat wählte, nicht immer gut behandelt. Es

gab Zeiten, in denen die Wörter Konstruktivismus und Montagekunst nicht existierten, denn in Fragen der Kunst galt der Geschmack eines georgischen Schustersohnes als das Maß aller Dinge. Es gereicht Herzfelde zur Ehre, daß er sich auch damals treu blieb. Er nennt es absurd, daß namenlose sächsische Parteifunktionäre ihm das Dokument entzogen und ihn aus der Partei ausschlossen.
Inzwischen ist Wieland Herzfelde rehabilitiert, Professor und Träger höchster Orden. Der Genosse Erich Honecker gratuliert zu runden Geburtstagen und FDJ-Abordnungen bitten um authentische Auskünfte über »die Klassenkämpfe der Weimarer Republik«. Sie kommen jedoch selten, denn der alte Herr nimmt sich die Freiheit, sie durch Paradoxien und Spitzfindigkeiten zu irritieren. Und paradox findet er das alles und auch zum Lachen, weil er sie alle überdauert: die sächsischen Funktionäre und ihren damaligen Herrn Gott, den Schusterssohn.
Wenn es kommunistische Aristokraten gibt, ist Wieland Herzfelde ein alter Fürst. Er hat für den Kommunismus das Schwert geführt, und er hat von ihm profitiert, er war ihm privat und geschäftlich verbunden, und hat ihn sich dennoch vom Leibe zu halten gewußt. In seiner Fünf-Zimmer-Wohnung in Berlin-Weißensee, zwischen chinesischen Löwen und Barockmöbeln, Briefen von Else Lasker-Schüler und Zeichnungen von George Grosz, spürt Wieland Herzfelde kaum, daß er in der DDR lebt. »Ich habe«, sagt er, »schon einige deutsche Staaten kommen und gehen sehen, und die DDR war keineswegs der interessanteste.«

8. 4. 1984

Niemanden haßt der Sklave mehr als den Freien. Das Zerstören der Psyche gesunder, jugendlicher Menschen ist das Bedürfnis der Deformierten, die Macht und Gewalt in den Händen halten. Heute mor-

gen sah ich im Schwimmbad 16jährige Jungen einer 10. Klasse, die dort ihren Schwimmunterricht absolvieren. Sie sind respektlos und haben Humor, lieben amerikanische Musik und Bewegungsfreiheit. Demnächst wird man sie zur Armee einziehen, und sie werden menschliche Niedertracht und unentrinnbare psychische Bedrückung kennenlernen. Die meisten von ihnen werden sich von diesem Erlebnis niemals mehr erholen. Wir haben uns immer gefragt, warum es hierzulande so wenig Männer gibt, jetzt weiß ich: sie werden entmannt. Magen- und nervenkranke Eunuchen sorgen dafür, mit allem Nachdruck, dessen nur Eunuchen angesichts potenter junger Männer fähig sind. Auch den Mädchen wird der Boden entzogen, wenn ihr ehemals starker und zärtlicher Freund gebrochen und zynisch zurückkehrt. Die Beziehungen zwischen den Geschlechtern werden gestört und damit verlieren beide, Männer wie Frauen, den seelischen Halt.
Gestern abend las ich in Trifonows Roman »Widerschein des Feuers«. Wann haben alle diese Berufsrevolutionäre eigentlich mit ihren Frauen geschlafen und ihre Kinder großgezogen? Sie hatten vor lauter Depeschen, Kampagnen und Sitzungen keine Zeit. Dieses Leben, »das gefährliche Leben für alle Tage«, war unnatürlich und zerstörerisch. Zerstörte Seelen kehrten aus dem Bürgerkrieg zurück und sorgten dafür, daß auch der Alltag eine militante und unnatürliche Gestalt annahm. Alewtina, die auch »Widerschein des Feuers« gelesen hat, sagte dazu: »Und das schlimmste ist: das hört nie auf!« Doch es wird schon aufhören, es muß aufhören, denn es ist einfach nicht mehr zu ertragen.

9. 4. 1984

Vor mir liegt ein Polaroid-Foto, das meinen Schwiegervater mit der Witwe des Schweizer Schriftkünstlers Jan Tschichold auf einer Terrasse in Berzona beim Frühstück zeigt. Der Morgen ist heiter, die Tür zum Haus geöffnet, Edith Tschichold trägt ein helles Kostüm und mein Schwiegervater frühstückt mit großem Appetit. Irre ich mich, oder habe ich ihn tatsächlich selten so entspannt und glücklich gesehen? Ist es dort von ihm abgefallen? Und was empfand er jedesmal nach solchen Reisen bei der Rückkehr in sein Heimatland?

Jan Tschichold schrieb einst meiner Frau in einem Brief: »Ich werde künftig kaum mehr schreiben, teils wegen der *katastrophalen* Langsamkeit eurer Post, teils wegen der blödsinnigen Kontrollmaßnahmen und der daraus sich ergebenden Beschlagnahmungen von unpolitischen Sendungen. Ich denke da an mein Schriftheft, das Dir weder ausgehändigt, noch mir, obwohl eingeschrieben, zurückgesandt wurde. Diebstahl. Ich frage mich, was für krankhafte Individuen bei der Post- und Zollkontrolle am Werk sind. Zerschneiden die Baumkuchen und stehlen Drucksachen.«

Auf die zerschnittenen Baumkuchen fand sich auch in einem Brief von Edith Tschichold ein Hinweis: »Bitte sagt doch Gertrud, sie möchte keine so großen Baumkuchen mehr schicken. Die werden immer kreuz und quer zerschnitten und kommen dadurch ganz verschimmelt an. Das ist doch schade, den letzten haben nicht mal mehr die Vögel gefressen. So verschimmelt war er. Ich war richtig traurig.«

Es gab Grund genug, darüber traurig zu sein. Weder war zwischen Graphikerkollegen in der Schweiz und in der DDR geistiger Austausch möglich, wenn Schrifthefte von den DDR-Organen beschlagnahmt wurden, noch konnte meine Schwiegermutter ihren harmlosen Intentionen frönen, den Tschicholds Baumkuchen zu schicken. Indem man die Verbindungen unterbrach, zerstörte man auch die Beziehungen zwischen den Menschen, den Austausch und menschenfreundliche Regungen. Meine Schwiegermutter gestattete sich Zeit ihres Lebens das Vergnügen, anderen Menschen Ge-

schenke zu machen, es entsprach ihren Vorstellungen von Menschlichkeit, aber nun hinderte man sie daran, weil die Beschenkten keine DDR-Bürger waren. Es war noch perfider, die Kuchen in Stücke zu zerschneiden, und anschließend solange aufzuhalten, bis sie verschimmelten, als ihren Versand von vornherein zu verbieten. Die psychologische Wirkung ist ungleich größer, wenn man nicht offenkundig verbietet, sondern scheinbar gewähren läßt, um dann durch einen kleinen Übergriff alles zu zerstören.
Tschichold unterzeichnete den Brief, in dem er über die »katastrophale Langsamkeit« unserer Post, »Diebstahl« und »krankhafte Individuen« in DDR-Staatsorganen schrieb, mit einem seiner Titel: »Jan Tschichold, Korrespondierendes Mitglied der Akademie der Künste der DDR«. Hoffte er, die Kontrolleure würden den Brief lesen und in sich gehen?
Jan Tschichold konnte sich, wie jeder Ausländer, schwerlich das ganze Ausmaß der Willkür und Schlamperei vorstellen, mit dem hierzulande gewirtschaftet wird. Im Falle, daß die DDR-Staatsorgane den Brief geöffnet und gelesen hätten, war ihnen kaum mehr zuzutrauen, als ein müdes, möglicherweise belustigtes Lächeln. Zunächst: Was ist ein »Korrespondierendes Mitglied der Akademie der Künste der DDR«, verglichen mit einem brieföffnenden Genossen vom Ministerium für Staatssicherheit? Außerdem: Sprach es nicht von geradezu rührender Einfalt, diesem Genossen die Schwäche zuzutrauen, sich über das Wort »Diebstahl« und über zerschnittene Baumkuchen zu grämen? Darin besteht doch gerade die Charakterfestigkeit dieser Genossen, daß sie durch Menschliches nicht anzufechten sind. Und darauf sind sie stolz, weil man sie gelehrt hat, daß die Geringschätzung des »Zivilen Sektors« und dessen schleichende, durch kleine Übergriffe vorangetriebene Absorption Zeichen einer hohen, Ausländern natürlich verborgenen Staatsmoral sind.

Den Übergriff konnte man »Diebstahl« nennen, wenn einem die besondere, neuartige Moral vorbildlicher Genossen unverständlich war. Dieses Unverständnis war typisch für Ausländer kapitalistischer Staaten, mochten sie auch, wie Jan Tschichold, in Leipzig geboren sein und lange in Deutschland gelebt haben. Es war schließlich nicht mehr Deutschland, wo der brieföffnende Genosse saß und seiner Tätigkeit nachging, sondern ein Land, in dem eine grandiose, das Jahrhundert und die Menschheit verblüffende Lehre, die »Lehre Lenins«, das Geschehen beherrschte. Der Clou dieser Lehre lag darin, daß in ihrem Namen alles erlaubt war, jeder Übergriff und jede Handlung, die nach altväterlichen Moralbegriffen unmenschlich war. Ebenso war es ganz im Sinne dieser neuen Moral, die eigene Allmacht bei jeder Gelegenheit unmißverständlich zur Schau zu stellen und an jedem Gegenstand zu demonstrieren, selbst noch an Baumkuchen. Mochte sich ein »Korrespondierendes Mitglied der Akademie der Künste der DDR« darüber wundern, es würde eher Selbstbestätigung als Beschämung auslösen.
Die neue Moral wurde durch ein neues Geschichtsbewußtsein untermauert, wofür Stalin in den dreißiger Jahren mit der Rückbesinnung auf Iwan den Schrecklichen ein Beispiel gab. Auch in der preußischen Geschichte fanden sich große Traditionen genug. Preußentum und Übergriffe auf den »Zivilen Sektor« gehören traditionell zusammen, aber so recht zur Blüte gelangt das Preußentum erst durch den Parteizentralismus. Denn Friedrichs II. verheißungsvolles, allerdings nie eingelöstes Wort, in Preußen könne ein jeder nach seiner Fasson selig werden, war nichts als eine Schwäche, ein Zugeständnis an die französische Aufklärung. Die sozialistische Menschheit war inzwischen soweit fortgeschritten, die französische Aufklärung durch Marx und Lenin so schlagend widerlegt, daß man im neuen Preußen ganz offen fordern konnte: ein jeder

solle selig werden, aber nach *einer* Fasson, nach der neuen fortschrittlichen Moral, die in der Entsagung und Überwindung des Individualismus bestand, und deren Verkörperung »der sozialistische Mensch« war.

Wollte Preußen sich von seiner kriegerischen, verhängnisvollen Geschichte erholen, bedurfte es dringend ziviler, demokratischer Lebensformen. Dagegen züchtete der sozialistische Zentralismus notwendigerweise die allergefährlichsten »preußischen« Tugenden, getreu Trotzkis Apotheose von der »permanenten Revolution«.

Wem diese Wahrheit aufgegangen ist, fällt es schwer und ist es schließlich unmöglich, der hiesigen Staatsräson weiter anzuhängen. Ein junger Mann sagte mir neulich in einem Gespräch, das wir halb verschlüsselt führen mußten, es gäbe nur zwei Arten von Anhängern der Staatsräson: Naive und Heuchler. Vielleicht ist das zu einfach gesagt, denn es gibt Zwischenformen, Kombinationen und Nuancen, aber es trifft den Kern. Daß es Heuchler gibt, leuchtet ein. Es sind die, Jan Tschichold so unverständlichen, Brieföffner und Baumkuchen-Zerschneider, die Profiteure und Aufsteiger, die ihr Leben einer großen Aufgabe gewidmet haben: der Kontrolle, Disziplinierung und Mobilisierung der »Massen«. Sie sind es auch, die darüber befinden, in welchem Umfang die »Massen« informiert werden, um ihre Gutgläubigkeit und Naivität zu erhalten, vor allem aber ihre Bereitschaft, der Zentrale zu dienen, heute und bis in alle Ewigkeit.

Viele DDR-Bürger glauben, die sie umgebenden und bedrückenden Zustände lägen in einzelnen Menschen begründet, in diesem Funktionär und jenem Verantwortlichen, oder darin, daß die »Lehre Lenins« nicht richtig verwirklicht würde. Denn so stellt der Sozialismus seine Geschichte dar: es gibt Entgleisungen und »Übertreibungen«, den Stalinismus, Pol Pot und Maos

Kulturrevolution, aber es sind, wie Lenin sie prophylaktisch nannte, »Kinderkrankheiten«, die überwunden und vergessen sein werden, eines Tages, in der nebelhaft schimmernden Zukunft, am Ende des mühsamen Weges, wenn die Wunder wahr werden und das allesbeglückende Reich der »Klassenlosen Gesellschaft« beginnt. Auch ein Atoll, eine Austernbank, wird nicht an einem Tage erbaut; es bedarf Millionen sich aufopfernder Austern, ehe seine Spitze das Licht der Sonne erblickt.

Wir trösteten uns mit den von der Zentrale ausgegebenen Durchhalteparolen von den »Mühen der Ebene« und den »Muttermalen der alten Gesellschaft«, wir glaubten und hofften, solange wir konnten, solange noch irgendeine Hoffnung bestand. Solange die Hoffnungen unser Lebensgefühl bestimmten und unseren Verstand benebelten, konnte die Zentrale relativ unbesorgt schalten und walten. In den letzten Jahren nahmen jedoch die Alarmsignale zu, das Absinken, der nahende Zusammenbruch der Staatsräson wurden selbst in der Zentrale registriert, und die Bewahrer des Fortschritts und der »Lehre Lenins« begannen, neue Pharmaka für die angeschlagene Moral ihrer Bürger zu suchen. Zunächst war es notwendig, die Isolation der DDR-Bürger unbedingt aufrechtzuerhalten und sogar noch zu verstärken. Die Realität der Sowjetunion, die sich, unvorsichtigen Deklarationen zufolge, bereits »auf dem Wege zum Kommunismus« befand, auch die Realität des bankrotten Nachbarlandes Polen, ganz besonders aber die Realität im kapitalistischen Westen, mußten vor den DDR-Bürgern verborgen bleiben. Nichts fürchtet ein Zentralstaat mehr als Weltoffenheit, noch dazu ein Zentralstaat, der in allmählicher, unaufhaltsamer Auflösung begriffen ist und dessen Organe und Zellen versteinern und pulverisieren. Die Symptome erscheinen rätselhaft, solange man sie nicht im ganzen überblickt. Es muß um jeden Preis unterbunden werden, daß sich die Bürger einen Überblick verschaffen, und dieser Eingriff ist denkbar einfach: Man muß sie an ihrer inneren Ruhe und Konzentration hindern, an den Voraussetzungen des analytischen Denkens und der Besinnung. Also ist der Ausnahmezustand geboten, die immerwährende Beunruhigung, eine Atmosphäre des gelinden Verfolgungswahns und der mysteriösen Gefährdung. Es muß täglich von Feinden, vom Krieg und von äußerer Bedrohung gesprochen werden, der Alltag muß hektisch, das Leben atemberaubend und gefährlich, die Stimmen der Radiosprecher müssen vom bitteren Ernst der Stunde geprägt, die Kunst muß bedrückend sein. Der Bürger muß fühlen, daß es in dieser gefährlichen und bedrückenden Umgebung nur einen Halt gibt: den Staat.

Viele wunderten sich, als im »ersten deutschen Arbeiter- und Bauern-Staat«, dessen Administratoren einst das Berliner Stadtschloß in die Luft sprengten, weil es »ein Relikt des Preußentums« sei, plötzlich Friedrich der Große wieder auferstand. Unter den Linden erschien über Nacht sein verschwunden geglaubtes Reiterstandbild. Aber die Zentrale hatte recht, als sie sich Friedrichs besann: Preußentum und der in der DDR praktizierte Sozialismus passen sehr gut zueinander. Der nächste Preuße, den man wieder entdeckt, wird Otto Fürst Bismarck sein, und man muß befürchten, daß man diese Traditionslinie weiter verfolgt.

Einen DDR-Bürger, der in Bismarcks Erinnerungen liest, weht es heimatlich an. Auf jeder Seite spürt man zwanghaftes Schablonendenken und grundsätzliche Feindseligkeit gegenüber Ausländern, deren fremde Kultur und Lebenseinstellung das mühevoll errichtete Gebäude preußischer Pflichtethik in Frage stellen könnte, mit einem Wort, das, was Georg Lukács »bürokratischen Geist zur Weltanschauung erhoben« nannte. Eine Frage durfte man in Preußen und darf man auch in der DDR nicht stellen: *Warum?*

Es ist eben so. In früheren Jahren machte man sich in der DDR immerhin noch die Mühe, die neuen Schritte und Kampagnen der Zentrale ideologisch zu verbrämen. Die Apologeten der Staatsräson schlugen notfalls Salto mortale, aber sie zimmerten doch jedesmal eine »Argumentation« zurecht. Indessen ist dieser Aufwand nicht mehr vonnöten, denn mit der Rückbesinnung auf das Preußentum wird auch dessen staatsbürgerliche Grundhaltung wieder erweckt: die Billigung der Maßnahmen der Zentrale, ohne zu fragen, ohne überhaupt noch wissen zu wollen: *Warum?* Um das eherne Pflichtbewußtsein der DDR-Bürger zu bewahren, ist Abschirmung von äußeren Einflüssen unerläßlich. Sie betrifft nicht nur den gesamten Westen, sie bezieht jetzt auch Polen und andere sozialistische Länder mit ein. In der DDR hat die latente Polen-Feindlichkeit in einem solchen Maße zugenommen, daß sie Bismarcks Herz erfreuen würde. Auch Bismarck wußte ja, daß intolerante und bornierte Untertanen leichter zu regieren sind. Er wußte auch, daß man fremde Einflüsse unerbittlich und gründlich bekämpfen muß, bis zur letzten Konsequenz, und deshalb verstieg er sich gegenüber dem katholischen Bischof von Mainz, Freiherr von Ketteler, zu der absurden Behauptung, daß zwar evangelische Christen selig werden könnten, aber ob katholische – »ist mir zweifelhaft«. Seine Abneigung galt keineswegs religiösen Aspekten, sondern dem Umstand, daß Katholiken nicht total dem preußischen Staat, sondern darüber hinaus einer unkontrollierbaren ausländischen Instanz untertan waren, dem Papst. Damit war ihre »Seligkeit« fraglich, denn »Seligkeit« war allemal eine Frage unbedingter Staatstreue.
Ein DDR-Bürger, der von der Staatstreue abfällt, fühlt sich unbehaglich und verlassen. Jedem steckt in Fleisch und Blut, daß Staatstreue das entscheidende Kriterium für den Wert eines Menschen ist. Wohin soll man sich nun wenden? Alles, was sich außerhalb befindet, ist

fragwürdig und gefährlich. Schon Friedrich II. wähnte Preußen rings von Feinden umgeben, und den DDR-Bürgern wurde systematisch das gleiche suggeriert. Viele bleiben nur deshalb im Lande, weil sie sich nicht hinauswagen in eine feindliche, tückische Welt.
So leiden die DDR-Bürger an den typischen Symptomen isolierter Individuen: Angst vor »draußen«, Aggressivität untereinander und dem unverständlichen Bedürfnis, den Fuß, der sie tritt, auch noch zu küssen. Fast ein jeder von ihnen steht irgendwann vor der Frage, ob er noch glauben kann, was ihm die Zentrale weismacht. Die einen fallen dann von der Staatsräson ab, und für die meisten ist es ein mühsamer und schmerzhafter Prozeß. Die anderen aber steigern sich nun erst recht in die »unverbrüchliche Treue« zur Zentrale hinein, und zwar in dem Maße, wie ihnen Zweifel kommen. Du Marsais und Holbach nannten es 1769 den »höchsten Wahnsinn, das lieben zu wollen, was uns schadet«. Und es ist heute erst recht Wahnsinn, zerstörerisch und neurotisch und untergräbt die menschliche Substanz. Man darf sich im Laufe des Lebens keine persönliche Meinung und keine Lebenseinstellung bilden, weil auch die Zentrale keine Meinung und keine Weltanschauung hat. Sie hat nur grundsätzlich recht. Es ist verlorene Liebesmüh, die Zentrale verstehen, billigen oder kritiseren zu wollen. Es geht nur um eines: Ist man bereit, ihr in »unwandelbarer Treue« zu folgen – wohin es auch sei, oder fühlt man sich dazu außerstande. Wohl dem, der aufgibt, er kann sich und seine Menschlichkeit hinüberretten ans andere Ufer. Verloren ist, wer sich ihr verschreibt. Die Zentrale will alles, wie sie selbst es nennt: »den ganzen Menschen«, Leib und Seele, und eines Tages gibt es kein Zurück. Ich habe oft miterlebt, wie Menschen der Zentrale verfielen, aus Trägheit, Fahrlässigkeit, jugendlichem Leichtsinn oder Mutwillen. Wie auch immer, es endete tragisch, mit dem Verlust dessen, wonach jeder Mensch strebt und

worunter jeder etwas Spezielles, Einmaliges versteht, mit dem Verlust seines Glücks.

Der Schriftsteller Stephan Hermlin gewährte der ›Berliner Zeitung‹ ein Interview, das gestern oder heute abgedruckt wurde. Es wäre mir entgangen, hätten mich nicht empörte Bekannte darauf aufmerksam gemacht. Hermlin nennt die DDR-Auswanderer »diese Herrschaften« und beschuldigt sie, dem »Kalten Krieg« zu dienen. Ich kenne Hermlin nur flüchtig vom Sehen, er liebt grüne Samtjacketts und raucht Pfeife, und er genießt den Ruf, »ein Stilist von hohen Graden« zu sein. Viele halten ihn für integer und für einen Gentleman, aber dieses Interview paßt nicht dazu. Davon abgesehen ist aus dem Interview noch eines ersichtlich: die Ausreisewelle scheint Ausmaße angenommen zu haben, die die Zentrale als bedrohlich empfindet. Man weiß dort auch, daß viel mehr Menschen ausreisen möchten, als die hohe Zahl an Anträgen ausweist. Vor einigen Tagen gab das DDR-Außenministerium bekannt, daß ausgereiste DDR-Bürger nicht mehr zurückkehren dürfen. Der Rückweg ist abgeschnitten, und das hält viele davon ab, einen Antrag zu stellen. Das Interview mit Hermlin zielt noch auf einen anderen Punkt: auf den der Moral. Wenn ein integrer Literat die Ausreisenden beschuldigt, »den Feinden des Friedens« zu dienen, haftet diesem Schritt doch anscheinend etwas Verwerfliches an. Ich bin froh, meinen Antrag bereits gestellt zu haben, denn es sieht danach aus, als ob man die Türen langsam wieder schließt...

Bertrand de Born, Vicomte d'Haurefort, begeisterte im 12. Jahrundert Kreuzfahrer und Ritter mit blutrünstiger Poesie. Wohin er immer kam, stiftete der Troubadour Verwirrung und Streit, zettelte und wiegelte auf und ritt selber mit in die Schlacht, wobei er Lieder sang – wie dieses:

Es ist mir eine Augenweide,
wenn man ein festes Schloß berennt,
die Mauer klafft, das Pfahlwerk brennt,
auch hab' ich meine Freude dran,
wenn auf der weiten Heide
die wackern Ritter sprengen an:
es rinnt das Blut, es bricht der Speer,
und Lanz und Schwert sind Splitter,
die Pferde rennen wild umher,
gefallen sind die Ritter...
Ein Leichenhauf die Erde deckt,
und in so mancher Brust noch steckt,
dieweil der Leib weit offen klafft,
bewimpelt bunt der Lanzenschaft.

Bertrand war zeitlebens ein guter Christ, im Alter wurde er Mönch, und starb im Kloster. Heute wissen wir alles, urteilen über die Geschichte, nennen die Kreuzzüge Expansion und die Tätigkeit der Inquisition ein Verbrechen. Doch menschheitsbeglückende, alleinseligmachende Ideen gibt es noch immer. In ihrem Namen werden auch heute noch Verbrechen verübt und Kriege geführt. Aber wenn es schon Kriege gibt, muß man sie auch noch besingen? Welches Vergnügen kann ein vernünftiger Mensch unseres Jahrhunderts an der Poesie des Schlachtfeldes empfinden?
Der sowjetische Schriftsteller Ilja Ehrenburg schrieb das folgende Gedicht und widmete es »Unseren Enkeln«:

»Nichts ahnen sie vom Duft einer Rose
auf dem Schlachtfeld, nichts von dem

Gezwitscher der Zeisige
während der Kanonade, vom herrlichen
Leben damals.
Nirgends ging die Sonne schöner auf,
nirgends als über zerstörten Städten.«

Vielleicht fehlt mir etwas, ein Nerv für solche Empfindungen, vielleicht liegt es daran, daß ich niemals einer Gemeinschaft waffentragender Männer angehört habe und ihre Reize nicht kenne. An die Poesie des »rinnenden Blutes« und des »Vogelgezwitschers während der Kanonade« muß man wahrscheinlich in frühester Jugend gewöhnt werden, und irgendwie ist das bei mir nicht gelungen. Krieg ist hassenswert, jedenfalls für mein Gefühl. Die Dichter aber, die ihn lieben und lobpreisen, sind es nicht minder.

10. 4. 1984

Seit wir uns zur Ausreise entschlossen haben, sehen wir unsere Umgebung mit anderen Augen. Ich hatte mir angewöhnt, die schlimmsten Dinge einfach zu übersehen und Gesichter, Straßenzüge und Plätze nur noch flüchtig, mit blinzelnd zusammengekniffenen Augen zu streifen. Denn was uns vor allem bedrückte, war die Unentrinnbarkeit. Das Chaos der Behörden, die täglichen Scherereien mit Institutionen wie Müllabfuhr und Post, die ihre einfachsten Dienste vernachlässigen, die zunehmende Verkommenheit unserer Umwelt wirken lähmend, wenn wir keine Hoffnung mehr haben, daß sich die Verhältnisse bessern könnten. Man will es sich nicht eingestehen, weil es einen vergiften und zu jeder Handlung untauglich machen würde. Erst neuerdings sehen wir wieder genau hin. Es ist verblüffend, in welchem Maße der Verfall vorangeschritten ist. Überall sind Schäden, Defekte und Schmutz. Als ich im November in der Potsdamer Straße in West-Berlin aus der U-Bahn ans Tageslicht stieg, war ich verblüfft über die *Sauberkeit*.

Die Bewohner des Landes mit der »Weltanschauung des wissenschaftlichen Kommunismus« sind geübte Idealisten. Sie sehen ihre Umwelt nicht so wie sie wirklich ist, sondern nehmen die schönen Ideale für die Wirklichkeit. Zumindest ihre Mehrheit und zumindest bisher. Die gefährlichen Kreise sind unter Kontrolle. Nicht nur die Intellektuellen und Ausreisewilligen, sogar die Punker sind registriert und erfreuen sich der besonderen Aufmerksamkeit zuständiger Dienststellen. Die Rubrik, unter der man die Halbwüchsigen mit den bunten Papageienschöpfen und Kunstlederhosen erfaßt hat, heißt: »Brutales Aussehen«. Sabine sagte wütend: »Typisch! Ausgerechnet den Kindern bescheinigen sie ›brutales Aussehen‹, aber diese vielen ekelhaften Kerle die hier herumlaufen, die finden sie normal...« Wenn ein Punker in die Straßenbahn steigt, treffen ihn haßerfüllte Blicke. Sie gelten nicht ihm persönlich und nicht einmal der Punk-Mode. Dieser Haß gilt allem, was außergewöhnlich aussieht. Menschen, die unter drückenden Alltagsverhältnissen leben, die tausend Beschränkungen unterworfen und deren Hoffnungen zerstört sind, neigen zum Haß. Ihre Augen suchen einen Gegenstand, der das Aufflammen aufgestauter Gefühle anregen könnte. Alles ist willkommen: ein orangefarbener Haarschopf, eine andere Hautfarbe oder überdurchschnittliche Eleganz. Eine Afrikanerin, die in Ost-Berlin studierte, sagte: »Ich bin noch nirgendwo auf der Welt so angestarrt worden.« Doch es genügt weniger: schon ein besonderes Kleidungsstück erregt unangemessenes Aufsehen, und in den Augen der Passanten sind Regungen zu lesen, die einem das Tragen solcher Kleidungsstücke verleiden können.

Am Abend besuchte uns der Kunsthistoriker Dr. R. Er tritt in den nächsten Tagen eine mehrwöchige Reise an, und da niemand weiß, wann wir ausreisen werden, wollte er sich vorher für alle Fälle verabschieden.
Ich kenne R. schon sehr lange. Ihm geht es wie vielen: die Verhältnisse sind ihm unerträglich geworden, aber er hat nicht mehr die Kraft, sich ihnen zu entziehen. »Ich fürchte«, sagte er, »daß ich mit diesem Staat untergehen werde«. Menschen sind nicht aus Stein, und sogar Steine zerbrechen.
R. berichtete uns zwei Neuigkeiten. Die erste war, daß der alte Professor Kuczynski von Honecker empfangen wurde, und die Neuauflage seines Buches »Gespräche mit meinem Urenkel« durchgesetzt hat. Dieses Buch, dessen seltene Exemplare von Hand zu Hand gehen, soll der Wahrheit über die DDR nahekommen. Seine Verbreitung wurde durch persönliches Eingreifen von Polit-Büro-Mitglied Naumann verhindert. Honecker gab jetzt nach und machte Naumanns Dekret wieder rückgängig.

Die zweite Neuigkeit: das Kunstwissenschaftler-Ehepaar T. hat einen Ausreiseantrag gestellt. Sabine erinnerte sich an die Ausreise des Kunstwissenschaftlers Dr. M., die schon einige Zeit zurückliegt. M. ging, als die Veröffentlichung seines Buches über Edvard Munch von der Zentrale verhindert wurde.
Ein Wissenschaftler im Westen kann sich kaum vorstellen, wie unendlich kompliziert sich selbst das Erscheinen harmloser Publikationen in der DDR gestaltet. Das oft jahrelange Hin und Her ist atemberaubend, die von der Zentrale ins Feld geführten Argumente klingen absurd, und das alles ist gesundheitlich zermürbend, zumindest für den Autor, dessen Liebe und Herzblut an seiner Arbeit hängen. Hat man diese Prozedur mehrmals erlebt, kommen einem Fluchtgedanken oder Resignation. Auch daher haben die Intellektuellen in den sozialistischen Ländern die Angst, sich zu *vergeuden.* Man weiß nie, was mit dem Manuskript geschieht: erblickt es das Licht der Öffentlichkeit, oder ist ihm das gleiche Schicksal beschieden, wie so vielen seiner Vorgänger, das Verschwinden?

Heute machten wir uns endlich daran, die etwa 300 Bücher aufzunehmen, die sich im Atelier befinden. Während ich Listen schrieb, blätterte Sabine in Büchern und Mappen, die aus der Versenkung auftauchten. Sie hatte gestern in Tolstois Roman »Auferstehung« gelesen, der sich mit den revolutionären Strömungen der russischen Intelligenz des vergangenen Jahrhunderts beschäftigt. Ihr besonderes Interesse galt den Damen. Was waren das für Persönlichkeiten, die von Generalstöchtern zu Bombenwerferinnen avancierten? Trifonow nannte sie »alte Raucherinnen mit bösen kalten Augen.« Als Sabine eine sowjetische Fotomappe aus der Zeit der Revolution fand, begann sie plötzlich zu zeichnen. Die Serie von Karikaturen, die nun entstand, nannte sie: »Frauen um Lenin«. Wir amüsierten uns sehr.

Während Sabine zeichnete, fotografierte ich in der Dunkelkammer eine Reihe von Dokumenten, von denen wir nicht wissen, ob wir sie mitnehmen können. Darunter waren auch Dokumente meines Bruders, der morgen seinen Antrag stellen will.
Am Nachmittag kamen zwei Besucher, die Grafiken kauften. Wir mußten die Dokumente und die »Frauen um Lenin« verstecken.
Die Ausstellung in West-Berlin, um die ich solche Sorge hatte, ist jetzt, selbstverständlich ohne meine Arbeiten, eröffnet worden. Auch die Genossin Rosi Willumat war dort und hatte ein wachsames Auge auf meine Kollegen. Die Bildhauerin Mona A., die als »unzuverlässig« gilt, war allein nach Ost-Berlin zurückgefahren, das heißt, bisher weiß noch niemand, ob sie überhaupt zurückgefahren ist. Rosi Willumat versuchte am Sonnabend bei Mona anzurufen – und zu ihrem Schrecken meldete sich niemand am Telefon. Sie rief verschiedene Künstler an und forschte nach Monas Verbleib. Aber niemand konnte sie beruhigen. Es ist gewiß keine dankbare Aufgabe, erwachsene Menschen zu beaufsichtigen wie eine Kindergartengruppe, immer in der Angst, eines der Kinder könnte sich aus dem Staube machen. Denn Rosi trägt die Verantwortung und muß im Falle einer »Republikflucht« die peinlichsten Auseinandersetzungen mit Generaldirektor Schnabel und anderen Dienststellen gewärtigen. Zu allem Überfluß wurde Rosi Willumat heute morgen auch noch von mir angerufen. Ich sagte ihr, daß ich noch immer hoffte, einen schriftlichen Bescheid über meinen Ausschluß zu erhalten. Rosi bat um Geduld: Erst heute tage das Akademiepräsidium, um den »von der Sektion gefaßten Beschluß« zu bestätigen. Auf diese Weise zieht sich die Prozedur unserer Ausreise in die Länge. Auch Generaldirektor Schnabel, als Oberhaupt des allmächtigen Akademieapparates, nimmt an der Sitzung teil und hat nochmals seine Hände im Spiel.

11. 4. 1984

Tutti Heartfields Vermögen ist konfisziert, nun wird die Beute verteilt. Alles, was nicht transportabel ist und sich nicht nach dem Westen verkaufen läßt, gehört der Akademie. So auch Tuttis Wochenendhaus in Waldsieversdorf. Die Akademie hat dafür auch einen Verwendungszweck. Sie offerierte es per Hausmitteilung ihren leitenden Mitarbeitern als Ferienort. Wenn es die Ironie des Schicksals will, werden sich auf Tuttis Terrasse die Leute sonnen, die ihr das Leben unerträglich gemacht haben.

12. 4. 1984

Seit sieben Jahren arbeite ich für den Aufbau-Verlag Berlin und Weimar. Ich begann als Student mit Taschenbuchumschlägen und diente mich hoch, bis ich im vergangenen Jahr einen begehrten Auftrag erhielt: die Gesamtausstattung von Karel Čapeks »Fabeln aus künftigen Jahren«. Auf Grund von Mißwirtschaft und Papierknappheit geht die Zahl der illustrierten Bücher ständig zurück, daher gehört ein Auftrag wie dieser Čapek-Band zu den Träumen jedes DDR-Grafikers. Ich machte mich an die Arbeit. Meine Entwürfe gefielen dem neuen Verlagsleiter, Herrn Elmar Faber aus Leipzig, der eben an die Stelle des erkrankten Dr. Fritz-Georg Voigt getreten war. Faber ist ein harter Mann. Er lobte meine Entwürfe und – kürzte mir das Honorar. Ich hatte mit meinen Kollegen vom graphischen Atelier des Verlages überschlagen, wie viel ich zu erwarten hätte, und wir waren dabei sehr bescheiden geblieben. Faber gelang es, in der Honorarordnung noch niedrigere Sätze ausfindig zu machen. Er weiß, daß es in Ost-Berlin Dutzende von arbeitslosen Künstlern gibt, und daß ich niemals so waghalsig sein würde, den Vertrag abzulehnen, mochte er noch so ungünstig für mich sein. Ich unterschrieb ihn an einem Augustmorgen in der Vertragsstelle des Verlages und traf mich

danach mit Sabine im Vorhof der Staatsbibliothek. Wir saßen auf einer Bank, lauschten dem Plätschern des Springbrunnens, ärgerten uns über die dilettantische Bronzeplastik »Lesender Arbeiter« und stellten fest, daß die Fensterrahmen des Bibliotheksgebäudes unbedingt gestrichen werden müßten. »Sie lassen alles verlottern...«, sagte ich zu Sabine, dabei waren meine Gedanken noch immer bei jenem Vertrag. Ich fühlte mich betrogen. Meine Arbeit war gut und hatte gefallen, und ich fand es unbegreiflich, daß Faber mein Honorar um zweitausend Mark gekürzt hatte.
Heute rief mich die Sekretärin des Künstlerischen Leiters an und teilte mir mit, daß der Čapek-Band »neu vergeben« und ich aufgefordert wurde, das Manuskript und die Ausstattungsunterlagen dem Verlag zurückzugeben. Nebenbei gesagt: Ich habe bereits sechzehn ganzseitige Illustrationen in Farbe, mehrere Vignetten, das Vorsatzpapier und den Schutzumschlag gezeichnet und dafür einen großen Teil meines Honorars erhalten. So knauserig sich der Verlag im August zeigte, so verschwenderisch war er jetzt. Wenn es an die heiligsten Dinge geht, sieht man nicht aufs Geld. Der Künstlerische Leiter des Verlages, mit dem wir seit sieben Jahren zusammenarbeiten, verabschiedete sich nicht einmal von uns. Sieben Jahre Arbeit wiegen eine politische Konstruktion nicht auf, an die in Wahrheit niemand mehr glaubt; sie heißt: »Unverbrüchliche Treue zur DDR« und wurde zuerst von denen aufgegeben, die am lautesten danach verlangen.

12. 4. 1984

Eine Bekannte schenkte unseren Kindern das Buch »Aufbruch bei Nacht – Kinderschicksale« von Valentin Tomin. Der Stil, in dem es geschrieben ist, hatte die Wirkung, daß unsere Tochter das Buch achselzuckend beiseite legte. Wir lasen das Vorwort und Sabine fand auf zwei Druckseiten im Oktavformat folgende

Wortgruppen: »Nacht des Terrors und der Reaktion«, »Finsternis«, »erbitterte Klassenschlachten«, »siegreich hervorgehen«, »zurückschlagen«, »kapitalistische Umkreisung«, »blutige Gewalt«, »Freiheitsstreben der Völker ersticken«, »hinter Kerkermauern«, »Kräfte mobilisieren«, »Opfer der Reaktion«, »dunkle Kasematten«, »tiefe Wunden schlagen«. Die jungen Leute haben das nun endgültig satt. Unsere Generation war anfangs für diesen Ton noch empfänglich, aber die heute 18jährigen DDR-Bürger reagieren darauf allergisch. Niemand möchte mehr »mobilisiert« und »ins Feld geführt« werden. Die alten Genossen, die noch immer an »Kämpfertum« und dem »Brand, der die Erde erfassen wird« festhalten, sind keineswegs das, wofür sie sich halten: revolutionär. Erstarrung, Verhärtung und Waffengeklirr sind ihre Devise, aber sie haben Nachwuchssorgen. Denn es liegt nicht in der Natur des Menschen, einen alten Haß über Generationen zu konservieren. Der Haß der unterdrückten Bauern des vorrevolutionären Rußland existiert nicht mehr, die Menschen haben andere Probleme, und es zeigt sich, daß das versteinerte System diesen Problemen nicht gerecht wird. Meine Moskauer Freunde halten es mit Amerika, und gerade deshalb nennen sie sich russische Patrioten. Diesen Konflikt löste noch Majakowski ganz rigoros. Er schrieb am 6. August 1925 in New York: »Ich finde New York immer staunenswerter.« Sein Staunen war menschlich verständlich, aber die Rücknahme dieses Staunens in einem späteren Gedicht war es nicht:

»Uns beseelt der sowjetische Stolz,
auf die Bürger
blicken wir
von oben herab.«

Man kann nur auf etwas herabblicken, das man selbst überwunden hat. Rußland war niemals ein entwickelter bürgerlicher Staat und hat heute noch grundsätzlich

Nachholbedarf. Der Kampf gegen den »Amerikanismus« hatte immer viel Verstiegenes und Gewaltsames, wofür die ungeheuerlichen Übertreibungen der Stalin-Zeit Zeugnis ablegen, als Soschtschenko und Anna Achmatowa wegen »Liebedienerei vor dem Westen« aus dem literarischen Leben verschwanden, als man gemaßregelt wurde, wenn man das Wort »Kybernetik« aussprach, und als die sowjetische Genetik für immer den Anschluß verlor, weil die Mendelschen Gesetze als »Irrlehre des Klassenfeindes« galten. Öffnung nach dem Westen ist den sozialistischen Ländern dringend zu empfehlen, wollen sie nicht ständig alte Fehler wiederholen. Denn Isolationismus hat noch kein Gesellschaftssystem gefördert, und sei es das Himmelreich auf Erden. Majakowskis »von oben herab« hat etwas Neurotisches: man spürt gewaltsam überspielte Minderwertigkeitsgefühle. Ein derartiger Seelenzustand ist nicht nur instabil, er ist vor allem auch gefährlich. Er wurde Majakowski selbst, er wurde später Millionen zum Verhängnis. Die jungen Leute wissen das. Sie sehen keinen Grund, sich so zu verkrampfen und zu versperren, zu versperren gegen etwas, das nicht mehr aufzuhalten ist.

Eine Namensvetterin meiner Frau, die in West-Berlin lebt, stellt dort zur Zeit ihre Bilder in einer Galerie am Bahnhof Zoo aus.
Die vom Argwohn überreizten Mitarbeiter der Akademieadministration glauben, uns auf die Spur gekommen zu sein. Die Genossin Rosi Willumat wurde entsandt, sich an Ort und Stelle Gewißheit zu verschaffen; zu ihrer Enttäuschung fand sie Bilder einer ihr unbekannten Malerin. Generaldirektor Schnabel äußerte gestern erneut Verdacht und kündigte »eine Prüfung dieses Falles« an.

13. 4. 1984

Manches habe ich sowieso nie verstanden. Zum Beispiel: was ist »demokratischer Zentralismus«? Unsere Lehrer wirkten bei diesem Kapitel unsicher und konfus, obwohl sie es mit forscher Stimme vortrugen. Ich habe die Oberschule besucht, an zwei Universitäten und einer Hochschule studiert, ohne daß ich jemanden gefunden hätte, der zum Kapitel »Demokratischer Zentralismus« klare und vernünftige Angaben machen konnte. Das an DDR-Hochschulen verbindliche Lehrbuch »Wissenschaftlicher Kommunismus« erklärt diesen Begriff so: »Sein wesentlicher Inhalt besteht darin, zentrale Führung und Leitung und demokratische Aktivität ... bei der Durchführung der von der Leitung gefaßten Beschlüsse zu gewährleisten.« Was geschieht, bestimmt die Zentrale, so viel ist gewiß. Das ist das Prinzip jedes Zentralismus. Ludwig XIV. nannte es: Der Staat bin ich. Neu ist die »Demokratische Aktivität« – und sie soll so funktionieren: Die Zentrale konzentriert sich auf »die sachkundige Entscheidung der Grundfragen. Die Eigenverantwortung und Initiative der örtlichen Staatsorgane werden gefördert«. Um »sachkundig entscheiden« zu können, müßten in der Zentrale Sachverständige arbeiten. Aber gerade das ist unmöglich. Um bis in die Zentrale aufzusteigen, muß ein Funktionär lange dienen, und dieser Dienst ist so geartet, daß er unbedingt auf Kosten des Sachverstandes geht. Der Jahrzehnte dauernde Weg in die Zentrale bedeutet: jahrzehntelange Entfernung und Entfremdung von der Praxis. Also werden die »Grundfragen« von Menschen entschieden, deren Beziehungen zur Praxis verkümmert sind. Können das Entscheidungen sein, die den unteren Etagen Spielraum für »Eigenverantwortung und Initiative« lassen?

Die Entscheidungen der Zentrale sind realitätsfremde Abstraktionen. Sie werden auf direktem Wege von oben nach unten angewiesen, und bedürften, um wirkungsvoll zu sein, von unten kommender Korrekturen, denn die wirklichen Sachverständigen arbeiten an der Basis. Es wäre die Aufgabe der mittleren und unteren Funktionäre, diese Korrekturen nach oben zu leiten. Aber auch das funktioniert nicht und kann nicht funktionieren. Denn auch die unteren und mittleren Funktionäre gehören zum Apparat der Zentrale und vertreten deren Interessen. Ein Funktionär der unteren Ebene hat, wenn er eine untaugliche und korrekturbedürftige Anweisung der Zentrale empfängt, zwei Möglichkeiten der »Eigenverantwortung und Initiative«. Er kann nach oben melden, daß die Direktive in der vorliegenden Form unsinnig ist, doch er kann auch um jeden Preis versuchen, diese Direktive nach unten durchzudrücken. Ein Funktionär lernt schnell, daß die zweite Möglichkeit risikoloser und für ihn persönlich günstiger ist. Die Zentrale ist mit internen Angelegenheiten beschäftigt. Es finden Macht- und Flügelkämpfe um Posten und Befugnisse statt, und die Genossen sind von den Fragen der Weltpolitik in Anspruch genommen. Sie wären überfordert, wenn sie tatsächlich alle von unten kommenden Korrekturen prüfen wollten. Die Zentrale reagiert daher mit Unwillen auf diese Korrekturen, sie empfindet sie als zusätzliche Belastung und wird immer denjenigen Funktionären den Vorzug geben, die sie schonen, das heißt: die ihre Anweisungen kritiklos ausführen. Nicht Kritik an der höheren Instanz wird gefördert, sondern Brutalität gegen die untere, und somit bleibt vom »demokratischen Zentralismus« endlich nur noch der Zentralismus übrig.

Die Zentrale konnte nicht länger übersehen, daß in der DDR nicht sparsam gewirtschaftet wird. Kommissionen wurden einberufen, Experten und Sachverständige konsultiert. Es entstand die Idee von der »Effektivierung«, die unteren Stellen wurden angewiesen, ihre Reserven zu nutzen. Die DDR kann sich über einen Mangel an ungenutzten Reserven in der Tat nicht beklagen:

Was allein an Baumaterial auf den Straßen vermodert, weil man es entweder nicht sachgemäß lagert, oder weil man vergaß, es abzutransportieren, ist beträchtlich. Auf Fabrikhöfen verrosten ganze Industrieanlagen, das Papier wird für hektografierte Rundschreiben vergeudet und das Benzin sinnlos verfahren. Die Idee, diese Reserven zu nutzen, ist vernünftig, aber wenn sie unten ankommt, ist sie entstellt und absurd. Der VEB Taxi Berlin erhielt von vorgesetzter Dienststelle die Richtlinie, möglichst keine neuen Wagen anzuschaffen. Die alten Wolgas wurden solange geflickt und notdürftig zusammengeschustert, bis nur noch versierte Fahrer diese Wagen gefahrlos besteigen konnten. Ein neuer Fahrer kennt die Tricks noch nicht, um das Fahrzeug mit all seinen Mukken und altersschwachen Launen in Gang zu halten. Ich erlebte am Antonplatz in Weißensee ausgesprochen mitleiderregende Vorfälle, als Autoveteranen auf offener Straße liegenblieben und weder die Fahrer noch ihre über Funk herbeigerufenen Kollegen imstande waren, sie zum Weiterfahren zu bewegen. Der angestammte Fahrer des Wagens mochte in Urlaub oder zur Nachtschicht eingeteilt sein – und nur er hätte gewußt, welchen Geheimmitteln sein Wolga noch zugänglich ist. Immer wieder beklagten sich Taxifahrer, mit denen ich fuhr, über den jammervollen Zustand ihrer Wagen. Und immer empörten sie sich darüber, daß sie dennoch ihr Soll erfüllen müßten. Ihre Leiter hatten taube Ohren, denn sie wollten unbedingt sparen. Im Volksmund heißt es: »Wir sparen, koste es, was es wolle.«
In einem nicht-zentralistischen Staat hätten wenigstens die Fahrgäste weniger unter den ruinösen Sparmaßnahmen des VEB Taxi zu leiden. Es fände sich schnell jemand, der die Lücke nutze und mit den an Taxi-Haltestellen Wartenden sein Geschäft mache. Bliebe der VEB Taxi dann noch länger bei seinem Sparprogramm, könnte er demnächst Konkurs anmelden. In den Nächten wagen es unternehmungslustige junge Männer, die

in Regen, Wind und Schnee Stehenden zu erlösen. Man sollte meinen: eine Initiative, entstanden zur Korrektur der von der Zentrale diktierten untauglichen Maßnahmen und ganz im Sinne der Erfinder des »demokratischen Zentralismus«. Doch die Schwarz-Taxi-Fahrer werden polizeilich verfolgt. Man verweist auf juristische Probleme und darauf, daß sie keine Steuern abführen. Das ließe sich einrichten, wenn die Zentrale nur wollte. Sie will aber nicht. Diese Initiative ist nicht ihre Erfindung, und die Zentrale wacht eifersüchtig darüber, daß nichts geschieht, worum man sie nicht zuvor ersucht hat. Außerdem sieht sie die Notwendigkeit dieser Initiative nicht ein, denn der VEB Taxi wird sich hüten, seine Verluste, entstanden durch die zentralen Sparmaßnahmen, jemals ungeschminkt nach oben zu melden. Ebenso schnell wie das Treten nach unten, lernt ein »sozialistischer Leiter« das Verfassen frisierter Berichte an die übergeordnete Instanz. Dabei fordern die Rechenkünste beim Glätten der Bilanzen und die schon von Talleyrand empfohlene Fertigkeit, mit Hilfe der Sprache die wahren Gedanken zu verbergen, den ganzen Mann. Mancher Leiter beschäftigt sich damit mehr als mit seiner eigentlichen Arbeit – und das ist verständlich, denn seine Zahlenkunststücke und zweckoptimistischen Berichte finden höheren Orts weit mehr Aufmerksamkeit als die tatsächlichen Ergebnisse seiner Arbeit. Dabei muß er jedoch delikat zu Werke gehen, weil sich die Zentrale durch geheime Kontrollen Einblick in die Verhältnisse verschafft. Sollten Schäden entstehen, die nicht mehr zu vertuschen sind, muß der Leiter dafür büßen. Nicht seine Vorgesetzten, die ihm jahrelang das Verfassen verlogener Berichte suggeriert haben, trifft dann der Zorn der Zentrale, sondern ihn, den unteren Leiter. Im Unterschied zu Lob und Ehren, setzt die Zentrale ihre Strafen immer so weit unten an, wie es nur möglich ist.

Dieser Vorgang nennt sich »aktive Mitwirkung der

Massen«. Wer nicht daran glaubt, gilt in den Augen der Zentrale als »revisionistischer Ideologe« oder »Verräter an der Sache«. Aber es wird wenig nützen. Nicht nur, weil die Praxis längst erwiesen hat, daß der »demokratische Zentralismus« nicht funktioniert, sondern weil bereits im Ansatz dieser Idee etwas Unpraktisches und damit Unmenschliches steckt. Denn diese Idee geht davon aus, »daß zentrale Entscheidungen ... objektive Erfordernisse zur Durchsetzung der Interessen der Massen ausdrücken«, um zum letztenmal das Lehrbuch »Wissenschaftlicher Kommunismus« zu bemühen.

Wer sind eigentlich »die Massen«? Und wer darf sich erkühnen, ihre Interessen auf eine so simple Formel zu reduzieren, daß nur noch »objektive Erfordernisse« eine Rolle spielen? Jeder Versuch eines einzelnen Menschen oder einer Gruppe, sich auf Grund »objektiver Erfordernisse« unkontrolliert über andere Menschen hinwegzusetzen, endet notwendig in Despotie. Was »objektive Erfordernisse« sind, bestimmt die Zentrale, und sie hat damit einen Freibrief für jede Art Maßnahmen, selbst für ungesetzliche und unmenschliche. So wurde der »Kampf gegen die Volksfeinde« begründet und Millionen Menschen auf den Archipel GULAG und in die kasachische Steppe verbannt, so begründet die Zentrale heute noch jede ihrer Kampagnen und Unternehmungen, selbst wenn sie »den Massen« eklatant zum Nachteil gereichen. Swetlana Allilujewa, die Tochter Stalins, wies nach ihrer Flucht in die Vereinigten Staaten darauf hin, daß der eigentliche Verursacher des Stalinismus nicht Stalin, sondern Lenin sei. In der Tat: Lenins Theorie vom »sozialistischen Staat«, von der »führenden Rolle der Partei« und vom »demokratischen Zentralismus« ist ein gigantisches Ermächtigungsgesetz für die jeweils herrschende Parteiführung. Es ist eine Frage von Nuancen, wie brutal dieses Ermächtigungsgesetz ausgenutzt wird. Lenin war Russe und konnte sich aus den Erfahrungen der russischen

Geschichte kein anderes Gesellschaftsmodell vorstellen, als ein zentralistisches. Seine späten Skrupel, Stalin würde »die in seinen Händen konzentrierte Macht mißbrauchen«, waren eine sinnlose Reue; er selbst hatte die Theorie geliefert, aus der neue Imperatoren und Sonnenkönige neue Christenverfolgungen und neue Inquisitionen erwuchsen. Das bürgerliche Zeitalter, das Lenin durch die »Weltrevolution« beenden wollte, erwies der Menschheit einen unschätzbaren Dienst, indem es den Menschen zum *Individuum* erhob. Wir lernten in der Schule, im Westen würde »das Individuum überbewertet«. Aber man kann es gar nicht hoch genug bewerten, keineswegs überbewerten, man kann es allenfalls zu niedrig veranschlagen, indem man es zum Bestandteil »der Masse« degradiert. Marxistische Theoretiker haben Platos Lehre vom »gerechten Staat« aus dem 4. Jahrhundert vor Christus für »spekulativ« und »utopisch« erklärt, denn Platos Ansatzpunkt sei nicht das denkende Individuum, sondern feste, »ewige und immer gleichbleibende ökonomische und politische Strukturen«. Ist ihnen die verblüffende Ähnlichkeit dieser Grundidee zu der Lenins nicht aufgefallen? Plato gliedert die Bevölkerung in drei Gruppen: in Werktätige, Wächter und Philosophen. Eine feinere Unterteilung hat auch Lenin nicht zu bieten: hier sind es der allmächtige Apparat der Zentrale, bestehend aus Parteiideologen und ihren Wächtern, den Funktionären, und das namenlose Heer der »werktätigen Massen«. Beider, Platos wie Lenins Ansatz, ist der grundsätzliche und unantastbare Vorrang der Staatsinstitution vor dem Individuum. Der Unterschied ist, daß sich niemand fand, der Platos utopisches Gebilde im Ernst praktizieren wollte.

Man kann den russischen Liberalen des 19. Jahrhunderts, Turgenjew, Gontscharow oder Tolstoi, auf keinen Fall vorwerfen, sie hätten nicht grundlegende Veränderungen im Dasein des russischen Volkes für notwendig gehalten. Die Abschaffung des zentralistischen

Zarenregimes war in ihren Augen ein Segen. Doch den revolutionären Eiferern der 90er Jahre traten sie mit Skepsis entgegen, weil sie in ihnen die Vertreter neuer zentralistischer Willkür vermuteten. Tolstoi schrieb 1898, sieben Jahre vor der ersten russischen Revolution in seinem Roman »Auferstehung« folgenden Dialog zwischen einem Berufsrevolutionär und seinem Mithäftling in der Katorga:

»Ich sage..., daß ich weiß, welchen Weg das Volk einschlagen muß...«

»Wieso bist du denn so überzeugt, daß der von dir gezeigte Weg der richtige ist? Ist das nicht der gleiche Despotismus, der in der Französischen Revolution alle die Hinrichtungen gezeitigt hat?«

Die Revolution war notwendig, sonst hätte sie nicht stattgefunden. Aber es ist noch sehr die Frage, ob dem ehemals zaristischen Rußland nicht eine Periode des bürgerlichen Liberalismus notgetan hätte. Ehe es dazu kommen konnte, rissen kleine, in Leder gekleidete Männer die Macht an sich, fuhren in Panzerzügen durchs Land und mobilisierten »die Massen«. Swetlana Allilujewa betrachtet diesen Vorgang als eine Art Unfall der Geschichte. Doch alles geschah mit Notwendigkeit, Lenins Machtergreifung, Trotzkis Idee von der perfekt militarisierten Gesellschaft, Stalins Aufstieg, die endlosen »Säuberungen«, Stalins Entmachtung, die Chruschtschow-Ära, wieder mit »Säuberungen« verbunden, die groteske Vergreisung der Zentrale, die Versteinerung und das Zerbröckeln der Strukturen, die Auflösung. »Lenins Lehre« und seine Partei haben dieses Jahrhundert in Atem gehalten. Die Nekromanten trieben indessen ihre Künste zu toll und verloren ihre Zauberkraft. Man kommt zur Besinnung und fragt sich nachträglich, welche Segnungen die KPdSU(B) den »werktätigen Massen« eigentlich brachte. Das Analphabetentum wurde abgeschafft und das riesige Land elektrifiziert. Gleichzeitig wuchs die Geißel des Fort-

schritts, der monströse Apparat. Er erwürgte die Intelligenz und jede Initiative, die ihm zu nahe trat. Noch immer gibt es in Moskau katastrophale Wohnungsnot, noch immer waschen in aserbaidschanischen Dörfern die Frauen ihre Wäsche an steinernen Brunnen. Dabei verfügt die Zentrale über Mittel, Raketen zum Mond zu schicken und unaufhörlich zu rüsten.
Die *Zweischneidigkeit* dieser, wie jeder anderen Revolution, zeigte sich spätestens 1937, als Stalin die Führungsschicht der Sowjetunion liquidieren mußte, weil ihre Potenzen den engen Rahmen des Systems zu sprengen drohten. Schon Goethe hat über diese Entwicklung, die Christoph Martin Wieland das »Verdunkeln« nannte, anläßlich der Französischen Revolution nachgedacht. Goethe zu Eckermann am 4. Januar 1824: »Es ist wahr, ich konnte kein Freund der französischen Revolution sein, denn ihre Greuel standen mir zu nahe und empörten mich täglich und stündlich... Auch konnte ich nicht gleichgültig dabei sein, daß man in Deutschland *künstlicherweise* ähnliche Szenen herbeizuführen trachtete, die in Frankreich Folge einer großen Notwendigkeit waren... Die Zeit aber ist in ewigem Fortschreiten begriffen, so daß eine Einrichtung, die im Jahre 1800 eine Vollkommenheit war, schon im Jahre 1850 vielleicht ein Gebrechen ist...«

In der Nacht randalierten Jugendliche unter unserem Balkon. Es war ein unheimlicher Lärm. Die Katze saß mit gesträubtem Fell auf dem Teppich, und meine Frau erwachte aus ihrem Schlummer. Ich ging hinaus und sah zu. Drei junge Männer in Jeansanzügen torkelten Arm in Arm über die Straße. In der DDR wird beängstigend viel getrunken, besonders unter der Jugend. Was können Jugendliche sonst an den Abenden beginnen? Gibt es städtisches Leben mit erleuchteten Straßen, Cafés und Diskotheken? Die Straßen sind, selbst im Stadtzentrum, ab halb zehn Uhr abends wie ausgestorben. Man sieht einsame Passanten mit Hunden, gelegentlich ein Taxi oder ein Polizeiauto, und man sieht Alkoholisierte, Angetrunkene, Betrunkene, Volltrunkene, solche, die noch singen und Reden halten und solche, die nicht mehr imstande sind, einen Fuß vor den anderen zu setzen.

Die ewig qualmenden Müllcontainer an der Ecke zur Tassostraße haben Räder, und man kann sie schubsen. Die drei jungen Männer ließen sie donnernd auf die Fahrbahn rollen. Die Container ergaben eine ziemlich brauchbare Straßensperre, und schon Minuten darauf hielt das erste Auto. Die drei Jungen flüchteten, von der Wirkung ihres Happenings angenehm überrascht, die Charlottenburger Straße hinunter. Ich sah sie im dürftigen Licht entfernter Straßenlaternen Papierkörbe umstoßen und leere Flaschen in die Luft werfen.

Nach zehn Minuten erschien die Polizei. Der Funkwagen umkurvte sorgfältig die Sperre und nahm zwei Schüler ins Scheinwerferlicht, die ahnungslos plaudernd an der Ecke standen. Ein Polizist trat salutierend an sie heran und forderte die Ausweise, die ihm verständnislos und widerwillig übergeben wurden. Im Auto notierte sein Kollege beim Licht einer ambulanten Lampe die Personalien in ein Buch. Jugendliche, deren Personalien von der Volkspolizei festgehalten werden, mit Angabe von Zeit und Ort und unter dem Verdacht des »Rowdytums«, müssen Schwierigkeiten gewärtigen. Im günstigsten Falle kommen sie mit einer »Aussprache« davon, aber wenn es der Teufel will, findet sich ein Lehrer oder ein FDJ-Sekretär, der sich in die Sache verbohrt und verbeißt. »Warum gehst du nicht hinunter und klärst das auf?« fragte mich Sabine.

»Was soll das für einen Sinn haben?« fragte ich zurück. »Sie nehmen auch meine Personalien auf, glauben mir kein Wort, und auf dem Revier finden sie heraus, daß ich Antragsteller bin. Womöglich verdächtigen sie mich, ›jugendlichem Rowdytum Vorschub zu leisten‹!«

Die Dinge nehmen hierzulande ihren Verlauf, undurchschaubar und unübersehbar. Aus Bagatellen können sich Vorgänge entwickeln, so absurd, wie in Kafkas Romanen.
Ich sah hinunter auf die nächtliche Straße. Da standen die Container, der Funkwagen hielt mit laufendem Motor, in seinem Inneren schaukelte die ambulante Lampe. Man konnte in ihrem Schein deutlich das Notizbuch des Polizisten erkennen. Neben dem Wagen warteten die beiden Schüler, mit verschränkten Armen und trotzigen Gesichtern.
Und meine Phantasie spielte mir einen Streich: ich sah nicht zwei, sondern fünf Container, die die Straße gänzlich versperrten, eine Art Barrikade, ich sah umgekippte Autos, Hunderte junge Leute und sehr viel nervöse Polizei. Ich hörte Kommandos aus Lautsprechern, Pfiffe aus Trillerpfeifen und das Klirren von Schaufensterscheiben. Ich dachte zum hundersten Mal: Es ist Zeit, daß wir gehen.

14. 4. 1984

Während sich die Jugend der DDR für den »Amerikanismus« begeistert, wird sie von der Zentrale zwanghaft mit Druckschriften versorgt, wie dem Büchlein »Unser Wilhelm – Erinnerungen an Wilhelm Pieck«.
1981 erhielt ich vom »Verlag für Agitations- und Anschauungsmittel Berlin« den Auftrag, ein Wilhelm-Pieck-Portrait zu zeichnen. Meine Entwürfe wurden von Gremien und Kommissionen, deren Mitglieder ich nicht einmal dem Namen nach kannte, mehrmals abgelehnt, mal erschien ihnen Wilhelm Pieck zu dick, mal zu dünn, mal lächelte er ihnen zu bitter, mal lächelte er ihnen zu frivol. Es gibt kaum etwas Qualvolleres, als nach solchen Ablehnungen immer wieder von vorn anzufangen. Meine Frau, meine Freunde und ich verbrachten Stunden damit, uns in die Hintergründe der

Entscheidungen mysteriöser Instanzen hineinzuversetzen. Wir kalkulierten und spekulierten, aber die Wahrheit ist viel gewöhnlicher als wir uns dachten. Einmal, vor Jahren, verschwanden unsere Entwürfe wochenlang im ZK, und wir malten uns aus, welchen Kommissionen sie indessen vorgelegt würden und rätselten, ob die Verzögerung etwas Gutes oder etwas Schlechtes bedeutete. Meine Frau fuhr nach Jugoslawien und kehrte zurück, der Sommer begann und verging, die Bäume verloren ihr Laub; da endlich, Anfang Oktober, fanden sich die Entwürfe wieder ein. Es stellte sich heraus, daß eine verantwortliche Genossin sie in ihrem Schreibtisch »verlegt« hatte. Sie waren keiner Kommission, keinem Gutachter vorgelegt worden. Niemand hatte sie zu Gesicht bekommen, und alle unsere Überlegungen erwiesen sich als gegenstandslos.
Was das Pieck-Portrait betraf, so erfuhr ich von der Redakteurin, daß mein dritter Entwurf der Tochter Piecks, der Genossin Eleonore Staimer, zur Begutachtung vorgelegt wurde. Danach hüllte sich der Verlag in Schweigen. Wochen später teilte mir die Redakteurin per Telefon mit, daß die Tochter Piecks meinen Entwurf »prinzipiell gebilligt« hätte, aber kleine Änderungen für unumgänglich hielte. Auch nach diesem Anruf verging sehr viel Zeit, bis mir ein Termin übermittelt wurde, an dem die Tochter Piecks die Redakteurin und mich empfangen wollte.
Alle DDR-Verlage haben viel Zeit, wobei der vom ZK dirigierte Verlag für Agitations- und Anschauungsmittel den Rekord hält – ehe hier etwas »realisiert« wird, können Jahre vergehen. Jeder Entwurf muß mehrere Büros passieren, bevor er im Herzen der Zentrale anlangt. Dort, oft an höchster Stelle, entscheidet sich sein Schicksal, wobei statt Kaiser Neros Daumen-Geste ein Kopfnicken oder -schütteln den Ausschlag gibt. Aus begründeter Vorsicht hatten die Redakteure meinen Entwurf der Genossin Staimer vorgelegt, denn Absiche-

rung ist im Umgang mit der Zentrale dringend anzuraten. Mißfällt ein Entwurf an allerhöchster Stelle, mißfällt er so sehr, daß er allerhöchsten Zorn erregt, so schlägt das auf den Redakteur zurück. Der Künstler kommt mit dem Schrecken davon, weil man an dieser Stelle meist nicht einmal seinen Namen kennt. Aus diesem Grunde sammeln die vorlegenden Referenten und Redakteure positive Expertisen, ehe sie sich ins »Große Haus« wagen. Die Experten lassen ihre Meinung, die oft mit Änderungswünschen verbunden ist, dem Künstler vom Redakteur übermitteln, und wenn der Künstler nach Hause zurückkehrt, setzt er sich hin und zeichnet einen neuen Entwurf. Und auch dieser Entwurf bleibt nicht selten unterwegs auf der Strecke, weil der Redakteur inzwischen einen anderen Experten hinzugezogen hat, dessen Meinung sich von der seines Vorgängers unterscheidet. Der Vorgang kann sich noch mehrmals wiederholen, ehe es eines Tages heißt: »Heute zeige ich Ihren Entwurf im ›Großen Haus‹.«

Soweit war es bei mir noch lange nicht. Zunächst mußten wir die Meinung der Expertin abwarten, in diesem Falle der Genossin Staimer. Es lag außerhalb der Norm, daß uns diese Genossin ihre Einwände persönlich mitteilen wollte. Gleichzeitig war es eine Ehre, und wir mußten der Einladung selbstverständlich Folge leisten.

Als Termin war ihr der 4. August genehm, mir, offengestanden, nicht. Um diese Zeit machte ich mit meiner Familie Urlaub und war weit weg von Berlin auf der Insel Hiddensee. Es war keine Frage, daß ich den Urlaub unterbrechen mußte, um die Genossin Staimer aufzusuchen. Ich hatte den Auftrag angenommen und alle Folgen zu tragen. Ich nahm die Nachmittagsfähre, fuhr im glühendheißen, schmutzigen D-Zug Stralsund–Berlin, und ich dachte unterwegs: Was für ein Unsinn! Wozu fährst du dorthin? Eine Vorahnung sagte mir, daß mein Pieck-Portrait niemals veröffentlicht würde.

Früh am nächsten Morgen rief die Redakteurin an. Die Adresse der Genossin Staimer sei ihr entfallen, sie müsse daher erst in den Verlag fahren und die Hausnummer in ihrer Kartei nachsehen. Als sie zwei Stunden später kam, wirkte sie unglücklich und derangiert. Wir tranken zusammen Kaffee, und sie erzählte mir, daß interne Verlagsintrigen das Erscheinen meines Portraits bereits in Frage stellten, ehe es noch fertig war.
»Und wir fahren trotzdem zur Genossin Staimer?« fragte ich.
»Ja, das müssen wir schon tun – sie erwartet uns doch!«
Die Tochter Wilhelm Piecks bewohnt, gemeinsam mit ihrem Chauffeur und ihrer Haushälterin, ein Einfamilienhaus im Südosten Berlins. In der offenen Veranda tranken wir eisgekühlten Orangensaft westlicher Herkunft und empfingen Hinweise. Eleonore Staimer war tadellos frisiert und gekleidet, ihre Haltung zusammengenommen und ihr Lächeln eindringlich, wenn auch kühl. Es war sofort zu spüren, daß sie diplomatische Schulung besaß: sie fungierte viele Jahre als DDR-Botschafterin in Jugoslawien, noch dazu in einer Zeit, als der DDR-Schriftsteller Franz Fühmann die jugoslawischen Genossen mit Billigung der Zentrale »Titos Aasgeier« nannte. Wahrlich keine leichte Mission, doch eine gute Gelegenheit, Fingerspitzengefühl und Politesse zu erlernen. Wir unterhielten uns gut. Die Genossin Staimer war von den Geschenken ausländischer Diplomaten umgeben, die jeden Menschen geschmückt hätten: ich erinnere mich an eine wunderbare chinesische Drachenvase und an einen riesigen indischen Elefanten aus Bronze. Nach dem Orangensaft wurde Kaffee serviert. Nun erfuhr ich, was der Tochter Wilhelm Piecks an meinem Entwurf mißfiel: es war die Nase.
Pieck hatte eine asymmetrische, vorn knollenartig verdickte Nase, und ich hatte diese Nase aus Taktgefühl, und früherer Erfahrungen mit der Zentrale eingedenk,

beim Zeichnen ein wenig geglättet. Nein, die Nase sollte sein wie sie wirklich war, nicht verschönert, sondern vollkommen wahrheitsgetreu. Denn Pieck, so ließ uns seine Tochter wissen, liebte die Wahrheit über alles.
Wozu darüber rechten? Ich kannte die Memoiren der Margarete Buber-Neumann, die unter Stalin ins Lager kam, von dort an die Gestapo ausgeliefert wurde und sich schließlich im KZ Ravensbrück wiederfand. Sie war nicht gut auf Pieck zu sprechen, weil er sich mit keinem Wort für seine 1937 verhafteten deutschen Genossen eingesetzt hat. Aber 1937 war ein gefährliches Jahr und Pieck kein Hasardeur; er wußte zu gut, daß Stalin auch ihn verschwinden lassen konnte, lautlos und spurlos.
So heikle Themen besprachen wir an jenem 4. August selbstverständlich nicht. Es war mehr Anekdotisches, das uns Eleonore Staimer über ihren Vater erzählte, Beispiele seiner Einfachheit und Güte. Zum Abschied schenkte sie mir das Buch »Unser Wilhelm – Erinnerungen an Wilhelm Pieck«. Das Buch soll, wie es im Vorwort heißt, »das vorbildliche Kämpferleben Wilhelm Piecks ... vor allem der jungen Generation erschließen«. Einer der Autoren, die sich darum bemühen, ist Erich Honecker. Seine mit »Vorbild der Jugend« überschriebenen Erinnerungen sind dem Buch vorangestellt und bestimmen den Ton. Ich habe damals nur flüchtig in dem Band geblättert, und erst vor einigen Tagen, als wir die Listen für unsere Ausreise aufstellen mußten, tauchte er wieder auf. Inzwischen ist Zeit vergangen, viele Häuser wurden gebaut und viele sind zerfallen, im Westen wurden weitere Kredite aufgenommen, die Luft ist schlechter geworden und eine Lederjacke kostet 1500 Mark, es gibt Arbeitslose und tausende Bürger verlassen das Land. Aber die Zentrale ist unbeirrbar. Wann hat sie sich eigentlich angewöhnt, so unangefochten über die Wirklichkeit hinwegzusehen?

Erich Honecker erinnert sich: Die FDJ wurde gegründet und ihre Mitglieder stammten aus der Hitlerjugend und dem Bund Deutscher Mädchen. War es nicht etwas bedenklich, die vordem organisierte, in braune Hemden gekleidete deutsche Jugend erneut zu organisieren und diesmal in blaue Hemden zu stecken? Hätte nicht eine Periode der Auflockerung notgetan?
Honecker räumt ein, daß es solche Bedenken gab, und er nennt ihre Fürsprecher »berufliche Skeptiker«. Das ist kein schöner Zungenschlag. Honecker geht auch nicht weiter darauf ein, weil »berufliche Skeptiker« damals wie heute in der DDR nicht zum Zuge kamen. Denn, so erinnert er sich, »an diesem 2. Dezember 1945 wurden alle derartigen Berechnungen von der anwesenden Jugend über den Haufen geworfen und mit jugendlichem Schwung ausgelöscht«.
Gar nichts wurde »ausgelöscht«. Und schon gar nicht die Stimme der Vernunft. Schon mancher hoffte vergebens, sie »auslöschen« zu können.
Die Opfer der Kaiser Caligula und Domitian wurden zwar vergiftet, aber nicht »ausgelöscht« – Tacitus hat sie uns überliefert. Auch die in der Engelsburg eingemauerten Opfer von Papst Alexander VI., die Opfer der spanischen Inquisition, die Opfer der Guillotine, die Opfer Hitlers und Stalins sind nicht »ausgelöscht«, sie sind nicht einmal vergessen. Wie viele Bücher, auch sie sind verboten und verbrannt, eingestampft und dem Reißwolf überlassen. Auch sie sind nicht vergessen und nicht »ausgelöscht«. Die Menschen erlauben sich zu denken und sich zu erinnern – und nicht nur »berufliche Skeptiker« tun das. Es ist ganz vergebliche Mühe, »auslöschen« zu wollen. Man kann verhaften, liquidieren, verschwinden lassen, man kann eine Schrift ausradieren, aber sie hinterläßt einen Eindruck, eine Spur auf dem Papier. Und wenn sie nur durch das Mikroskop zu erkennen ist: Es findet sich ein Mikroskop, und es findet sich ein Mensch, der hindurchsieht.

Von der Dichterin Anna Achmatowa, einer schönen Dame, gibt es zwei berühmte Portraits. Das eine ist von Modigliani, das andere von Nathan Altman. Beide zeigen übereinstimmend, was Kornej Tschukowski »Erhabenheit« nennt, die stilvolle Maske einer Dame, die in Zeiten lebte, da man sein wahres Gesicht verbergen muß.
Das Leben der Dichterin Anna Achmatowa fiel, wie sie es in einem ihrer Gedichte nennt, in »die steinerne Epoche«. Es verlief daher anders, als sie es sich wünschte, verlief ohne das, was eine Dichterin zum Leben und zur Arbeit dringend benötigt, ohne Reisen, ohne freimütige Gespräche, anregende Gesellschaft und ohne Erfolg. Ihre wenigen Freunde verschwanden nach und nach, gingen ins Exil, kamen im Krieg um, oder fielen dem Terror Stalins zum Opfer. Wenn man über dieses Leben nachdenkt und wenn man weiß, was das eigentlich für Zeiten waren, die wir heute lakonisch als »Stalinismus« bezeichnen, so fragt man sich, woher Anna Achmatowa, eine Offizierstochter der Zarenzeit, aufgewachsen in den Parks von Zarskoje Selo, die Kraft, die innere Haltung und die »Erhabenheit« nahm, um diese Zeiten zu überstehen. Eine andere russische Dichterin jener Jahre, Marina Zwetajewa, hatte diese Kraft nicht: Sie nahm sich das Leben, in Jelabuga an der Kama, wohin man sie nach dem Einmarsch der Deutschen 1941 zwangsevakuierte. 1939 schrieb sie:

Ich weigere mich, zu leben
im Tollhaus, unter Vieh,
Ich weigere mich, ich heule
mit den Wölfen nie.

Ich weigere mich, zu schwimmen
als Hai des Lands, stromab
den Strom gebeugter Rücken –
ich weigere mich, lehn ab.

Ablehn ich, daß ich höre,
ablehn ich, daß ich seh.
Auf diese Welt des Irrsinns
gibt es nur eins: ich geh.

Anna Achmatowa blieb und überdauerte die »steinerne Epoche«. 1965 ließ man sie nach Oxford reisen, um die Ehrendoktorwürde der Universität entgegenzunehmen. Sie war damals sechsundsiebzig Jahre alt und hinter ihr lagen zwanzig Jahre des Schweigens und der inneren Emigration. 1946 war sie wegen »Liebedienerei vor dem Westen« aus dem sowjetischen Schriftstellerverband ausgeschlossen worden. Ein Kollege besuchte sie damals und schrieb später in seinen Memoiren: »In dem kleinen Zimmer, in dem ihr Porträt von Modigliani hing, saß sie traurig und majestätisch wie immer; sie las Horaz.«
»Liebedienerei vor dem Westen« war nur der Vorwand, um Anna Achmatowa kaltzustellen und aus dem literarischen Leben der Sowjetunion zu verbannen. In Wahrheit war sie dem damaligen Kulturpapst Shdanow, aber auch seinen Nachfolgern im Wege, weil sie sich nie als Kommunistin, auch nie als »sozialistische Schriftstellerin« verstand, ein für diese Zeit unerhörter Fall. Anna Achmatowas Selbstgefühl, ihre »Erhabenheit«, kam aus dem Bewußtsein, eine *russische* Dichterin zu sein, und sich, wie Puschkin, Lermontow und Saltykow-Schtschedrin, in innerer Distanz zu dem gerade herrschenden Regime zu wissen. Es scheint, daß Anna Achmatowa von Anfang an wenig Illusionen über den wirklichen Charakter des politischen Systems der Sowjetunion hatte, zumindest was die Frage der geistigen Freiheit betraf. Darin unterscheidet sie sich von den meisten anderen sowjetischen Dichtern dieser Zeit. In ihrem Werk fehlt der Überschwang der nachrevolutionären Jahre, aber auch »der Sturz aus großer Höhe«, als Stalin diesem Überschwang 1937 ein grausiges Ende

bereitete. Fast könnte man denken, Anna Achmatowa habe nichts anderes erwartet als dieses Ende, und ihre genaue Kenntnis der Menschheitsgeschichte, ihre ständige Beschäftigung mit antiken und Renaissance-Autoren, mit Shakespeare und der Bibel, sprechen dafür. Illusionen waren im Spiel, als Marina Zwetajewa in den dreißiger Jahren aus Paris nach Moskau zurückkehrte, Illusionen hatte Anna Achtmatowas Freund Ossip Mandelstam, der in den dreißiger Jahren ein witziges Epigramm auf Stalin schrieb – es kostete ihn den Kopf.

Das Fehlen von Illusionen bewahrte Anna Achmatowa davor, sich in den zwanziger Jahren besonders zu exponieren und sich einer der Literatengruppen anzuschließen, die darin wetteiferten, die einzig wahre moderne und revolutionäre Literatur zu vertreten. Denn Stalin liquidierte sie später ganz wahllos, ob sie nun Anhänger der LEF, der REF oder der RAPP waren, er ließ Meyerhold, Tretjakow und Awerbach, Babel und Kolzow umbringen, Anna Achmatowa jedoch verschonte er. Es ist möglich, daß die mit den »Säuberungen« beauftragten Funktionäre sie einfach übersahen, es kann aber auch sein, daß Stalin wußte, diese Dame würde niemals gegen ihn auftreten. Es war nicht ihre Art. Auch Tacitus ertrug schweigend die 15jährige Gewaltherrschaft des Kaisers Domitian, um ihn zu überleben und der Nachwelt die »Annalen« zu hinterlassen. Allerdings muß das Überleben für Anna Achmatowa eine Art Folter gewesen sein, ein Alptraum, aus dem sie gern erwacht wäre:

> Und wünschte mir so sehnlich zu erwachen,
> Und wußte, büßen müßt ich tausendfach
> Im Irrenhaus, im Grab, in der Katorga,
> Wo es uns auferlegt ist, zu erwachen,
> Doch treu blieb mir die Folterung, das Glück.

Es war ein Leben auf Zeit, ein Leben unter dem Damokles-Schwert, ein gefährliches Glück. Nach dem

Krieg wurde wieder »gesäubert«, diesmal traf es auch die bislang Verschonten: Soschtschenko und Anna Achmatowa. Allerdings wurden sie nicht umgebracht. Die Wut Stalins, wie zehn Jahre zuvor die seines Diktatorkollegen Hitler, richtete sich gegen die Juden, und Jüdin war Anna Achmatowa, zufällig und wieder zu ihrem Glück, nicht. Den Schauspieler Michoels ließ man in Minsk von einem Lastauto überfahren, in Prag und Budapest wurden jüdische Intellektuelle hingerichtet. Anna Achmatowa durfte leben und dichten, wenn auch so gut wie nichts veröffentlichen. Und sie spürte weiterhin die Angst vor »Irrenhaus, Grab und Katorga«. So lebte sie bis zu ihrem 75. Lebensjahr, als man ihr, wie es Ehrenburg nennt, »Gerechtigkeit« widerfahren ließ, immer zwischen »Angst und Muse«.
Sie hatte es, hellsichtig und ohne Illusionen, bereits 1936 vorausgesagt, als sie Ossip Mandelstams Zimmer in der Verbannung in Woronesh beschrieb:

Jedoch in des verbannten Dichters Zimmer
stehn wechselnde Angst und Muse ihre Wacht.
Nun kommt die Nacht,
Und einen neuen Morgen kennt sie nimmer.

16. 4. 1984

Schon vorgestern hörte ich in AFN, was die DDR-Nachrichten-Agentur über die Auswanderer berichtet hatte: Sie würden im Westen schlecht aufgenommen. »They told«, hieß es, »that East German emigrants had second class jobs, and that they had rats in their flat.«

Gestern besuchte ich meinen Bruder. Er war gerade erst aufgestanden, hinter ihm lag ein Nachtdienst im Rettungsamt und er stand gähnend in gestreiften Schlafanzughosen am Küchentisch und bediente die Kaffeemaschine. »Übrigens«, fragte er mich, »interessiert es dich, was unsere Zeitungen neuerdings über die Ausreisenden bringen?« Er reichte mir ein zerfleddertes Exemplar der ›Berliner Zeitung‹. Die DDR bedient sich gern westlicher Informationen, allerdings nur, wenn sie in die derzeitige Kampagne passen. Diesmal wurde ›Die Zeit‹ als Materiallieferant benutzt. ›Die Zeit‹ hat ehemalige DDR-Bürger interviewt, die im Westen nicht zurechtkommen: einen 58jährigen LPG-Vorsitzenden, der von Sozialhilfe lebt, einen ehemaligen Chefarzt, der nur eine Assistenzarztstelle fand, und einen jungen Mann, der als Tagelöhner bei reichen Bauern arbeiten muß. Ein jeder, der aus einem Land in ein anderes emigriert, stößt dort auf Schwierigkeiten. Vielleicht haben manche DDR-Bürger Illusionen über die Welt, in die sie nun kommen, und vielleicht erhoffen sie sich dort etwas Grandioses und Glänzendes. Aber viele gehen sehr ungern, denn wer verläßt leichten Herzens das Land, in dem er einen Teil seines Lebens verbrachte und mit dem er vielfältig verbunden ist?

Wem es zu unerträglich wird, der muß gehen, egal, ob gern oder ungern. Gerade, daß Menschen sie verlassen, obwohl sie woanders nicht mit einer gesicherten Existenz rechnen können, spricht gegen die DDR.

Die Schreckensmeldungen der ›Berliner Zeitung‹ sollen, ebenso wie das Interview mit Hermlin, die Millionen Ausreisewilligen von der Ausreise abbringen. Auch uns wurde in Gesprächen mit Funktionären drohend angekündigt, wir würden im Westen unseren hohen Lebensstandard einbüßen. »Ihr werdet euch wundern«, prophezeite die Genossin Rosi Willumat, »wie hart das drüben ist!« Aber gerade hierin unterschied sich unser DDR-Alltag von dem der Genossin Willumat; sie hat Härte nie kennengelernt, weil sie stets weich und sicher im Apparat eingebettet war; wir waren auch in der DDR ohne Netz. Wir kennen nichts anderes als Arbeit, und zwar produktive, ergebnisreiche Arbeit, nicht Administrieren und Kontrollieren, Telefonieren und Anordnen vom Sessel aus, im staatlich bezahlten, beleuchteten und beheizten Büro. Unser Alltag war riskant und alle freiberuflichen DDR-Bürger leben so, seien sie Künstler, Handwerker oder kleine Geschäftsleute.

Die freien Berufe und die im Leistungslohn stehenden Arbeiter erhalten nur für real abrechenbare Leistungen Geld. Im Unterschied dazu leben Hunderttausende kleinere, mittlere und höhere Funktionäre in einem anderen Stil. Ich war oft verblüfft, wie leger es in Institutionen, Verlagen und Behörden zuging, wobei leger das wohlwollendste Wort ist, daß mir hierzu einfällt. Wer an dieses Leben gewöhnt ist, wer während der Bürostunden zum Friseur gehen und umfangreiche private Einkäufe erledigen kann, wer stundenlange Telefongespräche und willkürlich und endlos verlängerte Pausen für normal hält, und wer täglich mehrere Stunden in ergebnislosen Sitzungen vertrödelt, den schreckt das »erbarmungslose Leben« in der westlichen Leistungsgesellschaft.

Ein im Apparat beschäftigter DDR-Bürger hat es nicht nötig, etwas zu leisten, weil allein die Zugehörigkeit zu diesem Apparat seine Existenz sichert. Und dort liegen die wirklichen Reserven der DDR: im Apparat, der in ständiger Ausdehnung begriffen, und dessen Leistungsfähigkeit erbärmlich ist. Die Produktionsarbeiter sitzen stundenlang an stillstehenden Fließbändern, weil der Apparat, trotz heißlaufender Telefone, hektischer Scheinbetriebsamkeit und tonnenweise für Rundschreiben verbrauchten Papiers, nicht in der Lage ist, einfachste Materialien pünktlich herbeizuschaffen. Der Alkoholismus während der Arbeitszeit wird vom Apparat begünstigt, wenn ganze Brigaden und Bautrupps untätig herumsitzen, weil ein Brett oder ein Karton mit Schrauben fehlt. Ich erlebte als Oberschüler, wie im Funkwerk Berlin-Köpenick mehrere hundert Arbeiter einen Tag lang ohne Beschäftigung waren, weil ein Kleinlaster mit irgendwelchen Ösen auf der Autobahn Motorpanne hatte. Selbstverständlich müssen die drükkendsten Rückstände in Überstunden und Subbotniks nachgeholt werden, und selbstverständlich geschieht das auf Kosten der Arbeiter.

Sogar Lenin begriff während der letzten Monate seines Lebens, daß der Apparat nicht funktionierte, möglicherweise begriff er sogar, daß er gar nicht funktionieren konnte. War diese späte Erkenntnis der Grund für die von Professor Ossipow, einem der Ärtze Lenins, beobachtete »trübe Stimmung?« – »Er saß stundenlang nachdenklich da, manchmal traten Tränen in seine Augen . . .«

Zwischendurch beschäftigten ihn dringliche Tagesfragen: Wie konnte er die Georgier und Armenier vor den Übergriffen der Zentrale beschützen, die dort in Person Ordshonikidses und Stalins unbedenklich schaltete und waltete, wobei Ordshonikidse einen georgischen Funktionär »tätlich angriff«, wie konnte er die Erhebung Stalins zum Generalsekretär verhindern, wie konnte er »den Apparat verbessern«.

Stalin wurde Generalsekretär, Ordshonikidse erschoß sich, ehe man ihn verhaften konnte, der von ihm »tätlich angegriffene« Georgier wurde im Lager ermordet, der Apparat geriet in die Hände von Desperados, und besser wurde er dadurch nicht, besser wurde er bis heute nicht. Am 26. Dezember 1923 diktierte Lenin seiner Sekretärin Vorschläge zur Rettung des »Apparates, der unter aller Kritik ist«. Erste Maßnahme: Vergrößerung des ZK von 50 auf 100 Personen. Zweite Maßnahme: Verstärkte Aufnahme von Produktionsarbeitern in die Zentrale. Wußte Lenin nicht, daß diese Therapien vergeblich waren? Denn ein Arbeiter, der ins ZK aufgenommen wird, ist kein Arbeiter mehr. Er hat fortan andere Interessen und Aufstiegsmöglichkeiten, er vergißt schnell, daß er noch vor kurzem in einer Maschinenhalle gestanden hat und wendet sich den blinkenden Wasserkaraffen, ledernen Aktenmappen und rotgedeckten Tischen der Sitzungssäle zu. Und das ist so, weil er ein Mensch ist. Aus diesem Grunde mißtraute Lenin den ehemaligen Arbeitern im Apparat und verlangte sie auszuwechseln. »Die Arbeiter, die ins ZK aufzunehmen sind«, diktierte er, »dürfen nicht unter jenen Arbeitern ausgewählt werden, die einen langen Sowjetdienst durchgemacht haben.« Aber was hätte für einen ehemaligen Arbeiter-Funktionär die Auswechselung durch eine frische Kraft bedeutet? Zweifellos soziales Deklassement. Eben war er der elenden Kommunal-Wohnung mit der Gemeinschaftsküche, dem Gestank nach gebratenem Dorsch und den zerrüttenden Zankereien mit den Nachbarn entronnen, trug einen Anzug, besaß einen Füllfederhalter, ein Schlafzimmer aus karelischer Birke war ins Auge gefaßt, da sollte er alles mit einem Schlage wieder verlieren? Dachte Lenin, als er befristete Funktionen vorschlug, an den Rat der Zehn in der mittelalterlichen Republik Venedig? Sicher, dort hatte es gut funktioniert, daß die Ratsmitglieder jährlich abgewählt wurden. Doch die Mitglieder des Geheimen Rats waren reiche Reeder und Kaufherren, die durch ihre Amtsenthebung keinen existentiellen Schaden erlitten. Die Funktionäre des leninschen Apparates waren dagegen zu allem entschlossen, um des Minimums an sozialer Sicherheit nicht wieder verlustig zu gehen. Und das hieß nicht bloß, dort zu bleiben, wo man schon saß, es hieß zwangsläufig, weiter aufzusteigen, immer höher, bis dorthin, wo die Sonne der Macht schien, wo man sicher und unantastbar, wo man ein großer Herr, vielleicht eine Art Gott wurde, wie der arme Schusterssohn Josef Dshugaschwili, genannt Stalin, der realistischer als Lenin dachte und alles hinwegfegte, was ihm in den Weg kam. Stalins beispiellose Karriere entblößt die schwächste Stelle dieses Systems, den Parteizentralismus, einen Rückfall aus dem zwanzigsten Jahrhundert in die Zeiten mesopotamischer Priesterstaaten, ein Relikt, das die Sowjetunion, dieses reiche und gesegnete Land, wie eine steinerne Kruste umschließt.

Ich erinnere mich an einen großen, künstlich beleuchteten Raum, dessen Fenster den Fernsehturm und Teile der Rathauspassagen zeigen. Der Raum war mit weichem Spannteppich ausgelegt und mit schallisolierenden Platten verkleidet. Der Straßenlärm wurde verschluckt, und wenn in diesem Raum geschwiegen wurde, hörte man nichts als das Brummen einer elektrischen Anlage.
Hielt man sich hier länger als eine halbe Stunde auf, wurde einem die Luft knapp. Daher hat der Parteisekretär, ein junger Mann mit Brille und Bart, während der Versammlung nicht zu rauchen.
Der Genosse Dr. Herbert Szygulla vom Zentralvorstand referierte ausführlich und mit Genuß. Er stand breit vor uns, die kompakten Hände auf die Platte des Rednerpultes gestützt und redete: »Der Genosse Honecker hat auf der Beratung mit den ersten Sekretären der Kreisleitungen nochmals auf die außerordentlich bedrohliche internationale Lage hingewiesen. Der amerikanische Imperialismus versucht, seine ins Wanken geratene Vormachtstellung um jeden Preis aufrecht-

zuerhalten. Er bedient sich dazu aller Mittel, auch der unmenschlichsten.« Ein Blick aus kleinen, tiefliegenden Augen schweifte vom Rednerpult über das Auditorium. Szygulla war mit der Wirkung seines Referats zufrieden, er tauschte mit einigen Genossen im Präsidium Blicke des Einverständnisses. »Die angespannte Lage, Genossen, erfordert natürlich auch von jedem von uns eine klare Stellungnahme. Jeder muß sich fragen, auf welcher Seite der Barrikade er eigentlich steht. Die Friedensoffensive der sozialistischen Staaten, unter der bewährten Führung der Sowjetunion, wird leider von einigen dahingehend falsch verstanden, daß sie glauben, es wäre Gelegenheit, pazifistische Parolen aus der Mottenkiste der Geschichte hervorzukramen.« Szygullas Blick war diesmal belustigt. Er hob den massigen Kopf mit dem von der Rasur glänzenden Kinn, schob seinen Bauch näher an das Rednerpult und ließ ein künstliches Lachen hören: »Aber diese Herrschaften haben sich verrechnet. Wir werden uns mit ihnen auseinandersetzen, notfalls mit der entsprechenden Härte. Der Genosse Honecker hat das hervorgehoben, als er sagte, daß die Einheit und Reinheit der Partei jetzt, in dieser durch den Imperialismus hervorgerufenen angespannten Lage, wichtiger ist denn je.« Das farblose Gesicht des Parteisekretärs, der wenige Schritte von Szygulla entfernt im Präsidium saß, nahm einen gequälten Ausdruck an. Seine Nachbarin, eine Genossin von der Kreis-Revisionskommission, machte sich eifrig Notizen in ein gelbes Heft.

Ich erinnere mich an die Gesichter im Publikum. Über allen lag ein trüber Schleier, manche schienen in Trance versunken, andere zeigten betonte Munterkeit. Eine junge Genossin, westlich gekleidet, lächelte unbestimmt.

Szygulla war beim nächsten Blatt des Manuskripts seiner Rede angekommen. »Genossen, machen wir uns doch nichts vor: Es ist dem Gegner gelungen, einige

Verbandskollegen zu verunsichern. Der Brief, den die Kollegin Bohley an den Geossen Honecker gerichtet hat, und in dem sie pazifistische Forderungen stellt, ist dafür ein beredtes Zeichen. Wir werden mit diesen Kollegen reden, aber unsere Geduld ist nicht unbegrenzt. Die Zeit der Diskussionen ist vorbei. Wer sich den Anforderungen, die von der sozialistischen Gesellschaft an uns gestellt werden, weiterhin hartnäckig verschließt, leistet objektiv der Offensive des Gegners Vorschub. Von solchen Kollegen, und ich sage das hier ganz offen, liebe Genossen, werden wir uns trennen müssen . . .«

Die Diskussion, zu der wir nach Szygullas Referat vom Parteisekretär aufgefordert wurden, begann schwerfällig. Die Genossin Elly Müller erklärte, sie stimme »den Ausführungen des Genossen Szygulla vollinhaltlich zu«. Während ihres kurzen Diskussionsbeitrages war am Tisch des alten Genossen Fritz Bluhda Rascheln und Rumoren zu hören gewesen, und kaum hatte Elly Müller Platz genommen, ertönte seine kreischende Stimme: »Ich melde mich zu Wort . . .«

Durch den warmen, schläfrigen Raum ging ein leises Stöhnen. Bluhda schob mit einer energischen Bewegung der kleinen, harten Hände seine Krücken von sich, ergriff ein zerknittertes Papier und begann: »Genossen, ich bin seit fünfzig Jahren Mitglied der Partei der Arbeiterklasse, aber etwas derartig Beschämendes, wie unsere letzten Versammlungen, habe ich noch nicht erlebt. Die Parteileitung schläft! Die ideologische Konterrevolution marschiert, und hier wird so getan, als wäre alles in Ordnung. Aber wie konnte es dann geschehen, daß der Verräter Pahl noch vor drei Monaten im Präsidium gesessen hat? Ich war damals dagegen, Pahl in die Parteileitung zu wählen, und das habe ich dann in einem Brief ans ZK schriftlich dargelegt. Warum hat niemand dem Verräter Pahl die Maske vom Gesicht gerissen? Er hat gestern in einer Talk-Show des West-

Fernsehens die DDR verunglimpft! Warum schweigt ihr dazu? Wo sind die leninschen Prinzipien der Parteiarbeit? Ich verlange, daß die Parteileitung Selbstkritik übt, weil sie es an Wachsamkeit hat fehlen lassen. Wie konnte es möglich sein, daß der Verräter Pahl hier im Präsidium saß? Ich habe darüber ein Memorandum an den Genossen Hager geschrieben, das ich jetzt verlesen werde: ›Lieber Kurt! Mit Empörung und Abscheu habe ich den Verrat des Malers Bernfried Pahl...‹«
Hier wurde Bluhda vom Parteisekretär unterbrochen: »Fritz, unsere Zeit ist leider begrenzt. Kannst du uns dein Memorandum nicht zu lesen geben, und wir fahren jetzt in der Diskussion fort?«
Bluhda hielt die Hand hinter sein linkes Ohr, in dem ein Hörgerät installiert war, verzog das Gesicht und fragte: »Wie? Was wollt ihr?«
»Fritz, wir bitten dich«, sagte der Parteisekretär etwas lauter, »dein Manuskript schriftlich bei uns einzureichen, damit wir jetzt nicht zu viel Zeit verlieren.«
»Aber ich verlange eine Stellungnahme!« Bluhda fuchtelte mit seinen kleinen, verkrümmten Fingern in der Luft herum. »Ihr habt weder meine Eingabe vom 6. 12. 1978, noch meinen Brief an den Genossen Kaczmarek vom 5. Mai beantwortet! Sind euch meine Fragen unangenehm? Ich verlange eine Stellungnahme der Parteileitung dazu, daß sie es an Wachsamkeit fehlen läßt und der Konterrevolution Tür und Tor öffnet...« Ein Lachen aus dem Hintergrund ließ Bluhda zusammenfahren. Er drehte sich ruckartig um und ergriff eine seiner Krücken, die er mehrmals heftig auf den Fußboden stieß. »Die Parteiarbeit«, kreischte er, wobei sein Gesicht vor Entrüstung erbleichte, »ist *zusammengebrochen!* So etwas wie der Fall Pahl...« An dieser Stelle erhob sich die Bildhauerin Friedegund Münsinger und rief mit heiserer Stimme: »Ach weeßte Fritz, du erzählst hier ooch schon immer detselbe... Mann, det dir det nich selber langweilig wird!« Bluhda verstumm-

te. Auch Friedegund war eine alte Genossin und er hatte von ihrer Seite nicht mit einem Überfall gerechnet. Er sah sich plötzlich von Feinden umstellt, die ihn daran hindern wollten, die Genossen wachzurütteln. Lässigkeit, Liberalismus und Schwäche machten sich breit, und Fritz Bluhda, ehemaliges Mitglied der Assoziation proletarisch-revolutionärer Künstler, ein in den Klassenkämpfen gestählter Genosse, kam nicht mehr zu Wort. Fritz Bluhda warf einen gehetzten, fassungslosen Blick in die Runde, lehnte sich in seinen Stuhl zurück und schob den Unterkiefer vor. Er glich einem vorsintflutlichen Lebewesen. Die Versammlung kehrte wieder in ruhigere Fahrwasser zurück, es wurden Diskussionsbeiträge gehalten und Maßnahmen beschlossen. Ich saß auf einem Stuhl im Hintergrund des schallisolierten Raumes und dachte: Das glaubt mir kein Mensch.

16. 4. 1984

»Wenn man es weiß, kann man nicht mehr bleiben«, sagte heute Hochwürden Gerhard Grünstein, Pfarrer von St. Johannes, im Gespräch zu meiner Frau. Wenn man es weiß. Das Alter, in dem die Leute dahinterkommen, würde immer geringer. Früher lag es zwischen 25 und 30, heute sind es schon 18jährige. Zu Pfarrer Grünstein kommen die Kinder von Funktionären und Genossen, es kommen ehemalige Katholiken, die in den 60er Jahren von der Kirche weg zu den »fortschrittlichen Kräften« gegangen sind, es kommen halbe Kinder und gutsituierte DDR-Bürger, um sich taufen zu lassen. Wenn man es weiß, gerät man in einen Konflikt, den immer mehr Menschen nur durch die Ausreise lösen können. Politisches Märtyrertum ist nicht jedermanns Sache, in vielen Fällen wäre es verantwortungslos. Familienväter wollen sich und ihre Familie in Sicherheit bringen, denn wenn sie von Partei und Staat abgefallen sind, ist auch für ihre Kinder die gesellschaftliche Entwicklung beendet.

Meine Frau, von Hause aus katholisch, trat vor drei Jahren in die Partei ein, weil sie die Kommunistischen Parteien für Einrichtungen hielt, denen an Menschlichkeit gelegen war. Wir glaubten es beide. Swetlana Allilujewa schreibt, daß man die tatsächlichen Verhältnisse um so schwerer durchschaut, je höher die Kaste ist, der man angehört.
In unserem Bekanntenkreis verkehrte niemand, der politisch verfolgt wurde. Wir hielten die Berichte, die gelegentlich zu uns drangen, für Übertreibungen und »gegnerische Propaganda«. Wir wußten nicht, daß es in der DDR politische Häftlinge gab und erst, als wir vom Archipel GULAG erfuhren, hielten wir so etwas überhaupt für möglich. Bis zum Tag der Ausreise wußten wir nur Splitter der Wahrheit. Die Erinnerungen der Jewgenija Ginsburg warfen uns nachträglich um, denn erst jetzt begriffen wir, was es hieß, der und der sei im Lager. Das also hatten die Eltern von Adele Rosenstein, der Mann von Sweta Stern und John Heartfields Freund Sergej Tretjakow durchlitten, und dort waren sie umgekommen. Aber wenn das möglich war, war auch vieles andere möglich. Mit einem Mal öffneten wir unsere Sinne dafür und siehe, es geschah in unserer unmittelbaren Nähe. Der Mitarbeiter einer Bekannten verschwand, weil er einen Ausreiseantrag gestellt hatte. Eines unserer Modelle, ein halbverhungerter junger Mann, erzählte mir, während ich ihn zeichnete, von Verhören durch die Staatssicherheit. Man hätte ihn mit Kaffeetassen beworfen. »Mit Kaffeetassen?« fragte ich, »warum denn ausgerechnet mit Kaffeetassen?« »Ist doch egal, womit«, antwortete er, »außerdem war heißer Kaffee drin.«
Als Sabine von dem Gespräch mit Pfarrer Grünstein ins Atelier zurückkehrte, hatte ich einen Gast: meinen Schulfreund Wasja Cohn, den Sohn der Genossin Henriette. Wasja blieb vier Stunden, wir hatten ihn nicht eingeladen und waren beschäftigt, aber wir konnten

ihm nicht böse sein, denn er ist in der kasachischen Steppe, in der Katorga, geboren und unter diesem Stern steht sein Leben. Wasja ist ein Pechvogel. Seinen Posten als Rundfunkredakteur verlor er vor einigen Jahren unter geheimnisvollen Umständen. Es gab verschiedene Gerüchte, doch alle stimmten darin überein, daß Wasja wegen »Schädigung des Ansehens des Deutschen Demokratischen Rundfunks« fristlos entlassen wurde. Seitdem vagiert er, wenn auch ohne finanzielle Sorgen, und daher ist er nicht unbedingt gezwungen, auf Veränderung seiner Lage zu sinnen. Wasja hat einen Lagerkomplex. Er träumt davon, ein Buch zu schreiben, in dem der Leidensweg seines Vaters dargestellt wird. »Aber wo«, fragte ich ihn, »willst du das veröffentlichen? Etwa hier? Unser Landesvater schrieb in seinen Memoiren, sein erhebenster Eindruck von Moskau, wo er als junger Mann die Parteischule besuchte, sei ein Händedruck mit Stalin gewesen. Und da glaubst du im Ernst, er würde der Veröffentlichung eines Lagerbuches zustimmen?« Wasja weiß, daß ich recht habe. Ich kann zu ihm nicht sagen, was ich eigentlich sagen müßte: »Pack' deine Sachen und fahre zu deinem Bruder, zu deiner Großmutter oder zu deinen englischen Cousins, jedenfalls in ein Land, wo du die Geschichte deines armen Vaters schreiben kannst!« Ich bin Familienvater, habe einen Ausreiseantrag gestellt und weiß nicht, wer Henriette Cohn wirklich ist.

Dabei ist Henriettes Geschichte, die ihren verschollenen Mann in der Katorga suchte und fand, ein Jahrhundertstoff. Aber dieser Stoff geht verloren, weil nur Wasja ihn kennt, und weil Wasja zu gebrochen ist, um sich zum Weggehen aufraffen zu können. Roman Jakobson sprach von »vergeudeten Dichtern«. Wenn es nur die Dichter wären! Es sind Millionen von vergeudeten Leben, vergeudeten Stoffen; es sind Millionen Geschichten, für die sich die Nachwelt interessieren, und die sie nie erfahren wird.

Wasja redete sich seinen Kummer von der Seele und ging, genauso traurig, wie er gekommen war.
O Herr im Himmel, was sind das für Zeiten! Mein Schulfreund ist in Seelennöten, aber ich darf ihm nicht raten, meine Frau findet einen freidenkenden Mann nur im katholischen Pfarramt, jeder Schatten vor dem Fenster läßt uns erbeben, wir sprechen am Telefon in verschlüsselten Sätzen, mein Vater enterbt mich, weil ich von Berlin-Ost nach Berlin-West umziehen möchte, und ich schreibe bei heruntergelassenem Rolleau, damit niemand es sieht...
Der Tag begann widerwärtig. Ich rief die Genossin Willumat an, weil ich noch immer kein Entlassungsschreiben von der Akademie erhalten habe. Rosi Willumat verwies mich an die Kaderabteilung, die Kaderabteilung verwies mich an die Sektion, die Sektion erklärte, Klemke müsse den Brief unterschreiben, die Genossin Willumat ihn aber aufsetzen, Rosi Willumat behauptete, dazu bedürfe es einer Genehmigung des Generaldirektors, das Büro des Generaldirektors verwies mich an die Kaderabteilung, und erst, als ich mit dem Büro Hager drohte, fand sich eine Genossin Lange, die versprach, bis morgen früh alles zu regeln.
Ich legte auf und war erschöpft und ratlos. Es gab niemanden, an den ich meine Wut adressieren konnte. Die armselig gekleidete Kettenraucherin in der Kaderabteilung und Rosi haben Angst vor dem Generaldirektor, der Generaldirektor hat Angst vor der Zentrale, alle haben vor allen Angst. Beim abendlichen Glas Bier oder Rotwein verliert sich diese alles bedeckende, alles erdrückende Angst für einige Stunden, halbentspannte Menschen vergessen und träumen beim Flimmern bunter Westreklamen von einer offenen Welt.
Wir sahen nicht fern. An den Abenden lasen wir stundenlang historische Literatur und die Bücher moderner

sowjetischer Schriftsteller, um dahinterzukommen, denn es ist schwer, etwas in Erfahrung zu bringen.
Viele wissen etwas, manche wissen viel. Die am meisten wissen, schweigen.
Auch Tutti Heartfield wußte viel, und je näher Krankheit und Tod auf sie zukamen, um so dringender war ihr Bedürfnis, darüber zu sprechen. In der Silvesternacht 1982, der letzten, die sie erlebte, erzählte sie uns die schreckliche Geschichte der Schauspielerin Carola Neher, einer Freundin Brechts, die in die Sowjetunion emigrierte und dort verschwand. In der »Arbeiter Illustrierten Zeitung« erschien ein Foto, das Carola Neher mit ihrem zehn Monate alten Sohn auf den Armen zeigt. Die Bildunterschrift: »Ich hatte seit langem den Wunsch ein Kind zu haben ... erst in der UdSSR konnte ich den Wunsch in Erfüllung gehen lassen.«
Diese Seite aus der AIZ ist in dem DDR-Buch »Exil in der UdSSR« faksimiliert. In diesem Buch werden die Ereignisse der Jahre 1936 bis 1938 mit keinem Wort erwähnt. Die Biographien brechen jäh ab, die Menschen verschwinden noch einmal, damals im Lager, heute aus den Geschichtsbüchern.
Carola Neher wurde verhaftet und ihr Mann erschossen. Ihr kleiner Sohn kam zu Pflegeeltern in ein sibirisches Dorf. Wer seine wirklichen Eltern waren erfuhr er nicht; sie waren »Volksfeinde«, und es war gefährlich, ihre Namen überhaupt zu erwähnen.
Carola Neher kam ebenfalls in der Sowjetunion um.
Auf dem steinernen Stern gibt es ein Prinzip: Worüber man nicht spricht, das hat nicht existiert. Es gab keine Güterzüge, die im Morgennebel auf polnischen Grenzbahnhöfen hielten und deren Insassen von einem NKWD-Offizier direkt der SS übergeben wurden. Es ist leicht, diese Geschehnisse vergessen zu lassen, weil es kaum noch lebende Zeugen gibt.
Margarete Buber-Neumann überlebte das deutsche

Konzentrationslager. Diese ging in den Westen, um ihr Buch »Als Gefangene bei Hitler und Stalin« zu schreiben. Wer erinnert sich der Schauspielerin Carola Neher? Sie kam um, irgendwo unterwegs, in einem Durchgangslager. Sie soll an Typhus gestorben sein.

Brecht, Carola Nehers Jugendfreund, fuhr in den fünfziger Jahren nach Moskau, die ›Prawda‹ berichtete darüber, und im fernen Sibirien erfuhren die Pflege-Eltern des Sohnes von Carola Neher davon. Sie weihten den jungen Mann in sein Geheimnis ein. Nur in seins? Oder sagten sie ihm sogar die ganze Wahrheit, daß nicht nur seine Mutter und sein Vater, sondern Millionen Menschen so sinnlos zu Grunde gegangen waren? Eines spricht dafür: die Hartnäckigkeit, mit der Carola Nehers Sohn von nun an versuchte, Brecht in Berlin zu besuchen. So verständlich es ist, daß er einen Menschen sehen und sprechen wollte, der seine Mutter kannte, so wenig scheint dieser Grund ausreichend, einen jahrelangen Kampf gegen sowjetische Behörden zu motivieren. Es scheint, als ob dahinter mehr steckte, nämlich generelles Entsetzen.

Briefe gingen hin und her, und Brecht bemühte sich seinerseits bei den Ost-Berliner Stellen, die Einreise des jungen Mannes zu erwirken. Jahre vergingen und Brecht starb, ohne sein Ziel erreicht zu haben. Er bat zuvor seine Witwe, die Schauspielerin Helene Weigel, sich des Falles anzunehmen. Doch auch Helene Weigel starb darüber. Sie hinterließ diese Angelegenheit Elisabeth Hauptmann, einer Mitarbeiterin Brechts. Und als auch diese starb, blieb nur noch Tutti, um die Sache zu Ende zu bringen. Sie erreichte es ihrerseits nach langen Mühen, und eines Tages war Karola Nehers Sohn da.

»Wie lange«, fragten wir, »hat es insgesamt gedauert?«
»Ich weiß es nicht mehr. Es waren fünfzehn Jahre, vielleicht auch mehr...«
»Kannst du dir einen Grund dafür vorstellen?«
»Es ist möglich, daß sie etwas geahnt haben.«
»Was?«
»Daß er nicht mehr zurückkommt.«
»Ist er nicht mehr zurückgekommen?«
»Nein!«
»Und wo ist er jetzt?«
»In München.«
»Wie denn das?«
»Er wollte die Stadt kennenlernen, in der seine Mutter Theater gespielt hat.«
»Und da hat man ihn fahren lassen?«
»Ja, das ließ sich einrichten.«
»Will er dort bleiben?«
»Das weiß ich nicht. *Hierher* kommt er jedenfalls nicht mehr zurück.«
»Weißt du wie es ihm geht?«
»Ich habe ihn im vergangenen Jahr besucht, es geht ihm gut.«
»Wußte Brecht, daß er nicht bloß zu Besuch kommen wollte?«
»Ja, was denkt ihr denn? Er tat ihm doch leid. Es war klar, daß er dort nicht bleiben konnte.«
»Wart ihr darüber im Bilde, was in der Sowjetunion vorging?«
»Manches ist durchgesickert. Zum Beispiel wollten wir Tom, Johnnys Sohn, 1936 zum Studium nach Moskau schicken. Er kam drei Wochen später zurück, mit einem Brief von Tretjakow. Darin stand, daß sie Tom nicht bei sich aufnehmen könnten. Dann hörten wir zwanzig Jahre nichts von den Tretjakows, erst als die Tretjakowa aus dem Lager kam, erfuhren wir, daß man sie damals verhaftet hatte, Johnny litt nachträglich darunter,

daß er sich über Tretjakow geärgert hatte. Aber das war erst in den fünfziger Jahren. Vorher wußte kein Mensch was dort geschah . . .«

Der Blick aus dem Hotelfenster ging auf den »Gorki-Park für Kultur und Erholung«, dahinter lag der Fluß, und in der Ferne konnte man den spitz zulaufenden Turm des Hotels »Ukraina« erkennen. Vor dem Fenster stand ein goldfarbener drehbarer Ohrensessel und daneben ein kleines Tischchen mit einer Lampe und dem Telefon. Am Abend rief meine Frau aus Berlin an: »Tutti liegt im Krankenhaus!«
»Ist es schlimm?« fragte ich.
»Ja, ich habe den Eindruck, daß es nicht gut geht. Sie sieht wieder wie ein Kind aus. Meine Großmutter hatte diesen Ausdruck, ehe sie starb.«
Ich war am Vormittag in Moskau umhergefahren, um für Tutti Heartfield Verschiedenes zu erledigen. Sie hatte mir für Moskauer Freunde Bücher und Drucksachen mitgegeben und noch andere Geschenke, die in Päckchen und Tütchen verpackt waren. Es fiel mir schwer, die Adressen ausfindig zu machen, die in Tuttis steiler und altmodischer Handschrift auf Zettel gekritzelt waren: Das eine Haus existierte nicht mehr, das zweite wurde gerade rekonstruiert, und Frau Jelena Korotkina-Schumiljowa war – unbekannt wohin – verzogen.
Eine Institution, von deren Existenz Tutti überzeugt war, das »Pudowkin-Museum«, fand sich nicht an, und stundenlang irrte ich durch den bezeichneten Häuserblock, ohne eine Spur dieses Museums zu finden. Eine »Diensthabende«, die mit wollenen Tüchern umwickelt vor dem Haus auf einem Stuhl saß, dachte längere Zeit nach und sagte dann: »Versuchen sie es Korpus 9, 2. Aufgang, 6. Etage, dort wohnt eine alte Schauspielerin. Vielleicht weiß sie etwas.«
Auf dem Fensterbrett des Treppenabsatzes standen zwei leere Wodkaflaschen. Die mit grüner Ölfarbe gestrichene Tür wurde einen Spalt geöffnet und eine Frauenstimme fragte träge: »Was ist?«
»Entschuldigen Sie bitte die Störung, aber wissen Sie, ob hier das Pudowkin-Museum ist?«

»Woher kommen Sie?«
»Aus der DDR.«
»Also Deutscher!«
Die Tür schloß sich – ich fürchtete für immer – aber sie öffnete sich sogleich wieder, nachdem die Frau die Sperrkette ausgehakt hatte. Vor mir stand im gnadenlosen Licht der Vormittagssonne eine unfrisierte, dicke alte Frau in schmutziger Kittelschürze. »Kommen Sie bitte herein und erklären Sie mir alles genau.«
»Danke, aber ich habe wenig Zeit ...«
»Kommen Sie herein!«
Im Korridor standen an die fünfzig Paar Schuhe, Herrenstiefeletten, Halbschuhe, Sandaletten, Stiefel und Pantoffeln, kreuz und quer. Hinter einem Vorhang aus hölzernen Kugeln lag ein Zimmer, in dem ich undeutlich ein ungemachtes Bett erkannte, einen Tisch und einen Stuhl, über dessen Lehne ein Kleidungsstück hing.
Die Frau zerteilte diesen Vorhang mit der Hand und wies in das Zimmer. Ich begriff plötzlich, daß es schwer sein würde, die Wohnung wieder zu verlassen.
»Erfrischen Sie sich bitte, ich koche uns Kaffee.«
»Aber ich habe wirklich sehr wenig Zeit.«
»Dort ist Obst – erfrischen Sie sich.«
Auf der Wachstuchdecke des Tisches lagen Weintrauben, Birnen und eine Melone, frisch und saftig, und offenbar eben vom Markt geholt. Zu meinem Schrecken erschien die Gastgeberin mit einer Flasche Wodka. Es war 11 Uhr vormittags, und ich war für 13 Uhr im Atelier der Akademie mit sowjetischen Aspiranten verabredet, und auch das Akademiemitglied Schlestakow wollte zu diesem Treffen kommen; ein hochbetagter Herr, den ich unmöglich warten lassen konnte. Ich beschloß, der Gastgeberin reinen Wein einzuschenken: »Wissen Sie, ich bin in zwei Stunden mit Professor Schlestakow verabredet ...«
»Oho, Schlestakow! Wanja Schlestakow. Ja, ich vereh-

re ihn sehr! Er war damals ein sehr interessanter Mann.«
Die Frau war nicht nüchtern. Sie war verkatert und hatte schon etwas gefrühstückt, um den Kater zu vertreiben.
»Kommen Sie, trinken wir einen Schluck. Wenn Sie wollen – auf Schlestakow.«
»Auf Ihre Gesundheit!«
»Nein, auf Ihre Gesundheit ... Was suchten Sie noch gleich, das Majakowski-Museum?«
»Nein, das Pudowkin-Museum.«
»Aha, Pudowkin ... Ja, den kannte ich auch ... Und das soll hier sein?«
»Angeblich in diesem Haus ...«
»Nein, davon habe ich noch nichts gehört. Aber irgend etwas war noch hier ... Ja, Meyerhold hat hier gewohnt, ich glaube, zwei Aufgänge weiter ... Kennen Sie Meyerhold?«
Ich nickte.
»Ja, er wohnte hier ... damals, bevor sie ihn holten.«
Ich sagte nichts.
»Wissen Sie, wir trinken noch einen, dann rufe ich jemanden an, einen alten Bekannten, einen Schriftsteller ... er wird sich freuen, mal wieder meine Stimme zu hören. Er kannte Meyerhold.«
»Aber ich suche doch das Pudowkin-Museum ...«
»Ja, das wird er auch wissen ...«
Die Frau verschwand, und ich hörte sie in einem anderen Zimmer der Wohnung telefonieren. An der Wand hing ein großes Foto. Es zeigte eine Dame im Reitkostüm, mit steifem Hut und halbem Schleier, und es stammte offensichtlich aus einem Film. Die Frau war schön.
»Nein, nein!« hörte ich aus dem anderen Zimmer, »Grischa ist gestern Nacht weggegangen ... Was? Ich doch nicht! Ach Unsinn ... Nein, das war nicht Grischa ...«

Vom Pudowkin-Museum keine Rede.
Nach einer Viertelstunde erschien meine Gastgeberin in der Tür, schob den Vorhang beiseite und erklärte: »Er sagt, es gibt kein Pudowkin-Museum ... Er will Pudowkin nicht gekannt haben. War es überhaupt Pudowkin?«
»Ja.«
»Nein, Meyerhold wohnte hier. Ich kannte ihn auch, habe mit ihm gearbeitet.« Sie wies auf das Foto an der Wand: »Sehen Sie, das war *ich!*«
Das konnte kaum wahr sein. Ich nickte unsicher.
»Ja, so sah ich aus. Aber was bin ich jetzt? Alt und ... ach!«
Sie nahm Strähnen ihres verfärbten Greisinnenhaares in die rechte Hand, mit der anderen winkte sie wütend ab. »Damals war ich schwarz ... Eine Schönheit. Meyerhold wollte mit mir arbeiten.«
Eine Pause folgte, in der ich nichts zu sagen wußte. Schlestakow würde sich jetzt meinetwegen auf den Weg machen, und ich saß hier.
»Aber essen Sie doch Obst!«
»Wissen Sie, ich muß gehen. Ich bin verabredet.«
»Ich weiß, mit Schlestakow. Er ist ein wunderbarer Maler, ich erinnere mich an seine Zeichnungen zu Lermontows ›Held unserer Tage‹ ... Kennen Sie die Ausgabe? Und wissen Sie, Schlestakow ist ein Mensch geblieben, ein wunderbarer Mann ...«
Ich erhob mich und dankte für die Bewirtung.
»Aber warten Sie doch, ich koche Kaffee.«
»Nein, entschuldigen Sie, ich muß gehen ...«
»Ach, Sie sind wie mein Schwiegersohn! So *engstirnig!* Sie kommen schon noch zurecht! Wir haben gestern abend etwas getrunken und dann ist er noch weggegangen ... Mein Schwiegersohn macht mir ständig Vorwürfe ... Wissen Sie, mir geht es heute nicht besonders, und ich möchte mich unterhalten. Stellen Sie sich vor, er ist einfach weggegangen ...«

»Ihr Schwiegersohn?«
»Ach, der doch nicht, den habe ich schon wochenlang nicht gesehen – er ist wie Sie – muß ständig irgendwohin, hat etwas Dringendes zu tun. Er ist engstirnig!«
Sie hatte sich dennoch erhoben und folgte mir zur Tür. Der Korridor war hell, und ich wunderte mich wieder über die vielen Herrenschuhe, die dort herumlagen. »Ja«, sagte meine Gastgeberin, »ich habe heute noch nicht aufgeräumt ... Meine Tochter hat hier übernachtet. Der Schwiegersohn ist dauernd unterwegs. Und da haben wir ein bißchen gefeiert ...«
»Sehen Sie das hier!« sagte sie plötzlich und blieb vor einem Regal mit Puppen stehen. Es waren Puppen und Figürchen aus aller Welt, chinesische, tschechische, französische, deutsche und russische. Die Puppen waren alt und einige von ihnen sehr kostbar.
»Das habe ich alles geschenkt bekommen. Damals, als ich noch auftrat.«
»Ist diese hier aus Japan?«
»Ja, ein Schauspieler brachte sie mir mit, er ist tot. Sie kennen ihn nicht. Sie sind zu jung. Warten Sie, gleich können Sie gehen ... Sehen Sie das hier noch an, eine Tänzerin aus Sumatra ... Ich liebe sie sehr.«
»Haben Sie nochmals herzlichen Dank. Ich muß jetzt gehen.«
»Ach, wie engstirnig, wie mein Schwiegersohn. Na, gehen Sie zu Schlestakow ...« Sie gab mir unwillig den Weg frei.
»Herzlichen Dank und Auf Wiedersehen ...«
»Auf Wiedersehen. Versuchen Sie es mit dem Meyerhold-Museum mal im vierten Aufgang. Dort hat er gewohnt ...« Die Frau trat aus ihrer Wohnungstür, machte einen Schritt auf mich zu und flüsterte: »Ich kannte ihn. Wissen Sie, es war eine schreckliche Zeit, niemand wußte etwas ... Na, alles Gute. Gehen Sie, Adieu.«

Eine Moskauer Bekannte machte das Pudowkin-Museum ausfindig und brachte Tuttis Päckchen dorthin, als ich im Süden war. Auf dem Rückweg besuchte ich sie. »Der Genosse dort, ein sehr sympathischer Mensch«, erzählte sie mir, »will der Genossin Heartfield einige Materialien schicken. Er ist jetzt auf einer Dienstreise. Sobald er zurückkommt, schickt er sie ab.«
Die Materialien kamen in Ost-Berlin an, als Tutti nur noch englisch sprach, einige Tage vor ihrem Tod, und als ich ihr im Krankenhaus davon berichten wollte, winkte sie ab: »No, no ...«

Monsieur Jean-Pierre Masson aus Lyon liebt es, in Moskau Feste zu feiern. »Sagen Sie Jean!« forderte er mich in schauderhaftem Englisch auf. Ich saß vorn neben Jura, Masson und eine mir unbekannte junge Frau auf der Hinterbank. Wir fuhren durch das Gewimmel der Straßen am alten Arbat. Überall waren Autos und Menschen, Frauen mit Einkaufstaschen fluteten in die Türen der Spätgeschäfte oder drängten sich in überfüllte Autobusse, die langsam von Haltestelle zu Haltestelle krochen. Es war früher Abend, und auf den Blechdächern der niedrigen Häuser und auf den goldenen Kuppeln der Kirchen lag rosiges Licht.
Die Verständigung zwischen uns war umständlich: Jura und die junge Frau sprachen französisch, aber nicht englisch, Masson zwar französisch und englisch, aber nicht russisch, und ich russisch und englisch, aber nicht französisch.
Jura hatte mich angerufen und gesagt: »Heute abend um 6 hole ich dich im Hotel ab.« Ich wußte weder wohin wir fuhren, noch kannte ich Masson und die junge Frau. Ich hatte auch keine Geschenke bei mir und unterschied mich darin von Masson: auf seinem Schoß lagen zwei prallgefüllte Plastiktüten aus einem Moskauer

Beriozka-Laden*. Wir hielten irgendwo, betraten einen Hausflur und fuhren mit einem Fahrstuhl. Die junge Frau öffnete eine Wohnungstür und führte uns durch einen unendlich langen Korridor in eine Küche.

Masson schien die Küche zu kennen. Er packte eine seiner Tüten aus und begann, ein französisches Gericht zuzubereiten. Die junge Frau assistierte. Sie hieß Irina, und Masson machte ihr auf scherzhafte Weise den Hof, routiniert und obenhin. Irina trug einen hellen Kaschmirpullover, sandfarbene Cord-Hosen und westdeutsche Schuhe.

Jura öffnete Bierdosen aus Massons Beriozka-Tüten und holte aus dem Kühlschrank die unvermeidliche Flasche Stolitschnaya und einen gedörrten Fisch, von dem er Stücke abbrach und uns herüberschob. Es wurde gemütlich. Nach zwei Gläsern Wodka stellte sich heraus, daß Irina ein wenig Deutsch sprach. Damit war der Kreis noch einmal geschlossen; ich konnte wählen, ob ich meine Mitteilungen russisch an sie oder Jura machte, die sie dann Masson ins Französische übertrugen, ob ich mit Masson Englisch sprach, der es für Jura und Irina ins Französische übersetzte, oder ob ich mit Irina Deutsch sprach, die es dann wiederum in Französisch an Jura und Masson weitergab. Es war auch möglich, daß Jura, Irina und ich russisch sprachen, aber dann war Masson vom Gespräch ausgeschlossen.

Doch es ergab sich ganz anders, denn Jura und Irina wollten um jeden Preis französisch sprechen, die alte Sprache der russischen Oberschicht. Das war die für mich ungünstigste Variante: Nun war ich vom Gespräch ausgeschlossen. Wenn mein Lächeln mühsam und höflich wurde, unterbrachen die drei ihre Runde, und entweder wandte sich Irina auf Deutsch, Masson auf Englisch oder Jura auf Russisch an mich.

Als noch jemand erschien, eine gewisse Alla, die nur

* Einkauf nur mit Devisen. Anm. d. R.

russisch sprach, entstand die Notwendigkeit, simultan zu übersetzen, denn Alla konnte sich mit Masson überhaupt nicht verständigen. Sie hatte eine große Schüssel mit pflaumenblauen moldawischen Weintrauben und Masson holte aus seinen Beriozka-Tüten immer neue Überraschungen hervor: roten Bordeaux, Dunhill-Zigaretten und Schweizer Schokolade. Nur ich hatte kein einziges Geschenk bei mir und verfluchte Jura. Warum hatte er mir nicht gesagt, daß er mich zu einer Abendunterhaltung mitnahm? Und warum fand dieses Treffen nicht in Juras Wohnung statt? Wo waren wir überhaupt? Ich erfuhr es nie.

Masson begann gegen zehn Uhr abends zu singen. Alle außer mir schienen Masson und seine Lieder zu kennen, französische Rundtisch-Gesänge, und selbst Alla fiel mit ihrem »Oui, oui, oui, non, non, non« stets an der passenden Stelle ein. Auf dem Tisch standen Salatschüsseln, Teller mit Piroggen, Schalen mit Obst, eine Platte mit geräuchertem Lachs, Rotweinflaschen und Wodka- und Biergläser. Jura knipste die schwedische Hängelampe aus und unvermutet leuchteten die tausend Fenster der gegenüberliegenden Hochhäuser in unsere Küche. Es klingelte wieder. Noch eine junge Dame trat auf: Alina. Sie trug ein schwarzes Jackett und einen weißen Seidenschal. Ihr Handgelenk zierte eine Schweizer Digitaluhr, und erst jetzt fiel mir auf, daß auch Irina eine solche Uhr trug.

Auch Alina kannte die Küche. Sie entnahm den Schränken mit geübtem Griff alle Zutaten, die man braucht, um armenischen Kaffee zu kochen. Der Kaffee war heiß, stark und süß. Masson öffnete eine Flasche französischen Kognak, und ich sah mit Erleichterung, daß seine Tüten sich nun endlich leerten. Kaffee und Kognak taten ihre Wirkung: Masson begann wieder zu singen und französische Gedichte vorzutragen, wobei er mir jedesmal erläuterte: »That's Baudelaire« oder »That's Prevert«. Alla hörte zu, wie ich, ohne ein

Wort zu verstehen, aber die Schönheit und Musik dieser Gedichte bezauberten sie. Sie bat, etwas von Puschkin rezitieren zu dürfen. Es waren lange Passagen aus »Eugen Onegin«, und sie begann mit der Strophe:

Mein Onkel handelt gut und richtig,
jetzt plötzlich sterbenskrank zu sein ...

Alla rezitierte meisterhaft. Ihre Stimme wurde sanft, heftig, leichtfertig oder beschwörend und ihre Augen leuchteten:

Wohlan! – Sie fahren los, gelangen
ans Ziel und werden dort bereit,
erfreut und würdevoll empfangen
mit umständlicher Gastlichkeit.
Bewirtung hat was Hergebrachtes:
auf Schüsseln kommt erst Eingemachtes,
ein Krug wird danach hingestellt,
der Preiselbeerenwein enthält ...
Der Abend kommt, die Freunde scheiden,
und fahren heim beim Dämmerlicht.

Kurz nach zwei ging Alla zu Fuß in ihre nahegelegene Wohnung, Jura und ich begleiteten sie, und Jura hielt ein vorüberkommendes Auto an und nannte den Namen meines Hotels. Er ging wieder zu Masson, Alina und Irina zurück, ich stieg in das Auto, einen vor Altersschwäche schütternden Moskwitsch, der Fahrer, ein junger Mann im Jeansanzug, warf mir im Rückspiegel einen raschen Blick zu und schob eine Kassette mit Liedern von Leonhard Cohen in den Recorder. So fuhr ich durch die nächtliche Stadt, deren riesige Plätze und Prospekte jetzt menschenleer waren.
Es gab keine hunderttausend einkaufenden Moskauerinnen mit ihren Taschen und Kartons, keine Armenier und Grusinier, die ihr Obst auf die »Kolchosmärkte« brachten, und keine Schulmädchen in schwarzen Baumwollkleidern mit weißen Schürzchen und rosa

oder hellblauen Schleifen im Haar. Es fehlten die unförmigen braungestrichenen Brotautos, die tausend überfüllten Busse, die gelben Taxis und die kuriosen Kesselwagen, aus denen Kwas ausgeschenkt wird. Noch nie zuvor hatte ich Moskaus Straßen so menschenleer gesehen, und ich fühlte zum erstenmal, wie gigantisch diese Stadt war, wie geheimnisvoll und wie einmalig. Die »Diensthabende« schlief im Hotel-Korridor auf einem Klappbett, und auf dem Tisch stand eine Karte mit der Aufschrift: »Die Schlüssel sind bei der Diensthabenden der 9. Etage, Gen. Kisseljowa, in Empfang zu nehmen.«
Aber ich hatte meinen Schlüssel bei mir.

17. 4. 1984

Wie verabredet, rief ich die Genossin Lange an. Es war früh, neun Uhr, ich kam vom Schwimmen und fühlte mich schlecht. Die Ungewißheit unseres Schicksals zerrte an den Nerven. Ich hatte wenig und unruhig geschlafen und Alpträume hatten mich geplagt: ich war schon im Westen, aber es war dort nicht so, wie ich mit eigenen Augen gesehen hatte, es war gespenstisch und bedrückend. Niemand nahm Notiz von uns, die Menschen waren kaltschnäuzig und feindselig. Ich erwachte mit Schrecken.

Auch Sabine träumte: wir wären genötigt, in einer Parteikommission mitzuarbeiten, die sich mit »Linearer Optimierung« beschäftigte. Der Vorsitzende war ein Zwerg.

Die Genossin Lange druckste herum. Schließlich kam heraus, daß Generaldirektor Schnabel nicht gedachte, mir ein Dokument auszuhändigen. Schnabel kalkulierte richtig: das Fehlen dieses Dokuments bereitete mir später im Westen viele Scherereien. Ich war wütend genug, sofort im Büro Hager anzurufen. Die samtweiche Stimme der Genossin Dr. Hinkel teilte mir freundlich mit, Hagers Referent, der Genosse Rätz, sei nicht im Büro. Eine halbe Stunde später war er da, und ich trug mein Anliegen vor: »Sie haben mir geschrieben, daher wende ich mich an Sie. Ich wurde vergangene Woche endgültig, auf Beschluß des Präsidiums, aus der Akademie entlassen. Generaldirektor Schnabel weigert sich aber, mir das schriftlich mitzuteilen. Andererseits soll ich sofort meinen Akademieausweis abgeben, und ich möchte das nicht ohne schriftliche Bestätigung tun.«

Der Genosse Rätz antwortete: »Am besten machen Sie alles so, wie es die Akademie wünscht. Ich kann der Akademie keine Vorschriften machen.«

Ich fragte: »Sie würden also an meiner Stelle den Ausweis zurückgeben?«

»Ja, ich würde das noch heute tun. Dann geht alles am

schnellsten. Wissen Sie, ich erinnere mich an ähnliche Fälle, und eine schriftliche Mitteilung ist nicht üblich. Ich kann mich da nicht einschalten. Machen Sie alles so, wie es die Akademie verlangt, das wird das Beste sein.«
Die Angelegenheit mit dem Ausweis war demnach nicht Schnabels Schikane, sondern entsprach den Gepflogenheiten und hatte den Segen der Zentrale. In der Stimme des Referenten von Hager schwang gelinde Verwunderung über meine Ahnungslosigkeit mit. Aber woher sollte ich wissen, daß man Antragsteller unter der Hand aus den Institutionen entfernt, ohne offizielle Kündigung?
Ich rief mir ein Taxi und fuhr in die Akademie. Die Damen in der Kaderabteilung waren instruiert und nahmen mit versteinerten Mienen den Ausweis entgegen. Im Verband übergab ich unsere Partei-Dokumente und unsere Verbandsausweise. Ich traf einige Kollegen, alle wußten Bescheid und wünschten mir »Viel Glück!«
Am Nachmittag kam mein Bruder zu mir ins Atelier. Er hat heute seinen Ausreiseantrag gestellt und erzählte mir, was ich noch nicht wußte: daß man die Antragsteller neuerdings nötigte, ein Revers mit folgendem Inhalt zu unterschreiben: »Ich verpflichte mich, keinerlei Beziehungen zu Bürgern, Institutionen und Presseorganen westlicher Staaten zu unterhalten. Die Weitergabe von Informationen über die Bearbeitung meines Antrags gilt als Versuch, dem Antrag *erpresserischen Nachdruck* zu verleihen und wird strafrechtlich verfolgt.«
Der Versuch, Andersdenkende zu kriminalisieren, zieht sich wie ein roter Faden durch die Geschichte der sozialistischen Staaten. In den Zeiten des stabilen Stalinismus konnte man Millionen auf diese Art ausschalten. Im Prinzip hat sich nichts geändert: Wer der Zentrale den Rücken kehrt, ist kriminell. Allein das Stellen eines Ausreiseantrages bedeutet, daß man in irgendeiner Form der Ächtung anheimfällt. Für diejenigen, bei

denen die »Bearbeitung des Antrages« Jahre beansprucht, ist es eine Zerreißprobe, die oft über ihre Kräfte geht. Wenn sie im Westen ankommen, sind sie ausgelaugt und zerrüttet.
Wie würden wir drüben ankommen? Wie sehr würde man uns zuvor noch schröpfen und schikanieren? Sabine befürchtet, wir hätten den Antrag zu spät gestellt, weil alle Anzeichen dafür sprächen, daß die Welle verebbt sei. Während wir noch darüber sprachen, klingelte es.
Eine Frau in einem Kostüm aus Rundstrickware übergab uns an der Tür eine Vorladung. Man ersucht uns, morgen früh 9 Uhr im Rat des Stadtbezirks, Abteilung Inneres, zwecks »Klärung persönlicher Angelegenheiten« vorzusprechen.
Die Würfel sind gefallen.

Wir fuhren und fuhren. Die Chaussee brach ab, und der Kleinbus rumpelte auf einen endlosen steinigen Weg, der zur Landzunge führte. Der Landstrich war hart: Steine, Geröll und gelbliche Gräser. Der Sewan-See schimmerte gläsern, und die Luft stand still. Am Ende der Landzunge lagen drei oder vier würfelförmige Häuser aus rotem Tuff. Das größte von ihnen war unmittelbar am Wasser erbaut, von der Terrasse führten drei steinerne Stufen hinunter zum Schwarzen Strand. Der Bus hielt im Schatten. Wir stiegen aus, benommen und durchgerüttelt, und vor uns erschienen drei Menschen: ein kleiner dicklicher Mann in karierten Hosen und weißer Schürze, eine junge Frau und noch ein Mann, der sich vorstellte: »Ich bin Valeri Antonowitsch, der Direktor des Hauses.«

Am Strand lagen verrostete Tragflächenboote und hölzerne Liegestühle. Die Saison war vorüber, wir waren die letzten Gäste. Im Speisesaal summten schläfrige Fliegen. In der Mitte des Tisches prangte eine große Schüssel mit riesigen goldgelben Birnen und roten Granatäpfeln.

In den Nächten wurde es bitterkalt, und am Tage brannte die Sonne so unbarmherzig, daß die wilden Hunde sich im Schatten der Häuser verkrochen. Einer von ihnen wurde vom Koch »Bootsmann« gerufen. Sie waren hanffarben und struppig und trieben sich am Fuß der Berge herum. Wenn wir spazieren gingen, folgten sie uns, und nachts saßen sie unter den Fenstern und heulten.

Valerij Antonowitsch sorgte gut für uns. Am Morgen kam ein Motorboot mit aserbaidshanischen Fischern. Es waren harte Burschen mit braunen Gesichtern; sie trugen Pelzmützen und Lammfelljacken, denn auf dem See war es kalt. Als sie abfuhren, blieb am Strand eine Blechwanne mit Forellen zurück, und der Koch ging hinunter, um sie auszunehmen. Aber wir vertrugen das Essen nicht, wir vertrugen den Tee nicht, und das Wasser mußte abgekocht werden, ehe man es trank. Unsere Dolmetscherin Tamara, eine weißblonde Moskauerin, die stets einen Hut und altmodische Sommerkleider trug, fuhr mit Valeri Antonowitsch in ein mohamedanisches Dorf, um Wein zu kaufen. Der Wein war sauer, und wir ließen ihn stehen. Wir waren seit vier Wochen ständig unterwegs und fühlten uns schwach. Draußen brannte die Sonne, pfiff ein schneidender Wind, drinnen war es stickig und staubig. Die beiden mordwinischen Frauen, die jeden Tag kamen, um sauberzumachen, verbrauchten Stunden ihrer Zeit für den Weg aus ihrem Dorf und dorthin zurück. Ich frage Tamara: »Warum läßt Valerij Antonowitsch sie nicht mit dem Auto abholen?« Aber niemand wußte, wo Valeri Antonowitsch tagsüber war, er erschien erst am Abend, um mit dem Koch Billard zu spielen. Der Chauffeur war noch seltener zu sehen.

Wenn wir in eines der Dörfer wollten, um dort zu zeichnen, mußten wir es am Tage vorher Tamara sagen. Sie verhandelte mit Valeri Antonowitsch, und dann fuhren beide irgendwohin, um eine Genehmigung zu holen. Abends kam der Kleinbus zurück, in einer Staubwolke, die kilometerweit zu sehen war. Tamara stieg aus und teilte uns mit: »Es gibt da so ein Dorf. Sie können es am Horizont erkennen, aber es ist sehr arm. Wollen Sie dorthin?«

Natürlich wollten wir. Das Dorf war wirklich arm, es gab keine Kanalisation, die Frauen standen auf dem Dorfplatz an steinernen Trögen und wuschen das Geschirr. Magere Kälber, Enten und Hunde liefen herum und suchten in Abfallhaufen nach eßbaren Krumen. Unser Erscheinen war eine Sensation. Die Frauen standen vor den Toren ihrer Gehöfte, die Kinder umringten uns und die majestätischen Alten, die vor den Mauern in der Sonne hockten, wandten die Köpfe. Am Nachmittag wurde die Hitze unerträglich. Beim Zeichnen verbrannten meine Hände, und ich verspürte heftigen

Durst. Kinder brachten mir Äpfel. Sie baten um Kaugummi, aber ich hatte keine Kaugummis mehr. Wir fuhren zurück auf die Landzunge und aßen ohne Appetit. Irgendwie kamen wir dort nicht zurecht. Allergien suchten uns heim, Verdauungsstörungen und Hautausschläge. Die letzten Tage waren wir gereizt und gingen einander aus dem Wege.
Am Morgen des Abreisetages begann es plötzlich zu stürmen. Der See war schwarz und darüber türmten sich gigantische Wolkenberge. Als wir abfuhren regnete es, und später, als wir höher ins Gebirge kamen, begann es zu schneien ...
Die Herren in Jerewan waren überrascht über unser schlechtes Aussehen. Wir waren grün unter unserer Bräune und unsere Stimmen waren matt. »Hat es Ihnen dort nicht gefallen?« fragte der schnurrbärtige Verbandsvorsitzende. Wir antworteten unbestimmt. Es hatte uns tatsächlich nicht gefallen, aber eigentlich wußten wir nicht, warum. Tamara riß das Wort an sich. Die Toiletten seien katastrophal, das Essen unbekömmlich, die Zimmer schmutzig gewesen. Der Verbandsvorsitzende sah sie überrascht an. Wir versuchten, Tamara zu bremsen. Im Grunde genommen konnte niemand dafür, daß wir dort krank geworden waren. Es war auch keine richtiggehende Krankheit, eher eine Unpäßlichkeit. Der Koch hatte sich Mühe gegeben, es gab dreimal täglich Forellen, abends roten Krimsekt und Salate. Valeri Antonowitsch hatte sich Mühe gegeben, die albanische Kellnerin und der Chauffeur. Es gab einen Fernsehapparat und ein Billard. Dennoch bedrückte uns etwas, wir wußten nicht was; aber es lag in der stillstehenden Luft, in der unendlichen Weite, in den mysteriösen Rufen, die gelegentlich aus den Bergen hallten, und von denen man sagte, es seien die Rufe kaukasischer Hirten.
Die vielen Steine bedrückten uns, und das bösartige gelbliche Gras, das durch Hosen und Strümpfe stach.

Doch manchmal, wenn ich auf einen Berg gestiegen war und dort zeichnete, spürte ich ein unbekanntes Glücksgefühl. Ich war allein mit der unendlichen Luft, mit dem nie endenden Wind. In der Ferne kroch ein winziger gelber Traktor über ein riesiges Feld und die Berge warfen lila Schatten. Vielleicht waren wir nur zu kurz dort, um uns einzugewöhnen? Gab es Geheimnisse, in die man erst eindringen, Gemütszustände, die man erst ertragen lernen mußte? Möglicherweise war dann alles gut, und es erfüllte einen himmlische Ruhe?

Tamara war nicht zu bremsen. Aus ihr sprach nicht mehr unsere Dolmetscherin, sondern die Dame aus Moskau, die Vertreterin der Zentrale. Ihre Stimme war scharf und auf ihrem Hals hatten sich rote Flecken gebildet.

Der Verbandsvorsitzende fragte: »Und warum waren die Toiletten schmutzig?«

»Sie waren es eben. Die Frauen haben nicht richtig saubergemacht!«

»Wissen Sie, es ist sehr schwer, dort oben jemanden zu finden, der das Haus in Ordnung hält.«

»Wenn ausländische Gäste kommen, müssen Sie das besser vorbereiten!«

»Nun gut«, sagte der Verbandsvorsitzende, »übrigens, haben Sie schon gefrühstückt?«

Im Restaurant erzählte ich, nachdem ich zwei Kognak getrunken und mehrere belegte Brote gegessen hatte, daß wir im Sewan-See gebadet hätten. Ich fühlte mich ausgezeichnet. Vor mir stand eine Tasse mit armenischem Mocca, der mir gut bekam. Ich vergaß vollkommen, daß ich hier vor einer Stunde mit quälenden Magenschmerzen angekommen war.

»Soso«, sagte der Verbandsvorsitzende, »gebadet haben sie also. Und wann? Gleich am ersten Tag?« Plötzlich brach er in Gelächter aus. Wir sahen ihn an. »Sie verstehen nicht, warum Sie krank geworden sind?« Er

hörte nicht mehr auf zu lachen. »Natürlich, wenn Sie Anfang Oktober im Sewan-See baden.«
Tamara rührte verärgert in ihrer Kaffeetasse. Was gab es hierüber zu lachen? Sie und der Verbandsvorsitzende waren verantwortlich. Wir waren ausländische Gäste und hatten heil, gesund und unversehrt in Moskau anzukommen.
»Sie werden jetzt«, sagte der Verbandsvorsitzende, als er sich beruhigt hatte, »nach Antarut fahren. Ich verspreche Ihnen mildes Klima. Es gibt dort Zentralheizung und Duschen. Und vor allem, es gibt keinen See . . .«
Vor der Abfahrt gingen wir spazieren. Auf dem Kolchos-Markt blieb H. plötzlich stehen und zeigte nach vorn: »Sieh dir das an!«
Wir sahen Tamara in ihrem altmodischen Popeline-Kleid. Sie schritt an den Ständen entlang, nahm sich Pfirsiche aus den Pyramiden und schnitt mit einem kleinen silbernen Messer Stücke davon ab. Sie schob die Stücke in den Mund und kaute nachdenklich. Dann legte sie die Pfirsiche achtlos zurück und schlenderte zum nächsten Händler. Ihre Miene war verwöhnt und ihre Haltung gravitätisch. Sie war eine weiße Frau auf einem wimmelnden orientalischen Basar.

18. 4. 1984

Auf einmal geht alles sehr schnell. Früh um neun Uhr empfing uns die blonde Dame. Ein rauchender Mann war als Zeuge zugegen. Pro forma wurden wir nochmals gefragt, ob wir unseren Antrag aufrechterhielten. Die blonde Dame füllte Formulare aus. Mittendrin wurde der Raucher telefonisch abgerufen, und statt seiner erschien jemand mit beginnender Glatze und dem Mund eines Nußknackers. Die blonde Dame übergab uns zwei Formulare, die wir »umgehend« zu Hause ausfüllen sollten. Sie schien es mit uns sehr eilig zu haben. Ich sagte ihr, daß wir morgen auf die Insel Hiddensee fahren müßten, um dort Verschiedenes abzuholen. Der Aufschub wurde uns bewilligt. Beim Ausfüllen der Formulare fiel mir auf, daß amtlicherseits von »Wohnortwechsel« die Rede ist. Das »Ausreiseformular« ist dasselbe, das wir bei unseren Tagesfahrten nach West-Berlin ausfüllen mußten.
Der Nußknacker zeigte über unsere Fahrt nach Hiddensee Verärgerung. Wir würden damit die Abwicklung der Ausreise verzögern: »Sie wissen doch genausogut wie wir, daß Ihr Fall nicht hier bei uns entschieden wird, sondern an einer anderen Stelle.« Die blonde Dame machte ihm Zeichen, und er verstummte.
Zu Hause verschaffte ich mir einen Überblick. Ich hatte Formulare und »Laufzettel« vor mir, die ich nicht sogleich durchschaute. Ich sah nur, daß ich jetzt viele Dinge gleichzeitig erledigen mußte. Sabine tat, was sie stets in solchen Momenten tut, sie setzte sich vor ihren Spiegel und zog sich die Lippen nach. Dabei überlegte sie und kam zu dem Ergebnis: »Wir bitten Martini. Er hat ein Auto und hat uns mehrmals seine Hilfe angeboten!« Martini war auch tatsächlich bereit, uns zu allen möglichen Stellen zu fahren, wo wir »Erklärungen über Schuldenfreiheit« erbringen mußten, es waren Kreditinstitute darunter, von deren Existenz ich nichts ahnte, wie die »Bank für Land- und Nahrungsgüterwirt-

schaft«, und mir war auch schleierhaft, wie man auf die Idee verfallen konnte, wir hätten dort Schulden.
Ich irrte durch unbekannte Gebäude, verlief mich in öden Treppenhäusern und endlosen Korridoren, störte Bürodamen beim Kaffeetrinken und trug mein Anliegen vor. »Haben Sie das betreffende Formular?« hieß es, und wenn ich es hatte, wurde es abgestempelt und unterschrieben. Ich sammelte Stempel, schwarze, blaue und grüne, viereckige und runde, und Martini wartete geduldig in seinem Auto. Er verlor Stunden, und für ihn sprang gar nichts dabei heraus. Wir kannten uns lange, ich hielt ihn für einen guten Genossen, und er dachte dasselbe von mir. Wir hatten niemals offen über politische Fragen gesprochen, über Fragen, die an Grundfesten des Systems rührten sowieso nicht, und mit einemmal stellte sich heraus, daß Martini unsere Ausreise billigte. Seine Eltern waren in der Partei, seine Brüder und seine Schwägerinnen, er selbst war als halbes Kind eingetreten, doch all das änderte nichts daran, daß Martini die DDR genauso beurteilte wie ich. Auf den Fahrten durch das Ost-Berliner Stadtzentrum, zwischen Behördengängen und Suchaktionen in uns unbekannten Bürovierteln, freundeten wir uns an. Eine Mauer war gefallen.
Martini bedauerte, daß unsere Freundschaft erst jetzt begann, wo wir ausreisten, und ihn lange Zeit nicht mehr sehen würden. Mit mir konnte er offen sprechen, mit wem konnte man das schon? Aber ich tröstete ihn, wären wir geblieben, hätten wir diese Gespräche niemals geführt. Ich hätte ihn nach wie vor für das gehalten, was er nach außen war und um der Existenz seiner Familie willen bleiben mußte: für einen »guten Genossen«, und er hätte dasselbe von uns gedacht.
»Es ist merkwürdig«, sagte Martini im Auto zu mir, »eine Freundschaft, die mit der Trennung beginnt, und von der man nicht weiß, was weiter daraus wird... Wenn ich Schriftsteller wäre, würde ich ein Buch

schreiben, es müßte ›Der Abschied‹ heißen, und es müßte alles so drinstehen, wie es wirklich war.«
Aber wie war der Abschied wirklich? Einerseits war er wie Trifonows »Verschwinden«. Vieles verschwand, um nie wiederzukehren, jugendliche Träumereien, kindliche Illusionen, die Partei, Institutionen und Menschen. Der Genosse Herbert Braun war schon vergessen und verschwunden, als hätte er nie existiert, dabei hatte seine lärmende Stimme Seminarräume und Ateliers erfüllt. Wir hatten bei ihm, und er bei uns Kaffee oder Wodka getrunken, er hatte sogar für meine Frau gebürgt, als sie in die Partei eintrat.
Vor allem war der Abschied ein Abflug, ein Start. Man drückt sich lange auf dem Flughafen herum, es gibt Schwierigkeiten bei der Paßkontrolle und dem Abwiegen des Gepäcks, schließlich noch eine Verspätung, weil am Landeort Nebel herrscht, aber plötzlich sitzt man im Flugzeug, löst sich von der Erde und glaubt, das Leben beginne erst jetzt. Man konnte sich bisher nicht vorstellen, daß es das gibt, abzufliegen von der Erde, auf der man festgewachsen war. Es ist egal, wohin man fliegt, denn man spürt eine Sensation, die alles überstrahlt: Ich kann fliegen, ich löse mich von der Erde. Es war Reiselust, die mich gepackt hatte, und ich genoß sie schon, als ich in Martinis kleinem Auto durch meine Heimatstadt sauste. Ich wurde immer fröhlicher, je mehr Stempel meine Formulare zierten. Bald würde es losgehen. In den Korridoren der Bürohäuser traf ich andere Antragsteller. Wir erkannten uns daran, daß wir die gleichen Formulare mit den gleichen Stempeln bei uns trugen, und auf allen Gesichtern stand geschrieben: Jetzt geht es los. Junge Mädchen lächelten mir im Vorübergehen zu, ehe sie in Korridore und schachtartige Treppenhäuser enteilten. Danach füllten sich diese Räume, wie vorher mit tödlicher Leere. Aber ich fühlte mich nicht einsam wie in den letzten Wochen, als wir die Wurzeln unseres Lebens mühsam aus der Erde ris-

sen, Stück für Stück. Jetzt wurden sie verpackt und für die Reise vorbereitet, um anderswo möglichst wohlbehalten wieder eingepflanzt zu werden. Es gibt im Leben keinen Anfang und kein Ende. Der Boden, auf dem wir stehen, ist lange vor uns da. Wenn wir sterben, bleibt dieser Boden zurück, die Luft, die uns umgab und die Menschen und Dinge, die wir berührten. Das ist auch so, wenn wir weggehen. Martini würde nicht vergessen, was ich vorhin im Auto zu ihm gesagt hatte, und auch ich würde ihn, die düsteren Korridore und die lächelnden Mädchen, ich würde selbst den Genossen Herbert Braun nicht vergessen, mochte er tausendmal verschwunden sein.

Die Zentrale will die Zurückbleibenden glauben machen, die Ausreisenden seien nicht mehr da. Aber sie sind noch da, sie leben und denken und können weder vergessen noch übergangen werden. Und auch wir nehmen die Zurückbleibenden mit hinüber, trotz betonierter Mauern und anderer absurder Vorrichtungen. Es gibt nichts Ehernes auf dieser Erde und nichts Endgültiges. Nur die Bewegung ist ewig, die Veränderung, das Kommen und Gehen.

Am Nachmittag fuhr mich Martini nach Z. am See zum Haus meines Vaters. Alle Verwandten ersten Grades mußten anläßlich unserer Ausreise einen Vordruck unterzeichnen, in dem sie erklärten, keine Forderungen an uns zu haben, sei es finanzieller Art, sei es, daß sie unserer Pflege bedürften. Ich traf Dieter und Monika Noll in einer Kaffeerunde, und zu spät erinnerte ich mich, daß Monikas Vater gestorben und heute beerdigt worden war. Mein Besuch war höchst unpassend und andererseits wieder passend: auch ich machte mich auf einen Weg, der von hier wegführte, hinüber in eine andere Welt. In seinem getäfelten Arbeitszimmer unterschrieb mein Vater mit eisiger Miene das Formular, um sich gleich darauf von mir zu verabschieden. Wir waren beide erleichtert.

Die Genossin Olga Schapiro ist das Kind jüdischer Eltern aus Leipzig. Ihr Großvater war mit seiner Familie, darunter mit Olgas Vater, vor zaristischen Pogromen nach Deutschland geflüchtet. 1934 floh der Vater mit Olga und ihrer Mutter, diesmal in die entgegengesetzte Richtung, aus Deutschland in die Sowjetunion. Die Großeltern wurden in Auschwitz vergast. Olgas Vater floh in die Sowjetunion, weil er Kommunist war, auch mochten Kindheitserinnerungen eine Rolle gespielt haben. Doch dieser Ort war schlecht gewählt: 1938 wurden er und seine Frau als »Volksfeinde« frühmorgens in ihrer Wohnung verhaftet. Das Ehepaar verschwand, um niemals wieder aufzutauchen. Olga blieb 17jährig in Moskau zurück, sie war Komsomolzin, besuchte die »Karl-Liebknecht-Schule« und wohnte im Wohnheim mit drei anderen Mädchen in einem Zimmer. Als der Krieg begann, wurde Olga interniert und in Sibirien zum Holzfällen eingesetzt, später lebte sie in Nowosibirsk bei einer alten, nervenkranken Tante.

Die Winter waren kalt, in der Waschschüssel gefror das Wasser, aber Olga war tapfer, sie fand irgendwo Arbeit und überlebte. All die Jahre hatte sie Angst, Angst um ihre Eltern, an deren Tod sie noch nicht glaubte, und Angst um sich, ein schutzloses jüdisches Mädchen im weiten Sibirien.

1956 begann Chruschtschow die Greuel der Stalin-Zeit zu enthüllen. Es stellte sich heraus, daß auch Olgas Eltern unschuldig waren, wie Millionen andere Opfer, und Olga konnte aufatmen und den Leuten wieder ruhig ins Gesicht sehen. Sie träumte davon, allein zu wohnen. Bisher kannte sie Wohnheime, Baracken, Notunterkünfte und Zimmer in Kommunalwohnungen. Es erschien ihr als Gipfel der Glückseligkeit, eine kleine Wohnung zu besitzen, deren Tür man abschließen und in die man sich zurückziehen konnte, aus einer Welt des Irrsinns.

Nachdem sie in Moskau ihre Angelegenheiten geordnet hatte, ging sie den Weg, den vor fünfzig Jahren ihr Vater und ihr Großvater gegangen waren: nach Deutschland. Olga war Waise und mutterseelenallein, außer einer Cousine in London hatte niemand aus der Familie Schapiro die vierziger Jahre überlebt: die einen waren in Hitlers, die anderen in Stalins Lagern umgekommen. Aber es gab eine Zuflucht und eine Mutter: die Partei. Olga strebte zwar weg aus dem Land, in dem ihre Eltern umgekommen waren, aber ein Leben ohne »festen Halt«, ohne Vorschriften und ohne ideologische Speisung durch die Partei war ihr unvorstellbar. Angst macht anlehnungsbedürftig. Olga Schapiro wählte den westlichsten Ort, der noch im Hoheitsgebiet der Moskauer Zentrale liegt: Ost-Berlin.
Auch in unserem Jahrhundert gibt es Völkerwanderungen, man denke nur, welchen Weg die Familie Schapiro gegangen ist: aus der Ukraine nach Deutschland, aus Deutschland nach Moskau, von dort nach Sibirien und wieder, wenn auch auf einen einzigen Menschen zusammengeschmolzen, nach Deutschland zurück.
Olgas einziger Umgang sind »gute Genossen«. Nicht, daß sie etwas gegen andere Menschen hätte, aber sie kennt sie nicht. Denn Olga lebte stets unter Genossen, im Leipzig der Weimarer Republik, in der Moskauer »Karl-Liebknecht-Schule«, im Wohnheim und im sibirischen Holzfällerlager. Sie ist durch Renten finanziell gut gestellt, außerdem hat sie bis heute nicht aufgehört zu arbeiten. Vorsichtshalber lebt sie in sehr eingeschränkten, wenn auch bequemen Verhältnissen. Der Hang, die Privatsphäre übersichtlich und mobil zu erhalten, ist allen alten Genossen eigen, die während der Stalin-Zeit in der Sowjetunion waren. Sie können nicht vergessen, daß es zweckmäßig ist, stets einen kleinen Reisekoffer parat zu halten. Auch Ansammlungen von Papieren, Dokumenten und Büchern liebt Olga nicht; sie hat erlebt, daß man genötigt war, sie eilig zu ver-

brennen. Und noch eine Eigenheit zeichnet sie aus, eigentlich ist es schon ein leichter Tick: sie unterbricht das Gespräch – sobald es politisch wird – und fragt: »Sind eure Nachbarn auch zuverlässige Leute?« oder sie bittet, das Fenster zu schließen.
Schostakowitsch hat von seinen Gesprächen mit dem später liquidierten Marschall Tuchatschewski berichtet, sie fanden auf der Toilette bei laufender Wasserspülung statt. Ein Land, in dem sich Menschen nur unter solchen Umständen vertraulich unterhalten können, ist geeignet, lebenslange Angstsyndrome hervorzurufen. Doch Angst ist stets maskiert, im Falle von Olga Schapiro als »Liebe zur Partei«. Wäre ich jemals so herzlos gewesen, Olga zu fragen: »Wie kannst du eine Einrichtung lieben, die den Tod deiner Eltern verschuldet und dir die Seelenruhe geraubt hat?« – sie hätte nie wieder ein Wort mit mir gesprochen. Denn die Partei ist alles, was Olga blieb, und irgend etwas braucht der Mensch. Da Olga der Partei nicht entrinnen konnte, war sie gezwungen, sie zu lieben. Parteifeindliche Gemütsregungen, sie mögen noch so gut versteckt sein, werden erkannt. Es finden sich Menschen, die einem »die Maske vom Gesicht reißen« und das konnte zuzeiten Kopf und Kragen kosten. Also muß man lieben, jetzt gerade lieben, auch wenn es an das Leben der Eltern, des Mannes und der Kinder geht, möglicherweise an das eigene Leben. Viele Opfer verließ die Liebe zur Partei nicht einmal im Tod, und viele Opfer Stalins starben mit dem Ruf: »Es lebe Stalin!« Olga Schapiro hat ein gutes Herz, man muß sagen, einerseits, denn ein Leben wie das ihre führt notwendigerweise zu Bewußtseinsspaltung. Wir haben ihr Partei-Gesicht niemals kennengelernt, für uns war Olga eine humoristische ältere Dame mit Lebenserfahrung und voller Hilfsbereitschaft. Ich denke, das war ihr eigentliches, ihr Menschengesicht.
Wir besuchten Olga Schapiro gestern abend, um uns zu verabschieden. Es gab Kascha mit Salat und Tee mit

Warenje und Olga war schockiert, als sie von unserer Ausreise erfuhr. Eine Minute lang machte sie Anstalten, uns den Abend zu verderben. Aber sie faßte sich wieder, kochte nochmals Tee und fragte beim Eingießen: »Und wo wollt ihr politisch stehen?« Wir wollen zunächst nirgends »stehen«, aber so etwas kann sich Olga nicht vorstellen. Sie riet uns, in West-Berlin zur SEW zu gehen, und die Kinder zu den Pionieren zu schicken. Es war mühsam, zu diesen Vorschlägen ein höfliches Gesicht zu machen, doch wir wollten Olga nicht verraten, daß wir gerade deshalb weggehen, weil uns ein Leben ohne Sozialistische Einheitspartei vorschwebt.
Wir verabschiedeten uns herzlich, Olga sogar unter Tränen, und verabredeten ein Wiedersehen. Aber es wird keines geben. Wir fühlten alle, daß es ein Abschied für immer war.

Woran ist der Moskauer Schriftsteller Juri Valentinowitsch Trifonow *wirklich* gestorben? Es heißt: an Krebs oder Herzversagen. Ich weiß nicht mehr genau, wann es war, Ende der siebziger Jahre, er war noch nicht alt, Mitte fünfzig. Kein Alter, um zu sterben. Woran ist er gestorben?

Einmal zeigte ich Alexander Wolkonski eine Graphik von mir. Sie hieß »Der Belorussische Bahnhof« und stellte gelbe Steingebirge mit Tausenden von Fenstern dar, darunter die grünen Blechdächer und Türme des riesenhaften Bahnhofs, und Wolkonski wies mit dem Finger auf eines der tausend Fenster und sagte: »Hier hat Trifonow gewohnt. Er war mein Freund.« Trifonow beschrieb das *wirkliche* Leben, das Leben des Belorussischen Bahnhofs: Menschen, Steingebirge und Lokomotiven, den Rauch in der Luft, grüne Blechdächer, weiße Markierungen auf grauem Asphalt . . .

Die Künstler dieses Jahrhunderts sind vom wirklichen Leben abgekommen. Das wirkliche Leben ist der Alltag mit seinen Verstrickungen und Lösungen, Gesetzen und Zufälligkeiten, ein verworrenes und filigranes Spinnennetz aus tausend Beziehungen und Wirkungen. Es ist unendlich schwer, dieses wirkliche Leben darzustellen, denn es hat keinen Anfang und kein Ende. Eine Geschichte erzählen heißt vor allem etwas weglassen. Aber was kann man weglassen? Alles ist wichtig, alles geht ineinander über, fördert, behindert, zerstört und gebiert einander, unendlich und unübersehbar. Wie soll man es erfassen und darstellen? Was ist wichtig, was nicht? Soll man immer tiefer graben, in den Schichten und Ablagerungen der Vergangenheit, immer weiter schauen, bis sich der Blick verliert und nichts mehr erfaßt?

Der Held von Trifonows Roman »Zeit und Ort«, der unglückliche Schriftsteller Antipow, hat einen phantastischen Einfall: er will einen Roman schreiben, ein Buch mit dem seltsamen Titel »Das Nikiforow-Syndrom«, dessen Held wieder ein Schriftsteller ist, Nikiforow, der wieder über einen Schriftsteller schreibt, über Wsewolodow, der über einen anderen Schriftsteller schreibt: Syromjatnikow, die Figuren rücken in die Ferne und werden kleiner, ihr Leben liegt Jahrzehnte, beinahe Jahrhunderte zurück, Syromjatnikow schreibt über Klembowski, der über Rynditsch ... Wohin soll diese Verschachtelung, dieses Graben und Vorsichherschieben, führen, und was ist das »Nikiforow-Syndrom«?

Es ist die Angst davor, ein Urteil zu fällen. Das Leben Nikiforows erklärt sich aus Wsewolodow, das Wsewolodows aus Syromjatnikow ... Die lange Kette, »das System von Spiegeln, das sich durch fast zwei Jahrhunderte zog«, führte zu keinem Ende, es konnte nicht dorthin führen, schlimmer noch: Es sollte nicht dorthin führen. Denn am Ende steht eine Frage, vor der Trifonow Angst hat: Mußte das alles so sein? Mußte Juri Trifonows Vater 1937 verhaftet werden, mußte er »verschwinden«, mußte Antipars Mutter ihm ein halbes Jahr später dorthin folgen, mußte ihr Leben acht Jahre lang »verborgen« werden? Mußten Millionen Leben auf diese Art zerstört, mußte, wie unter einem bösen Zwang, immer wieder Blut vergossen werden? Mußte das *wirkliche* Leben, der Alltag, zerrüttend und zerstörerisch sein, mußte es sein, daß man um eine Wohnung jahrelang zu kämpfen hat, um eine Reise, um Textilien, und mußte es sein, daß die Beziehungen zwischen den Menschen an solchen Banalitäten zerbrechen?

Das Jahrhundert begann mit einem grandiosen Rausch. Lenin stand auf einem Panzerwagen vor dem Finnischen Bahnhof, von Scheinwerfern angestrahlt, ein Apostel, klein, energisch, gestikulierend, er verhieß das neue Zeitalter, die Welt hielt den Atem an, denn alles sollte anders werden, als jemals zuvor. Was wir hier machen, ist mit nichts zu vergleichen. Der Vater Trifonows jagte in Sonderzügen kreuz und quer durch das weite Land, depeschierte, disponierte und mobilisierte

»die Massen«, Trotzki, Ordschonikidse, Tuchatschewski und Stalin fuhren in Panzerzügen herum, alles wurde umgeworfen und umgestülpt. Es gab keinen Alltag mehr.
Aber der Alltag kam wieder, ein kalter Morgen, Leichenhaufen bedeckten die Erde, die Städte lagen in Trümmern. Die alte Zeit war nicht »ausgelöscht«, das Leben ging weiter. Wieder wurde mobilisiert, diesmal, um die Trümmer wegzuräumen, wieder depeschiert und in Sonderzügen herumgefahren, gewaltsam und mit einem Ruck sollte das Land aufgebaut, das Glück der Millionen erzwungen werden. Zwei Kräfte prallten aufeinander: das *wirkliche* Leben und der Versuch, es nach Lenins Lehre zu trimmen, zurechtzuhauen, wie einen Klotz. Die Funken flogen, Millionen glühende Partikel, die beiseite geschleudert wurden und erloschen. Was waren schon, von der Höhe des angestrahlten Panzerwagens gesehen, diese Fünkchen, verglichen mit der wunderbaren Utopie, verglichen mit dem Rausch? Als Juri Trifonow sich entschied, über das *wirkliche* Leben, über den Alltag zu schreiben, begann er in den Schichten der erloschenen, verschwundenen, verborgenen Leben zu graben. Wie fügten sich diese Leben mit den Idealen zusammen? Es war eine Frage des Standpunktes. Man konnte davon ausgehen, daß sie sich zusammenfügen mußten, zu einem idealen Gebilde, das den alten Traum der Menschheit verkörperte: Gerechtigkeit. Aber dort, wo Trifonow suchte, im Scherbenhaufen der Revolution, fand sich keine Gerechtigkeit, nichts Ideales und Neuartiges, dort war das alte, alltägliche Leben, durch tausend Kanäle und unterirdische Leitungen mit der Vergangenheit verbunden und dort waren die Opfer in der banalen Öde ihres Elends. So gesehen war das Nikiforow-Syndrom »die Analyse des Lebens, das sich nicht zusammengefügt hatte«, wie Antinow schreibt, der Mann, hinter dem sich Juri Trifonow verbarg.

Eine Frage blieb: Steckte dahinter Notwendigkeit? Mußte aus dem unschuldigen Rausch jenes Böse entstehen, jene Mischung aus Katzenjammer und gewaltsamer Konservierung des Rausches? Nikiforow versuchte vergebens, die Frage vor sich herzuschieben, durch ein System von Spiegeln, das sich durch fast zwei Jahrhunderte zog. Doch es half nichts. Antipow erkennt: »Man mußte den Realitäten ins Auge sehen.« Die Ideale ließen sich nicht praktizieren, nicht mit dem wirklichen Leben zusammenfügen. Und sie mußten, hielt man um jeden Preis daran fest, in etwas umschlagen, das dem wirklichen Leben feindlich gegenüberstand. Der Punkt war erreicht, wo weiteres Nachdenken die Grundlage des Systems in Frage stellte.
Wenn man die Augen offenhielt, war alles klar. Doch es blieb noch ein Ausweg: die Augen zu schließen. Trifonow kommt zu dem Schluß: »Gerade das aber war das Nikiforow-Syndrom: *die Angst, zu sehen . . .*« Juri Trifonow erlosch und erstickte. Er starb am Nikiforow-Syndrom.

20. 4. 1984

»Einen richtigen Abschied«, sagt Sabine, »erkennt man daran, daß er nicht mehr weh tut.« Wir saßen im Taxi und fuhren nach Schaprode auf Rügen. Der Himmel war blau, nur sehr selten sahen wir ein Wölkchen, wie Federflaum. Die Fernverkehrsstraße F 96 ist in lausigem Zustand, voller Schlaglöcher und Bodenwellen. Überall standen Aufsteller, hingen Transparente, auf denen stand: »Unser Dank gilt dir, Partei.«

In den Dörfern herrscht Umbra und Grau vor; es ist, als hätten die Bewohner die Lust verloren. In den siebziger Jahren gab es eine Periode des Aufschwungs. Die Kleinstädte und Dörfer putzten sich, und eine von der Zentrale veranlaßte Initiative »Schöner unsere Städte und Gemeinden« fand große Resonanz. Ich fragte den Taxifahrer, einen jungen Mann mit Sonnenbrille: »Was ist denn eigentlich aus der Aktion ›Schöner unsere Städte und Gemeinden‹ geworden?« »Na, was schon«, antwortete er, »das, was immer daraus wird! Erst machen sie viel Wind, damit die Zeitungen was zu melden haben, und ein Jahr später ist alles vergessen.«

Am Rand der Chaussee sahen wir Felder, auf denen gepflügt wurde. Was ich noch nicht wußte, man verwendet wieder Pferde statt der Traktoren. Der Taxifahrer erklärte uns, daß man auf diese Art Energie sparen wolle. Vielleicht wären diese pflügenden Pferde ein erfreulicher Anblick für Anhänger der »alternativen Lebensweise«, mir aber waren sie leid. Hat die DDR den Anschluß verloren? Es ist nicht lange her, da sah es danach aus, als könne sie ein modernes Industrieland werden. Auch die Landwirtschaft schwang sich auf in »modernste Strukturen«, die Felder wurden immer größer, man sprach von »Pflanzenproduktion«, Kolonnen von Mähdreschern zogen, zentral dirigiert, über Land ...

Mir fehlt der Überblick, und ich weiß nur über meine

Branche genau Bescheid. Dort wird das Papier immer knapper und seine Qualität immer schlechter, die Drukkereien arbeiten schlampig und ungefähr, die Fonds werden gekürzt. Wenn wir in den Verhandlungen anläßlich unserer Ausreise von »Rückgang« und »Verschlechterung« sprachen, widersprach uns niemand. Und mir scheint, daß es überall das gleiche ist, in den Fabriken und Verlagen, in Stadt und Land.
In Schaprode warteten wir auf das Schiff. Wir sahen es von ferne und ahnten, was uns bevorstand, denn es war, wie üblich, eine Nummer zu klein, um alle bequem aufnehmen zu können. Unterwegs verkündete der Bootsmann mit schwerer Zunge, daß sich die Route geändert hätte: wir würden nicht Vitte, sondern Neuendorf anlaufen. Wir glaubten hoffnungsvoll, als es hieß: in Neuendorf sei ein Bus »bereitgestellt«. Doch auch der Bus war viel zu klein, wieder gab es Gerempel und Geschubse, eingeklemmte Kinder und gequetschte Koffer. In Vitte eilten wir in die Kaufhalle, da wir törichterweise annahmen, es werde hier, einen Tag vor Ostern, Schokoladenhasen zu kaufen geben. Statt dessen gab es weihnachtliche Lebkuchenhäuser und Trumpf-Schokolade, die Tafel zum Preis von acht Mark. Unsere Kinder sind glücklicherweise groß genug, um Osterhasen entbehren zu können. Oder sollte ich Lebkuchen im Gras verstecken?

21. 4. 1984

Am Nachmittag ging Sabine mit unserem Sohn und seinem Freund Thoralf spazieren. Sie kennt diese Insel seit ihrer Kindheit und die Trennung fällt ihr schwer. Es ist ungewiß, wann wir wieder hierherfahren dürfen. Ich lag an der Südseite des Hauses im Liegestuhl und las Fontanes »Wanderungen durch die Mark Brandenburg«. Ich las den Brief des Generals von Katte an seinen Bruder in Magdeburg. Er gab darin seinen Sohn preis, den Leutnant Hans Hermann von

Katte, der die Flucht des Kronprinzen Friedrich von Preußen vorbereiten half. Der aufgebrachte Soldatenkönig Friedrich Wilhelm ließ den Leutnant vor den Augen des Prinzen köpfen, und Kattes Vater fand, er könne »nichts anderes tun als seufzen«. Fontane schreibt: »Die Loyalität ging noch über das Vaterherz«. Auch mein Vater hätte mich preisgegeben und in privaten Gesprächen als »Verräter« bezeichnet. Ich überlegte: War das ein preußischer oder ein sozialistischer Grundsatz? Wohl beides zugleich. Es gab keinen prinzipiellen Unterschied. Mein Vater sollte sich später, auf Veranlassung der Zentrale, sogar noch zu weitgehenderer »Loyalität« bereit finden: Er setzte meinen Bruder unter Druck, um ihn von der Ausreise abzubringen. Das ging über meine Vorstellungskraft. Ist es menschlich zu verkraften, die eigenen Kinder der Treue zur Zentrale zu opfern?

General von Kattes »Seufzen«, sein duldendes Ausharren, ist preußische und sozialistische Staatsräson. Man lehrte uns, daß es eine Tugend sei. »Wie festgebacken dasitzen, und sich alles gefallen lassen«, nannte Sabine gestern diese Mentalität. Pfarrer Grünstein sagte dazu: Der Zwiespalt zwischen dem, was man denkt, und dem, was man zu tun genötigt ist, erzeugt ein Gefühl ständiger Unsicherheit. Und gerade daraus entsteht ein neurotisches Sicherheitsbedürfnis, in dem man sich dem Staat anvertraut und ausliefert, der doch eigentlich der Verursacher der Unsicherheit ist. So entsteht die Aversion vieler DDR-Bürger gegen Veränderungen und fremde Einflüsse, ihre tiefsitzende Angst vor »draußen«.

Das Gefühl der Unsicherheit des alltäglichen Lebens wird durch die Unberechenbarkeit der Zentrale ständig am Leben gehalten. Jeden Tag kann überraschend und unverhofft eine neue Kampagne in Gang gesetzt werden, der sich alles zu unterwerfen hat. Die DDR-Bürger leben in dem Gefühl, wie Daten eines Computer-Speichers ständig abrufbar zu sein. Sie interessiert in der Regel nicht mehr, ob sie gesetzlich zu den von der Zentrale verlangten Leistung verpflichtet sind. Die Teilnahme unserer Kinder an paramilitärischen Manövern ist nirgendwo zur gesetzlichen Pflicht erklärt worden. Sabine hinderte unseren elfjährigen Sohn daran, sich am diesjährigen »Manöver Schneeflocke« zu beteiligen. Prompt flatterten uns Briefe und Vorladungen ins Haus, die von der »Verantwortlichen für Pionierarbeit« unterzeichnet waren. Die Frage der gesetzlichen Teilnahmepflicht war für diese Genossin völlig belanglos. Es war einfach selbstverständlich, daß wir unseren Sohn zum »Manöver Schneeflocke« schickten. Durch widerspruchsloses Parieren sollen die Eltern ihren Kindern ein Verhaltensmuster zeigen: es ist nicht opportun, sich über derartige Forderungen der Zentrale überhaupt noch persönlich Gedanken zu machen und zu fragen: Warum? Was ist schon irgendein Bürger gegenüber der Zentrale?

Je näher ein DDR-Bürger der Zentrale kommt, um so mehr ist er ihr verpflichtet. In diesen Kreisen regt sich kaum noch Widerspruch. Wie verhält es sich aber mit denen, die weiter außerhalb angesiedelt sind? Hätten diese Menschen nicht, je näher sie der Peripherie kommen, um so eher die Möglichkeit, sich loszumachen und den Magnetismus zu überwinden? Die Zentrale hat vorgebaut. Sie suggeriert denen, die am Rande leben, ihre Nichtigkeit. Sie müssen nichtig sein, sonst wären sie näher am Zentrum, am Mittelpunkt. Und Nichtigkeit heißt Minderwertigkeit, und das Gefühl der Minderwertigkeit erzeugt die Angst, anderswo nicht bestehen zu können. Deshalb bleiben auch sie, wo sie sind. Mehrere DDR-Bürger sagten mir in der letzten Zeit: ich muß hierbleiben, weil ich nicht genug kann oder nicht lebenstüchtig genug bin, um im Westen leben zu können. Sind alle Menschen im Westen lebenstüchtig? Werden dort an jeden so hohe Forderungen gestellt, daß es besonderer Fähigkeiten bedarf, ihnen zu genügen? Es ist der Zentrale gelungen, den DDR-Bürgern ein Gefühl der Zweitklassigkeit einzupflanzen. Sie erreicht es dadurch, daß sie den Stolz der Menschen in die Knie zwingt. Am besten geschieht das noch im Kindesalter, zum Beispiel anläßlich des »Manövers Schneeflocke«, und nur deshalb werden in der DDR die läppischsten Vergehen junger Menschen so exemplarisch geahndet. Der Sicherheitsfilter aber ist der »Ehrendienst« in der Nationalen Volksarmee. Jeder fein organisierte, sensible und intelligente junge Mann kehrt von dort gebrochen oder als heimlicher Todfeind der Zentrale zurück. Der unvorstellbar obszöne und stupide Umgangston, das monatelange beschäftigungslose Herumgammeln, und der in Unmengen konsumierte Alkohol führen bei den jungen Männern zu einem Schock, der lebenslange Resignation auslöst. Hat ein junger Mann mehr Stolz als Angst vor der Zentrale und gelingt es nicht, ihn zu brechen, muß er fortan die Zentrale hassen. Dieser Haß wird sich ständig vergrößern, bis er einen Ausweg erzwingt. Oder es siegt doch die Angst, und dann wird er sich an die Zentrale anschmiegen.

Die geringe Selbstachtung der DDR-Bürger hat noch einen anderen Grund. Es ist die Isolation, die Vergleiche mit den Menschen anderer Länder nicht zuläßt. Reisen in sozialistische Länder bewegen sich in kontrollierten Bahnen, Reisen in den Westen sind so gut wie ausgeschlossen. Isolierten Individuen kann man sogar noch weismachen, man beschütze sie vor den Gefahren einer unbekannten und unheimlichen Welt. Man kann ihnen alles über diese Welt erzählen, selbst den absurdesten Unsinn, sie werden ihn glauben. Und isolierten Individuen kann man ein Selbstgefühl suggerieren, ganz wie es der Zentrale paßt. Man erzog uns zur »Selbstkritik«, tadelte »Überheblichkeit«, »Eigenmächtigkeit« und »Absonderung vom Kollektiv«, bis wir genügend unselbständig und geduckt waren, um die Mißwirtschaft der Zentrale ohne Murren zu erdulden. Menschen zu isolieren ist ein mittelalterliches Relikt. Ein Staat, der seine Bürger einsperrt, predige er Heilslehren soviel er will, gehört nicht zu den zivilisierten Einrichtungen dieser Erde.

Heimat, o Heimat, wie bist du doch so
schön,
liegst du zu unseren Füßen,
Wenn wir voll Staunen durch deine Fluren
gehn,
will jeder Schritt dich begrüßen!
Pioniere voran, laßt uns vorwärts gehn!
Pioniere voran, laßt die Fahne wehn!
Unsere Straße, sie führt in das Morgenlicht
hinein,
wir sind stolz, Pioniere zu sein!

Unsere Kindheit und Jugend war kulturell umrahmt. Mit neun Jahren sang ich im Schulchor, den ein enthusiastischer Erdkundelehrer aufgebaut hatte. Wir veranstalteten Estraden-Programme, eine sowjetische Erfindung: auf einer hölzernen Bühne treten Sänger und Rezitatoren auf, ihre Texte handeln vom »Morgenlicht« und »der Zukunft Schmiede«, das Publikum sitzt Eis lutschend dabei, und später gibt es hölzernen Applaus. Wir rührten das Publikum, weil wir Kinder waren, standen in weißen Pionierhemden und blauen Halstüchern vorn, und unsere Gesichter strahlten Unschuld aus. Hinter den Kulissen gab es Gezänk. »Hast du gesehen, wie die sich vordrängelt?« zischte eine Schülerin der 6. Klasse einer anderen zu. Beide spähten durch eine Ritze auf die Bühne, wo Marlies Kleinschmidt das Lied »Wie ein Vogel zu fliegen in die Wolken hinein« sang. Jetzt kam die dritte Strophe, die den Wunsch ausdrückte, dereinst Flieger zu werden. Danach war ich dran. Mein Herz schlug wild, ich hatte Lampenfieber. Der Chorleiter hob die Brauen und nickte mir zu, und ich machte drei Schritte und stand im Licht. Frau Möck bearbeitete ihr Schifferklavier, gab drei Takte vor, und ich fiel ein:

Mein Vater hat heut Aufbau-Schicht,
und ich möchte bei ihm sein ...

Oder wir sangen das schöne Lied:

Und wenn der ganze Schnee verbrennt,
das hält uns nicht zurück.
Wir lernen und wir schaffen
für unsre Republik.

Zwischendurch gab es kulturelle Einlagen. Nina Hagen, die Ballettunterricht nahm, vollführte ein paar Sprünge. Wieder sang unser Schulchor. Diesmal war es das Lied:

Ich trage eine Fahne
und diese Fahne ist rot.
Es ist die Arbeiterfahne,
die Vater trug durch die Not...

Ich sang das alles, ohne nachzudenken. Ich wußte weder was »Not« ist, noch war mein Vater Arbeiter. Ich sang von Traktoren und Werkhallen und über unseren Abgott Ernst Thälmann, von dem es hieß:

Thälmann und Thälmann vor allen,
Deutschlands unsterblicher Sohn,
Thälmann ist niemals gefallen,
Stimme und Faust der Nation.

Und wir wurden allmählich auf etwas vorbereitet, das unseren kindlichen Seelen noch fernelag, auf den Dienst mit der Waffe. Der Text eines Liedes des Dichters Kurt Barthel, KuBa genannt, lautete so:

... das weite Land gehört dem Volk,
das tiefe Meer,
und meine Hand gehört dem Volk
und mein Verstand und mein Gewehr.

Ich fand auch nichts dabei, als später die FDJ-Singebewegung mit Liedern hervortrat, über die ich mich heute nur wundern kann:

Noch sind wir da,
noch können wir schießen,
wir geben die Waffen nicht her...

Um diese Zeit steckten die amerikanischen Jugendlichen den Nationalgardisten Blumen in die Gewehrläufe. Die weiche Welle begann. Bob Dylan und die Beatles kamen auf, es hieß »Frieden«, »Gewaltlosigkeit«, Poesie. Die westliche Intelligenz wurde links, die Beatles sangen »Back to the USSR«, das Wort DDR verlor seine Anführungsstriche. Che Guevara stand in Flor, Mao Tse-tung, gelegentlich sogar Lenin. Aber die Zentrale ging auf Freundlichkeit nicht ein. Sie wußte es besser: die Welle würde verebben, aber die Lehre Lenins mußte um jeden Preis unbeschädigt erhalten bleiben, »allmächtig und wahr«. Der Alltag durfte uns, »die Kampfreserve der Partei«, nicht schwächen, die westlichen Verständigungsversuche nicht aufweichen. Wir mußten weiter im Feuer gesotten werden:

Und in den Nächten brennen die Feuer,
schmelzen alltägliches Eis,
diese Feuer brennen ungeheuer
warm und machen Herzen heiß...

Der Alltag war feindlich, weil er bei genauem Hinsehen die Absurdität der Verhältnisse entlarvte. Ruhige, ausgeglichene Menschen kamen eher dahinter, als solche, die »heißgemacht« und hysterisch waren. Unser Zustand mußte in einem Maße labil sein, daß wir Hartmut Königs Dauerbrenner »Sag mir, wo du stehst« hinunterschluckten, in dem es hieß:

»Wir haben ein Recht darauf, Dich zu erkennen...«

Die Zentrale hat auf alles ein Recht. Sogar auf deine Seele. Versuche nicht, uns mit einer Maske zu täuschen, wir wollen nicht nur deine Kraft, deine Jugend, dein

Herz und dein Blut, wir wollen *alles* und haben das Recht dazu. Denn du gehörst uns, bist ein Nichts ohne uns, wir können dich groß und klein machen, emporheben und vernichten, ganz wie es uns beliebt.
Hartmut König wurde emporgehoben. Er ist heute ein beleibter Funktionär im FDJ-Apparat, der noch höhere Aufstiegsmöglichkeiten vor sich hat. Auf einem Bankett sah ich ihn einst die Kognakflasche mit geübtem Griff neben sein Gedeck stellen. Als er ging, war sie leer, er bestieg einen cremefarbenen »Wolga« und ließ sich wegfahren. Damals, vor 15 Jahren, war er schlank und gesund. Legte er es darauf an, emporgehoben zu werden, oder verfaßte er jene Lieder aus Gutgläubigkeit?
Wir sangen und wurden mit Gesang bei Laune gehalten. Da war noch das Lied mit dem eigentümlichen Refrain:

> »Wir sind die Klasse der Millionen Millionäre,
> die eigene Diktatur erst macht uns frei ...«

Solche Rabulistereien waren die Stärke des »Oktoberklubs«, einer Gruppe junger Intellektueller, die den Widerspruch nicht vertuschen, sondern durch jesuitische Wortakrobatik und flotte Flucht nach vorn passabel machen wollten. Aber auch das lief sich ab, wurde müde, erlosch. Es hat keinen Sinn, in einem bestimmten Alter kommt man dahinter. Die Lieder zogen nur, solange wir Kinder waren. Heute ziehen sie nicht einmal mehr bei den Kindern.
Wird der Zentrale noch etwas einfallen? Macht sie sich überhaupt Gedanken darüber, daß die jungen Leute ihre Lieder nicht mehr mögen? Mit Liedern geht es, glaube ich, kein zweites Mal. Man muß etwas anderes ersinnen. Der Anschlag auf die Köpfe meiner Generation ist nicht gänzlich gescheitert, aber mit der nachfolgenden sieht es schlimm aus. Wie will man sie an sich binden? Geht es überhaupt noch ein zweites Mal?

I gave you my heart,
but you wanted my soul.
But don't think twice, it's all right...

24. 4. 1984

Der erste Laufzettel und die beigefügten Unterlagen sind in der Zentrale geprüft worden. Nach kurzer Atempause wurden wir heute erneut in die »Abteilung Inneres« zitiert, wo man uns den zweiten und letzten Laufzettel aushändigte.

Wir haben, wie jeder ausreisende DDR-Bürger, folgende Unterlagen zu erbringen:

1. Eine Erklärung sämtlicher Verwandten ersten Grades (in unserem Falle sind es acht Personen), in der bescheinigt wird, daß sie an uns »keine Forderungen zur Betreuung, Unterstützung und Fürsorge« stellen.
2. »Von folgenden Dienststellen ist die Bestätigung einzuholen, daß keine Forderungen bestehen«:
   - VEB Energiekombinat Berlin
   - Fernsprechamt Berlin
   - Hauptpostamt Berlin
   - Kommunale Wohnungsverwaltung Berlin-Weissensee
   - Staatliche Versicherung der DDR, Filiale Berlin-Weißensee
   - Kohlenkartenstelle des Rates des Stadtbezirks Berlin-Weißensee
3. Schuldenfreiheitserklärungen folgender Kreditinstitute:
   - Sparkasse am Alexanderplatz
   - Berliner Volksbank, Warschauer Straße
   - Magistrat von Berlin, Hauptstadt der DDR, Abt. Finanzen, Referat Steuern, Klosterstraße
   - Staatsbank der DDR, Charlottenstraße
   - Bank für Land- und Nahrungsgüterwirtschaft, Poststraße

4. »Eine ausführliche Erklärung und Begründung ihres Antrages«
5. Zwei Vordrucke betreffend »Ausreise aus der DDR«, Format DIN A4 in Blockschrift auszufüllen
6. Eine Zählkarte für »Statistik und Reiseservice«
7. Ein Formular, in dem nochmals sämtliche Verwandten ersten Grades, »die mitausreisenden Kinder« und die nach 1945 »legal oder illegal« in den Westen übergesiedelten Verwandten mit Adressen anzugeben waren
8. Ein Paßbild
9. Ein ausführlicher Lebenslauf
10. Kopien der Geburtsurkunden und der Eheurkunde
11. Eine tierärztliche Gesundheitsbescheinigung für unsere Katze
12. Eine Ausfuhrgenehmigung für unsere Katze

Wegen der letzten beiden Punkte führten wir im Rat des Stadtbezirks, Abteilung Inneres, ein kurzes Gespräch mit dem Sektorenleiter. Es war jener Herr, der vor sechs Wochen erklärt hatte: »Wir sind hier nicht in der Kneipe.« Inzwischen hatte er sich an uns gewöhnt. Als wir ihn auf die Ausreise unserer Katze ansprachen, fand er, nun komme es auch nicht mehr darauf an, und informierte uns zuvorkommend über die geltenden Bestimmungen. Er ging sogar persönlich in ein abgelegenes Büro, um einen Vordruck zu holen. Unsere Tochter saß dann mehrere Stunden im Wartezimmer der Tierärztin und kehrte von dort mit einem Gesundheitspaß wieder: »1 Stück Perserkater männlich, grau, fünf Jahre alt« sei gesund und könne die DDR verlassen. Es gab in diesem Dokument eine Rubrik »Dienststellung« und hier hatte die Tierärztin eingetragen: »Kater«. Anderntags wartete meine Frau in einem Büro in der Innenstadt ebenfalls stundenlang, um einen »Warenbegleitschein für nichtkommerzielle Sendungen« ausfüllen zu lassen: »1 Stück Perserkater« sei »ohne Handelswert« und dürfe als »Umzugsgut von 1120 Berlin DDR nach

Berlin (West) mitgeführt« werden. Der Posten am Grenzübergang verlangte am Tag unserer Ausreise tatsächlich, diese Papiere zu sehen. Er musterte die Katze und stellte fest: »Ja, grau ist sie.«
Es wäre in jedem Falle mühsam gewesen, alle diese Dokumente zu sammeln, aber die Mühe wurde erschwert durch die ungeheuerliche Schlamperei, die in den staatlichen Institutionen der DDR immer mehr um sich greift. Auf dem Fernsprechamt in der Oranienburger Straße stehen die Ost-Berliner in einer niemals endenden Schlange, in der meist vergeblichen Hoffnung, einen Telefonanschluß zu bekommen. Das Ost-Berliner Telefonnetz ist in beklagenswertem Zustand. Es hält, was Fehlverbindungen und Havarien anbelangt, sicher den Rekord unter den europäischen Hauptstädten. Ein Anruf aus Berlin-Weißensee nach Berlin-Mitte kann einen Vormittag verschlingen. Entweder ist nach zwei Ziffern besetzt, oder man wird, statt mit dem Referat Steuern, mit dem Caritas-Verein verbunden. Als ich das dritte Mal dort anrief und zum dritten Mal fragte: »Spreche ich mit dem Referat Steuern?«, antwortete eine humorvolle Nonne: »Nein, aber geben Sie uns das Geld, wir haben nichts dagegen!« Ich erwiderte: »Es geht darum, daß ich Geld zu *bekommen* habe ...« »Wenn es so ist«, sagte die Nonne, »sind sie falsch verbunden«.
Es konnte auch geschehen, daß der eigene Anschluß über längere Zeit tot war. Dann führte die PGH Ofenbau, mit der wir aus Sparmaßnahmen zusammengekoppelt waren, ein Gespräch über die Beschaffung von Fünf-Zoll-Rohren. Oder man ist plötzlich in ein fremdes Telefon-Gespräch eingeschaltet. Indessen meldet sich der Teilnehmer, den man anrufen wollte, und es kommt zu den interessantesten Doppel-Dialogen:
»Hallo, spreche ich mit Herrn Gnöbert?«
»Edith, bist du es?«
»Nein, ich wollte den Kollegen Gnöbert sprechen!«

»Hallo?«
»Walter?«
»Gnöbert... Wer spricht da? Hallo!«
Es ist verständlich, wenn man dem Fernmeldeamt von vorgesetzter Dienststelle gebietet, möglichst wenig neue Telefonanschlüsse zu vergeben. Der Besitz eines Telefons ist in Ost-Berlin noch immer ein Luxus, sogar ein besonderer Luxus, weil man durch Schiebung und »Organisieren« in diesem Falle wenig erreichen kann. Es kursieren Gerüchte von Kuverts mit Westgeld, die auch bei den gestrengen Damen vom Fernsprechamt ihre Wirkung nicht verfehlen sollen, aber solche Aktionen sind riskant. Man kann an die falsche geraten, zum Beispiel an eine »vorbildliche Genossin«, die es sich schuldig zu sein glaubt, um jeden Preis korrekt zu verfahren. Auf vielen Ämtern lassen die Damen mit sich reden, man kann ihr Herz erweichen, und mancher Bittsteller beweist eine eigens zu diesem Zweck entwickelte, an große Schauspielkunst erinnernde Beredsamkeit. Ich habe gelegentlich beeindruckende Kabinettstücke erlebt, die einen Stein gerührt hätten, und die dazu führten, daß auch schnippische und unnahbare Büroangestellte plötzlich erklärten: »Es gäbe da eventuell noch diese Möglichkeit...« Im Fernsprechamt Berlin gibt es keine, aber auch gar keine Möglichkeit. Flammende Empörung, devotes Schmeicheln und tragische Schilderungen unzumutbarer Lebensbedingungen sind verlorene Liebesmüh.
Hinter der Barriere thronte eine gewichtige Frau in olivfarbener Bluse und gab Bescheid. Die Wartenden haben sich oft unter Mühen für diesen Vormittag freigenommen und sind aus entlegenen Stadtbezirken hierhergekommen. Nachdem sie ein Stündchen in der Reihe gestanden haben, erfahren sie: »Im vorgesehenen Abschnitt ist leider aus betriebstechnischen Gründen derzeit keine Möglichkeit zu einem Fernsprechanschluß gegeben. – Der Nächste!«

Am späten Nachmittag kam ich zur letzten Dienststelle, die ich aufzusuchen hatte: zum VEB Kommunale Wohnungsverwaltung (KWV) Berlin. Jeder DDR-Bürger könnte über die unvorstellbaren Zustände, die das Profil dieser Einrichtung bestimmen, ganze Romane erzählen. In den Korridoren und Büros lagert das Flair ermüdender Zankereien um Plastikwasserhähne und verstopfte Kachelöfen. Hier prallen die bescheidensten Wünsche der DDR-Bürger an einer morschen, aber durch Korruption zusammengeleimten Brustwehr ab. Man sitzt in schmutzigen Wartezimmern, an deren Wänden wie zum Hohn Wandzeitungen über »Leistungssteigerung durch Effektivierung« hängen. Effektivierung bedeutet sparen, und sparen heißt, man bekommt seinen Wasserhahn nicht. Die Damen in den Büros pflegen einen barschen Umgangston. Nicht selten entstehen Geschrei und Tätlichkeiten, und dann erscheint die Polizei, um cholerische Familienväter abzuführen, die aus der Haut gefahren sind. Warum? Weil der VEB Kommunale Wohnungsverwaltung ihnen die Reparatur eines vierzig Jahre alten Kachelofens verweigert.
»Der Ofen zieht nicht!«
»Es tut uns leid. Wir haben keine Reparaturkapazitäten frei.«
»Hören Sie mal! Ich bin jetzt das fünfte Mal wegen dieses Ofens hier. Jedesmal heißt es: kommen Sie in einer Woche wieder!«
»Ja, das tut uns leid. Für diesen Monat ist die PGH Ofenbau leider restlos ausgebucht.«
»Aber in dem Zimmer sind nur 13 Grad! Dort schlafen meine Kinder!«
»Das können wir auch nicht ändern. Tut uns leid. Versuchen Sie es Dienstag in zwei Wochen noch einmal.«
Unser Leben währet siebzig Jahre. Jeder Abend, den man in den Horrorbüros des VEB Kommunale Wohnungsverwaltung zubringt, ist unwiderruflich dahin. Der DDR-Bürger verliert einen beträchtlichen Teil sei-

ner Lebenszeit infolge nicht funktionierender gesellschaftlicher Strukturen. Was ist *unmenschlich?* Menschen im zwanzigsten Jahrhundert auf so unsinnige, überflüssige Weise die Zeit zu stehlen. Was ist unmenschlich? Um jeden Preis an der »Lehre Lenins« festzuhalten, obwohl sich erwiesen hat, jeden Tag erneut erweist: sie ist nicht praktizierbar.
In den Aktenordnern, die eine KWV-Angestellte aus chaotischen Schränken hervorzerrte, fehlte ein Einzahlungsbeleg aus dem Jahre 1982. Ich bewahrte zu Hause eine Kopie. Hätte ich Zeit gehabt, wäre ich am Dienstag mit dieser Kopie erschienen. So bleib mir nichts anderes übrig, als die Summe noch einmal zu bezahlen. Es tat mir nicht leid um das Geld, denn es war das letzte Mal. Ich fand die Kasse verschlossen. Die Kassiererin trank Kaffee im benachbarten Büro und zeigte sich ungehalten über die Störung. Ihre Aktenwirtschaft war unbeschreiblich. Zwischen wüsten Packen vergilbter Papiere, Tassen mit Kaffeesatz und fettigen Kuchentellern stand eine eiserne Kassette. Hier hinein stopfte sie mein Geld. Anschließend kritzelte sie mit einem Kugelschreiber etwas auf eine herausgerissene Heftseite und überschrieb es mit: »Quittung«. Schließlich fand sich das Stempelkissen: es war unter schmutzigen Aktenordnern begraben. Sie stempelte, daß es knallte.
»Auf Wiedersehen. Und herzlichen Dank!«
Ein Blick aus stumpfen, trostlosen Augen streifte mich flüchtig. »Wiedersehn.«

»Du Welt im Licht« heißt ein Gedichtband, der 1954 aus Anlaß des 75. Geburtstages von Josef Wissarionowitsch Stalin erschien. Das Buch ist heute vergessen, und die Autoren werden nicht gern daran erinnert. Nur einmal hörte ich davon sprechen: der Lyriker Uwe Berger erzählte im Hause meines Vaters in Z. am See, daß es ihm gelungen wäre, seinen Beitrag zu »Du Welt im

Licht« zurückhaltend zu gestalten. Er könne den Band heute noch aufschlagen, ohne zu erröten.
Es war unmöglich, sich der Aufforderung zu entziehen, einen Beitrag für »Du Welt im Licht« zu schreiben. Man konnte versuchen, sich nicht allzusehr zu kompromittieren. Dazu mußte man allerdings ahnen, daß Stalin und »Du Welt im Licht« eines Tages passé sein würden. Die meisten Autoren schienen dagegen mit Johannes R. Becher zu glauben:

Du zogst im Volk für alle Zeiten ein.
Du bist im Volk. Du wirst unsterblich sein.

Becher, ein expressionistischer Dichter aus dem Milieu des Münchner »Café Stephanie«, später Protegé des Grafen Kessler, fand in den zwanziger Jahren »den Weg an die Seite der kämpfenden Arbeiterklasse«. Vor den Nazis emigrierte er nach Moskau, wo er die Jahre des Stalin-Terrors erlebte. Nahe Bekannte verschwanden, deutsche KPD-Funktionäre und die Führer der Kommunistischen Internationale wurden liquidiert, aber Becher dichtete:

Wer war wie er so schlicht,
wer war wie er so ein Treuer,
wer war wie er solch ein Feuer –
Stalin – Du Welt im Licht.

Auch Stephan Hermlin hat zum Gelingen des Bandes beigetragen. Seine Ode »Stalin« mündet in Bildern religiöser Verklärung:

Aus dem unendlichen Raunen von Inseln
und Ländern
hebt das Entzücken sich mit seiner
Botschaft dahin,
wo die Verheißungen leben und die
Epochen verändern,
namenlos sich die Zeit endlich selbst nennt:
STALIN.

Das Entzücken ... Die Zeit nennt sich STALIN. In den siebziger Jahren erwarb sich Hermlin den Ruf eines Liberalen. Nicht alle glaubten ihm diese Wende, und wie sich jetzt zeigt, zu Recht. Der alte Wieland Herzfelde zuckte die Schultern, als ihm von Hermlins neuer Gesinnung berichtet wurde. »Das ist jetzt Mode«, sagte er, »das gibt sich«. Hermlin hat inzwischen wieder seinen alten Ton gefunden. Er brach die Ost-West-Friedens-Gespräche ab, weil seine westdeutschen Partner mit DDR-Emigranten, in Hermlins Jargon: »diese Herrschaften«, sympathisierten. Eine Meinung kann man ändern, von einer Überzeugung abgehen, sich eines Besseren belehren lassen. Eine verlogene, menschlich unlautere Grundhaltung dagegen verfolgt einen, wie E. T. A. Hoffmanns Pater Medardus: »Brüderlein, ich bin immer bei Dir ...«

In der DDR wurde viel von der »Verantwortung des Schriftstellers« gesprochen. Die davon sprachen, Schriftsteller wie Hermlin und Becher, haben sie nie gekannt. Die Kaltschnäuzigkeit, mit der wir belogen wurden, erschüttert uns mehr als die Lügen selbst. Becher, Weinert und Wolf, drei Stalin-Huldiger, die das Jahr 1937 in Moskau miterlebt hatten, wußten recht gut, daß Stalin nicht der Mann war, für den man ihn der deutschen Nachkriegsjugend verkaufte. Hätten sie sich nicht wenigstens, wie der Lyriker Uwe Berger, etwas zurückhalten können? Nein. Für sie war »Du Welt im Licht« eine Gelegenheit sich hervorzutun. Es hat solche Kapitel in der Dichtkunst vieler Länder und Zeiten gegeben, dichtende Speichellecker umgaben Kaiser Nero und die Herrscher des alten Arabiens. Aber die reimenden Schmeichler der Stalin-Ära exponierten sich zugleich als Moralprediger gegen den verdorbenen Westen. Die Vorzüge des Westens wurden jedoch gern in Anspruch genommen. Besonders Hermlin ist bei jeder Gelegenheit in den Westen gereist, er kaufte dort seine Jacketts und Tabakspfeifen. Den heutigen Ausreisen-

den, zu 99 Prozent Menschen, die nie Gelegenheit hatten, in den Westen zu fahren und dort einzukaufen, wirft er vor, sie dienten dem »Kalten Krieg«.
Dergestalt gelogen und geheuchelt wurde in der DDR vom ersten Tage an. Darüber hinaus ist die psychische Gesundheit einiger Autoren von »Du Welt im Licht« mehr als fraglich. Der Dichter Kurt Barthel, genannt Kuba, starb auf groteske Weise: Er wurde bei einer Veranstaltung in Frankfurt/M von Maoisten gestört, erregte sich sehr und wurde vom Schlag gerührt. Eine Vorsehung dieses Todes infolge extremer Verkrampfung, etwas Zwanghaftes und Manisches, geistert auch durch seine »Stalin-Kantate«. Der westliche Klassenfeind wird dort mit folgenden poetischen Bildern charakterisiert:

»Verlorener Welten Gezücht und
Geschmeiß ...«
»Das fleischte, fraß und brach sich aus ...«
»... ein reißendes Pack ...«
»... und lüsterne Lefzen und beinernes Weiß.«

Vieles, womit wir im Lande des »sozialistischen Humanismus« aufwuchsen, ist handfester Horror. Ich bedaure von Herzen, daß ich meinen Kopf mit dieser Poesie belasten mußte. Wir sagten die Gedichte auf, als zehnjährige Kinder, und fanden nichts dabei.
KuBas Dichtungen zieren noch immer die DDR-Lesebücher. Obwohl sie von quälender Geistlosigkeit, verlogen und unmenschlich sind, lernen die Kinder der DDR sie weiterhin auswendig.
Eines ist immerhin tröstlich: daß sich ihre verstiegenen Prognosen, der kultivierten Menschheit zum Segen, nicht erfüllt haben:

»Es wird ganz Deutschland einstmals Stalin danken,
in jeder Stadt steht Stalins Monument ...«

25. 4. 1984

Am Nachmittag mußte Sabine mit den Kindern die »Abteilung Inneres« aufsuchen. Eine Kommission, bestehend aus dem Sektorenleiter, der blonden Dame und dem Nußknacker, befragte die Kinder, ob sie mit uns ausreisen wollten.
Die Zeremonien werden, auch bei gutwilliger, sogar bei humoristischer Betrachtungsweise, langsam lästig. Sabine las mir am Abend aus dem Römischen Zwölf-Tafel-Gesetz den Abschnitt über die Freilassung von Sklaven vor. Die Formalitäten waren keinesfalls umständlicher, als die für DDR-Bürger, die um »Entlassung aus der DDR-Staatsbürgerschaft« bitten. Die nervtötende Prozedur hat jedoch einen Vorteil: Wir erleben die DDR-Behörden noch einmal in konzentrierter Form, und das erleichtert uns den Abschied.
Für uns entsteht der Eindruck, daß diese Gesellschaft sich allmählich atomisiert. Die Sinnlosigkeit der von der Zentrale bestimmten »gesellschaftlichen Interessen« hat jeder erkannt. Alle versuchen, die Zentrale zu betrügen, um für ihren Teil dem nachgehen zu können, woran sie in Wirklichkeit glauben: ihren eigenen, höchstpersönlichen Zielen. Dabei ist Vorsicht angeraten. Wer beim Betrügen ertappt wird, wer es zu offensichtlich betreibt, kann unter die Räder kommen. Gelegentlich schlägt die Zentrale zu, mit einer Härte, die Schrecken verbreiten soll. Der Direktor des großen Moskauer Delikatessengeschäfts in der Gorki-Straße, Sokolow, wurde erschossen, weil er Schmiergelder nahm. Schon vor einem Jahr hörten wir ähnliche Gerüchte: der Chef des sowjetischen Kaviartrusts sei zum Tode verurteilt worden. Hofft die Zentrale, mit diesen Exempeln den allgemeinen Trend zur Privatisierung aufhalten zu können? Hinter den Kulissen wird geschoben, korrumpiert und beiseite geschafft, aber nach außen hin soll um jeden Preis der Eindruck gemeinsamer sozialistischer Ideale erhalten bleiben. Vor fast siebzig

Jahren ließen zum Letzten entschlossene Männer »die Idee zur materiellen Gewalt« werden und erhoben die Ideale zu Götzen. Noch gibt es Götzendiener, aber kann man im zwanzigsten Jahrhundert sein Leben unangefochten mit Götzendienst fristen?
Privat versucht jeder, seiner Wege zu gehen. Die Organisation der Zentrale zerbröckelt, das staatliche Leben löst sich in Wohlgefallen auf. Die Zentrale ergreift Maßnahmen dagegen, aber jene, die sie ausführen sollen, sind unter der Hand zum »Dienst nach Vorschrift« übergegangen. So werden die Aktionen der Zentrale nicht mit Leben erfüllt und bleiben, bei aller dort geballten Macht, ohnmächtig und wirkungslos. Es ist erstaunlich, daß dieser Mechanismus überhaupt noch arbeitet. Doch alle haben das undeutliche Gefühl, daß es, wie Martini heute zu meiner Frau sagte, »nur noch schlimmer« werden kann. Wer irgend imstande ist, bringt sich und das Seine in Sicherheit, weil die Zukunft des Landes so ungewiß erscheint, wie sein politisches System konkursverdächtig. Noch hofft ein jeder: Es wird nicht mich treffen.

Ich wäre lieber in Z. am See geblieben, denn der Tag versprach heiß zu werden. Ich wollte baden und im Liegestuhl liegen und verspürte wenig Lust, in die Innenstadt zu fahren. Aber der Genosse Walter Ulbricht, Erster Sekretär des Zentralkomitees der Sozialistischen Einheitspartei Deutschlands und Vorsitzender des Staatsrates der Deutschen Demokratischen Republik, hatte heute Geburtstag. Er wurde 75 Jahre alt, und der FDJ-Zentralrat gedachte, dieses Ereignis festlich zu begehen: mit einer »Willensbekundung der Jugend des Landes«.
Am Bahnhof Marx-Engels-Platz verließ ich die S-Bahn und verschwand in einem Sog tausender FDJler in blauen Hemden. Ich hatte mir aus kindlichem Oppositionsdrang kein Blauhemd angezogen, und Herr Dr. Lehmann, der uns am »Stellplatz« erwartete, sah darüber hinweg. Es war ihm egal. Jemand verteilte weiße Plastiktüten, in denen sich eine Flasche warme Limonade, eine vor Hitze zerfließende Teewurst und süße Waffeln befanden. Es war – für einen Tag mit 30 Grad Wärme – nicht das richtige Menü. Wahrscheinlich hatte man die Ausstattung der Verpflegungstüten schon vor Wochen geplant und sich nicht mehr umstellen können. Wir standen noch eine halbe Stunde am »Stellplatz«, zwischen anderen Jugendlichen, knabberten an den Waffeln, gossen die klebrige, zuckrige Brause in uns hinein und entledigten uns der Teewurst. Ganz unten in der Tüte lag noch etwas, das wir nur alle Jubeljahre zu sehen bekamen, und das die Festlichkeit des Tages unterstrich: eine Banane. Die Banane war grün. Man hatte es in der verantwortlichen Stelle so geplant, denn es wäre ein Verbrechen gewesen, kostbare Bananen verderben zu lassen. Lieber gab man sie uns unreif in die Hand. Essen konnte man die Banane nicht, und ich beschloß, sie in der Hosentasche aufzubewahren. Vielleicht würde ich sie morgen oder übermorgen essen können.

Es gab einen Ruck. Wir liefen los, vor uns, hinter uns, überall wurde gelaufen. Herr Dr. Lehmann warf seine Zigarette weg und lief auch. Dr. Lehmann war rothaarig und zerstreut. Er unterrichtete Physik und Mathematik in den Abiturklassen, aus denen kaum jemand am »Stellplatz« erschienen war. Es lag an den Abiturvorbereitungen und an noch etwas, das sich schwer in Worte fassen ließ. In den Abiturklassen herrschte ein anderer Geist. Frank Havemann, der Sohn eines gemaßregelten Professors, kam mit Ostermarschplaketten zur Schule. Die Mädchen schwärmten für Bob Dylan. Sie trugen aus dem Westen stammende grüne Jacken, die Parker hießen, und Stiefeletten aus Wildleder. Die Abiturklassen galten als »schwierig«, aber Dr. Lehmann fühlte sich dort wohl. Einmal hatte ich vom Korridor aus zugehört, wie seine Stunde verlief: es wurde ständig gelacht. Ich sehnte den Tag herbei, an dem auch ich den Abiturklassen angehören würde. Ich konnte nicht ahnen, daß es mit den witzigen Physikstunden, der Vorliebe für Bob Dylan und den »schwierigen« Abiturklassen bald ein Ende haben sollte. Frank Havemann und seine Freunde wurden im Herbst verhaftet. Der Nachrichtensprecher der »Aktuellen Kamera« verlas die Liste der Namen, die ich fast alle kannte, es waren die Mädchen mit den grünen Jacken, und die Liste der Strafen: zweieinhalb Jahre Gefängnis, ein Jahr Gefängnis, zwei Jahre Gefängnis ... Schließlich folgte der rätselhafte Satz: »Im Falle des minderjährigen Florian Havemann wurden jugenderzieherische Maßnahmen beschlossen.«
Wir liefen in Richtung Walter-Ulbricht-Station. Der Name dieses Stadions wurde einige Jahre später geändert, als man Walter Ulbricht »Personenkult« zur Last legte. Es hieß seither »Stadion der Weltjugend« und Pröppert nannte Ulbricht daraufhin Walter Weltjugend. Er liebte solche Scherze – damals jedenfalls.
Meine wesentlichen Erinnerungen an den Marsch zum

»Walter-Ulbricht-Stadion« sind: Staub, Staub und Schmutz, vor allem lagen überall die verfluchten Teewürste herum. An der Ecke zur Chausseestraße gab es einen längeren Halt. Hier trafen verschiedene »Marschsäulen« aufeinander und auf dem Bürgersteig liefen FDJ-Funktionäre und brüllten durch Schalltrichter.
Wir verloren uns in der Masse tausender Jugendlicher. Ich traf Bekannte in anderen »Marschsäulen«, wie immer bei solchen »Manifestationen«, aber wir wurden auseinandergerissen. Die »Marschsäulen« und »Marschblöcke« wogten hin und her wie Getreidefelder im Wind. Es war schwer, sie zu lenken. Ein atemlos keuchender Mann in GST*-Uniform brüllte: »An der Ecke gibt es eine Verknäuelung!« Was für ein eigentümliches Wort! Verknäuelung ... Ein paar Sanitäter liefen eilig dorthin. Sperrketten, gebildet von Männern in GST-Uniform, trennten unsere »Marschsäule« von der, die aus der Friedrichstraße kam. Der Strom floß wieder, wir liefen weiter. Die Männer in GST-Uniform wurden von Volkspolizisten abgelöst. Am Straßenrand standen kleine Gruppen: FDJ-Funktionäre mit roten Armbinden, Zivilisten, Polizei-Offiziere und Sanitäter.
Kurz vor dem Stadion gab es wieder Halt. Es war unerträglich heiß, die Luft flimmerte, und uns plagte der Durst. Zu trinken gab es nichts mehr, wir hatten das uns Zustehende schon verbraucht. Es gab nur noch Hitze und Durst.
Plötzlich erfaßte uns ein toller Wirbel. Wir wurden von dem riesigen Stadion eingesogen, Tausende vor, neben und hinter mir, an der engsten Stelle gab es Gedränge, die Banane drückte hart gegen meinen Oberschenkel, wir fluteten durch die betonierte Schleuse, über uns, auf der Betoneinfassung, standen Männer, im Dunst

* Gesellschaft für Sport und Technik. Paramilitärische Organisation. Anm. d. R.

kaum zu erkennen, nur ihre Stimmen waren zu hören und sie brüllten durch elektrische Trichter: »Marschsäule III nach links, nach liiinks ...« Wir flogen nach links, erklommen steinerne Treppchen und hölzerne Bänke, unter denen Teewürste lagen. Wir saßen und warteten. Irgendwo, weit vor uns, rechts von uns, war eine Loge, eine Art Separée. Es war leer. Das übrige Stadion füllte sich immer mehr. Wohin das Auge sah, fluteten FDJler in die Öffnungen, wurden in die Sitzreihen geschwemmt und ließen sich nieder. Alle waren erschöpft und erhitzt. Wir unterhielten uns lustlos mit trockenen Mündern, es fiel schwer zu lachen und zu denken. Über uns standen Männer in GST-Uniform, patroullierten FDJler mit roten Armbinden und Zivilisten, die durch Ferngläser in die Tiefe sahen.
Mit einem Mal veränderte sich etwas. Das ferne Separée schien sich zu beleben: winzige Figürchen flitzten darin herum, und plötzlich ergoß sich auch dort hinein ein Strom, an dessen Spitze ein quadratischer Mann zu erkennen war, der grüßend die Arme hob: Walter Ulbricht. Dann donnerte es durch alle Lautsprecher: »Jugendfreunde! Ich begrüße heute im Namen der Jugend unseres Landes ...«. Die Stimme überschlug sich schluchzend. »Ich begrüße heute den Ersten Sekretär des Zentralkomitees der Sozialistischen Einheitspartei Deutschlands und Vorsitzenden des Staatsrates der Deutschen Demokratischen Republik, den Freund der Jugend unseres Landes, unseren Genossen Walter Ulbricht.« Der Mann am Rednerpult wandte sich um, und der kleine quadratische Mann erhob sich und trat auf ihn zu. Wir sahen von ferne Händeschütteln und Umarmungen. Der quadratische Mann trug einen weißen Sommeranzug. Seine Umgebung war teils blau, teils weiß: die FDJ-Führer trugen Blauhemden, die Parteiführer trugen helle Anzüge. Neben Ulbricht war ein winziges Figürchen zu sehen, in etwas Gepunktetes oder Geblümtes gehüllt: Frau Lotte.

Der Applaus hatte während der Handschläge und Umarmungen die Stärke erreicht, die ihn mit einer Lawine oder einem sintflutartigen Wolkenbruch vergleichen ließ. Zehntausende trockene, schwitzende, staubige Hände wurden ineinandergeschlagen, und nun tönte von links, dann von rechts und von überallher das erwartete: »sieben, acht, neun, zehn, Klasse!« Ich sah, daß die Männer mit den elektrischen Trichtern die Sprechchöre dirigierten. Alle waren in irgendeiner Weise beschäftigt, und die Zivilisten hoch oben am Stadion-Rand blickten bewegungslos durch ihre Ferngläser.

»Lieber Genosse Walter Ulbricht!« die Stimme des Redners war tiefbewegt, »lieber Genosse Walter Ulbricht, die Jugend des Landes bringt dir heute, an deinem Ehrentag, ihre Ergebnisse in der Arbeit, im Sport und in der sozialistischen Landesverteidigung dar!« Der Mann am Rednerpult hieß Dr. Günther Jahn. Er sprach sächsisch, hatte die Ärmel seines FDJ-Hemdes hochgekrempelt und geriet mehr und mehr in Rage. Seine Rede wurde von Sprechchören unterbrochen. Am häufigsten war das sich zu Gebrüll steigernde ». . . sieben, acht, neun, zehn, Klasse!« Es gab aber auch andere Texte, die speziell für diesen Tag von anonymen Stegreifdichtern aus dem FDJ-Apparat erfunden wurden. Und es gab gewöhnlich Hochrufe. Einer der FDJ-Funktionäre mit den roten Armbinden stellte sich in Positur und brüllte durch den Schalltrichter: »Dr Genosse Waldr Ulbrichd, er läbää . . .« »Hoch! Hoch! Hoch!« fielen die Massen ein . . .

So ging das stundenlang. In uns war längst jedes Zeitgefühl erstorben. Einige Mädchen wurden in dem tobenden, glühenden Stadion ohnmächtig. Sanitäter trugen sie hinaus.

Am Ende seiner Rede äußerte sich Dr. Günther Jahn über jene, die der Jugend der DDR feindlich gesonnen waren: die »Ewig Gestrigen«, die »Kräfte, die das Rad

der Geschichte zurückdrehen wollen«, die »Bonner Revanchisten« und die »Herren an Rhein und Ruhr«. Jahn neigte in den Augenblicken höchster Begeisterung zu Improvisationen und Ausbrüchen. Dieser Hang sollte ihn später zu Fall bringen, weil bei seinen Auftritten stets die Gefahr der Blamage bestand. Als sein Gönner Ulbricht stürzte, verschwand er in der Provinz.
Aber der 30. Juni 1968 fiel in die Zeiten seines Glanzes. Er durfte heute »im Namen der Jugend des Landes« dem Genossen Walter Ulbricht zum Geburtstag gratulieren und diese Ehre schien ihn zu berauschen. Gleichzeitig erfüllte es ihn mit Verbitterung, daß im Westen Deutschlands Menschen lebten, die seine Begeisterung nicht teilten. Er löste sich vom Konzept seiner Rede, stützte sich auf die Brüstung der Regierungsloge und rief in das riesige Stadion: »Nu hörd ämal gud zu, ihr wesdeutschen Imbrealisdn!«
Später übergab er dem Genossen Ulbricht eine Artilleriegranate, gefüllt mit den »Verpflichtungen der Jugend«. Ulbricht nahm sie entgegen, reichte sie nach hinten weiter und trat seinerseits an das Rednerpult.
Mir wurde in diesem Augenblick klar, daß es über meine Kräfte ging, auch seine Rede anzuhören. Ich sah mich um. Dr. Lehmann schien in Halbschlaf versunken. Er hätte sicher nichts dagegen, wenn ich jetzt ging. Meine Mitschüler lagerten, so bequem es möglich war, auf den hölzernen Bänken. Alle hatten ihre FDJ-Hemden geöffnet. Sie gänzlich auszuziehen war nicht erlaubt. Zwei Reihen vor uns war es zu einem solchen Vorfall gekommen, aber der Jugendliche wurde von zwei Männern in GST-Uniform gepackt und weggeführt. Als ich aufstehen wollte, merkte ich, daß ich am Sitz festklebte. Es wurde Zeit hier wegzugehen. In der Betonschleuse sah ich, daß nicht nur mir Fluchtgedanken gekommen waren: wir waren zu viert oder zu fünft, später wurden wir mehr, wir wurden zehn und zwanzig. Wir wollten hinaus. Am Ende der Schleuse standen

FDJ-Ordner mit Armbinden und Männer in GST-Uniform. Als sie unserer ansichtig wurden, hakten sie sich unter und bildeten eine Sperrkette. Einige von denen, die hinaus wollten, kräftigere Burschen, älter als ich, versuchten, die Kette zu durchbrechen. Ein Handgemenge entstand, Mädchen schrien, von hinten schoben andere nach. Ich geriet in Bedrängnis. Dicht vor mir sah ich das nasse, rote Gesicht eines FDJ-Funktionärs. Er schob und ächzte. Einer von den Jungen, die zuerst gegen die Kette angerannt waren, wurde von zwei Männern in GST-Uniform gegen die Wand gepreßt. Aber wir wollten hinaus, wir waren ganz wild vor Wut und Angst. Ich schrie empört: »Was fällt Ihnen ein! Lassen Sie uns raus!« Und plötzlich, niemand wußte wie, zerriß die Kette, und wir kamen hindurch. Die es von oben sahen, versuchten uns zu folgen. In aller Eile wurde eine zweite Kette gebildet. Ein glatzköpfiger Kerl schrie verzweifelt: »Holger, schickt uns Leute her! Die wollen türmen!«

Ich rannte aus Leibeskräften. In der Chausseestraße blieb ich stehen. Auch der Junge, den sie gegen die Wand gedrückt hatten, war hinausgekommen. Er spurtete an mir vorbei.

Ich trottete den Weg zurück, den ich vorhin mit der »Marschsäule« gekommen war. Die Straßen schienen mit Teewurst übersäht. Man hatte einige Zehntausend Teewürste ausgegeben, und sie waren allesamt weggeworfen worden.

In Z. am See war der Kaffeetisch auf dem Rasen gedeckt. Mein Vater segelte. Er kam abends zurück, braungebrannt und guter Dinge.

»Wie war es denn?« fragte er mich.

»Also ehrlich gesagt, es war grauenhaft!«

»Na, das ist wohl eine deiner typischen Übertreibungen.«

Wir wohnten in Zelten und schliefen auf eisernen Betten. Das Zelt war für mindestens zwanzig Personen bestimmt, aber Pröppert hatte es gleich am ersten Tag für uns vier belegt und niemanden mehr hineingelassen. Ein Funktionär der Kreisleitung erschien am nächsten Morgen und machte Scherereien. Pröppert fing ihn am Eingang ab und erklärte, wir hätten dieses Zelt auf persönliche Anweisung eines Genossen der Bezirksleitung erhalten. »Noll hat mit ihm im Buddelkasten gespielt«, hörte ich seine Stimme, »und dieser Genosse wünscht, daß wir für unsere künstlerische Arbeit Raum haben.« Der Funktionär war damit nicht einverstanden, aber Pröppert verwirrte ihn durch Gegenfragen und Bonmots, bis er sich in Widersprüche verwickelte ... »Ich bitte, das zu klären!« sagte Pröppert triumphierend und schloß den Vorhang. Auf dem Weg zum Tisch deklamierte er einen seiner Zweizeiler:

»Mit Subalternen diskutieren
heißt: kostbareste Zeit verlieren!«

Nach dem Essen legten wir uns hin. Ich las, Pröppert schrieb etwas und Rolf löste das Kreuzworträtsel der Zeitung ›Junge Welt‹. Matthias räkelte sich auf seinem Bett. Er war ein hübscher Junge, sportlich und agil. Plötzlich sprang er auf und begann Rolf zu attackieren. Rolf war träge und hatte keine Lust zu raufen. Doch dann wehrte er sich. Man hörte Gepolter und Keuchen. Ich hob den Blick, sah kurz hin und verschanzte mich wieder hinter meinem Buch. Pröppert schrieb und pfiffelte leise, betont abgewandt.

Am Abend wurde ein Wildschwein am Spieß gebraten. Als wir vor unser Zelt traten, strömten Hunderte zum Lagerplatz. Viele hatten sich kostümiert und geschminkt, einige Jungen liefen in Röcken und Büstenhaltern herum und ein dickes Mädchen trug ein Kleid, das aus zusammengeheftetem Klosett-Papier bestand. Auf dem Lagerplatz brannte ein Feuer, dahinter stan-

den, aufgelöst und leicht beschwipst, die Mitglieder der Lagerleitung. Mein Bekannter von der Bezirksleitung hielt eine Rede: »Du tust uns leid, du armes Schwein! Denn auch wir sind arme Schweine, Lehrerschweine, Schülerschweine, wir sind ja alle arme Schweine . . .«
»Ich nicht«, sagte Pröppert laut. Die Umstehenden sahen ihn befremdet an: Begriff er etwa nicht, daß es *Spaß* war? Jemand rempelte: »Geh doch weg, wenn es dir nicht paßt!«
Ich sagte: »Komm, wir gehen. Es ist widerlich . . .«
Die Feier dauerte bis Mitternacht. Im Speisesaal war Disko, und mein Bekannter von der Bezirksleitung betrank sich am Tresen. Die Mädchen in den Kostümen und die Jungs mit den Büstenhaltern zogen als Kette, die Hände auf den Schultern des Vordermannes, in Schlangenlinien durch den Saal.

Mein Onkel Dr. Hilmar G. war in der Familie für seinen »exzentrischen Charakter« bekannt. Onkel Hilmar betrat ein Schallplattengeschäft am Anton-Platz in Weissensee, suchte in Stapeln älterer Platten und zog schließlich eine heraus. Die Verkäuferin beobachtete ihn mißtrauisch. Onkel Hilmar hielt ihr strahlenden Gesichts die Schallplatte entgegen und fragte: »Haben Sie noch mehr davon?« Die Verkäuferin sah auf die Hülle. Die Platte hieß: »Die Partei, die Partei hat immer recht.« Sie wurde nervös. »Wieviel Exemplare wollen Sie haben?« »Alle!« sagte mein Onkel.
Er erzählte uns später: »Sie hat mich angesehen, als hätte ich ihr einen Antrag gemacht. Aber sie hatte noch 12 Stück auf Lager!«
»Und was wolltest du damit?« fragten wir.
»Aber ich bitte Euch!« rief Onkel Hilmar und sah sich im Kreise um, »diese Platte ist doch höchst kurios! So etwas gibt es nicht oft! Ich mußte mich eindecken. Die Platte ist eines Tages geradezu *unbezahlbar!*«

Mein Vater sagte am nächsten Morgen: »Er ist verrückt.«
»Was ist denn an dieser Platte Besonderes?« fragte ich.
»Da ist dieses Lied drauf, ›Die Partei, die Partei hat immer recht‹, aber es wird nicht mehr gesungen.«
Doch eines Tages wurde es wieder gesungen. Wir standen vor dem Palast der Republik, tausende FDJler, auf der Tribüne erschien Erich Honecker, neben ihm der unverwüstliche Michail Suslow, bleich, mit Brille und hoher Stirn. Der Platz war illuminiert, Lieder wurden angestimmt. Ein Mädchen von der FDJ-Kreisleitung teilte Zettel aus, auf denen die Texte der Lieder standen. Meine Freundin lachte: »Hast Du schon gesehen?« Sie zeigte mir den Zettel. Da stand schwarz auf weiß: »Die Partei, die Partei, die hat immer recht . . .«
Das Lied wurde gesungen. Honecker sang es, Stoph und Verner sangen es, tausende FDJler sangen es. Wir sangen es nicht. Das Mädchen von der Kreisleitung machte uns Zeichen. Meine Freundin stieß mich an: »Sieh dir die an! Eine Kreisleitungs-Bumsi. Sie bumst dort mit den Kerlen. Davon hat sie das vergammelte Gesicht.« Sie war wütend. »Die liebe ich am meisten«, sagte sie, »die dort mit den fetten Kerlen rummachen!« Ich warf einen Blick auf das Mädchen von der Kreisleitung. Dann sahen wir uns an und lachten.
Eine halbe Stunde später wurde meiner Freundin schlecht. Ich führte sie von unserem Platz weg, zum Rand. Das Mädchen von der Kreisleitung lief hinter uns her, berührte mich am Arm und zischte: »Was soll das! Geht in eure Reihe zurück!« Meine Freundin sagte über die Schulter: »Hau ab!«
Am Rande des Platzes standen als FDJler verkleidete Soldaten des Regiments der Staatssicherheit. Wir erkannten sie an ihren Kurzhaarfrisuren. Sie standen Leib an Leib mit unbeweglichen Gesichtern. Ich sprach

einen von ihnen an: »Dem Mädchen hier ist schlecht, wir müssen hinaus.« Er antwortete nicht. »Passen Sie auf!« sagte ich, »sie ist die Tochter eines Ministers! Lassen Sie uns raus.« Der Posten sah mich an. »Welcher Minister soll denn das sein?« »Minister C«, sagte ich. »Hat sie einen Personalausweis?« Meine Freundin kramte in den Taschen ihrer Jeans und gab mir den Ausweis. Ich schlug ihn auf und zeigte ihn dem Posten, dabei redete ich ununterbrochen. »Sehen Sie, hier: C. Lassen Sie uns raus. Sie können das nicht verantworten, wenn ihr etwas passiert.« Der Posten las den Namen. Zweifel beschlichen ihn. Es konnte eine zufällige Namensvetterin sein. Es konnte aber auch wirklich die Tochter des Ministers C. sein. »Also gut«, sagte er, »aber macht schnell.« Er flüsterte mit seinem Nachbarn. Dann traten beide unauffällig zur Seite, und es entstand eine winzige Bresche. »Los!« sagte der Posten. »Schnell!« Wir gingen auf die Terrasse des Linden-Corso und bestellten uns Kognak.

Leszek fuhr einen VW-Käfer mit blauer Nummer und schmiß mit dem Geld herum. Sein Kumpel Andrzej hatte irgendeinen Opel in Klump gefahren, war es seiner, oder der seines Vaters, egal. Leszek brachte mir manchmal eine Stange »Camel« oder eine Flasche Cherry aus dem Diplomaten-Laden mit, und auch heute trug er Papiertüten im Arm. Hinter ihm sah ich das grinsende Gesicht von Andrzej. Dann trat noch jemand ein, eine Modestudentin, die an der Hochschule unter dem Namen »Die wilde Gugu« bekannt war. Die wilde Gugu liebte Truman Capotes Novelle »Frühstück bei Tiffany« und behauptete, sie sähe dem »Portrait Vera Simailova« von Otto Dix ähnlich. Sie trug etwas Hautenges in grün, und knallrote hochhackige Schuhe.
Ich hatte schon Besuch, Pröppert und eine Studentin von der Hochschule namens Samira von Bredow. Ich

kochte Tee. Meine Oma schickte ihn aus West-Berlin, in bunten Büchsen und silbrigen Tüten. Als ich das Tablett hereintrug, hatten sich alle miteinander bekanntgemacht, der Cherry war geöffnet und ein Recorder lief. Ich dachte nur flüchtig an den Ärger, den ich morgen mit meinen Nachbarn haben würde; es waren stille, sittenstrenge Leute, pensionierte Angestellte beim Ministerium des Inneren, sie waren hartnäckig und verfolgten mich tagelang mit ihren Klagen, und sie hatten gar keinen Humor ...

Ich bemerkte, daß Leszek und die wilde Gugu fehlten. Andrzej deutete vielsagend auf die Tür zum Nebenzimmer. Von dort hörte man das kreischende Gelächter der wilden Gugu und Leszeks freche Stimme. Andrzej stellte die Musik lauter (meine Nachbarn würden spätestens jetzt aus den Betten fallen) und goß mir Cherry in die leere Teetasse. Pröppert begann groß zu erzählen, machte sich über irgendwen lustig und parodierte einen sächsischen FDJ-Funktionär. Samira von Bredow tauschte Blicke mit Andrzej, zunächst solche, die sich auf Pröpperts Erzählung bezogen, dann kurze forschende, später längere, und alles war klar. Sie ging dann mit Andrzej in das benachbarte Zimmer, als Leszek und die wilde Gugu dort fertig waren, und die wilde Gugu sich im Bad eingeschlossen hatte, während Leszek mit Pröppert zu streiten begann; es ging, glaube ich, um die Lage der Wirtschaft in Polen.

Nachts um zwei fuhren sie davon, in Leszeks Käfer und Andrzejs verbogenem Opel, Pröppert ging die paar Schritte zu Fuß. Ich winkte ihnen müde vom Balkon hinterher, und im Schlafzimmer meiner Nachbarn bewegte sich die Gardine.

Samira von Bredow heiratete später meinen Kollegen Frick, einen nüchternen Mann, der Verpackungen gestaltete. Sie gebar ihm zwei Söhne, die ihrem Vater sehr ähnlich waren, magerte darüber ab und wurde anschließend rundlich. Auch ihre Frisur veränderte sich mehrmals, doch ihr Lächeln blieb, wie es immer war: mokant. So hatte sie über Pröppert gelächelt, so hatte sie gelächelt, als sie mit Andrzej Blicke tauschte, und so lächelte sie auch heute, als ich sie vor dem Schuhgeschäft in der Börnestraße traf.

»Na«, sagte sie lächelnd, »immmer noch hier?«

»Du siehst es ja.«

»Wann werdet ihr denn gehen, wißt ihr das schon?«

»Nein.«

»Bei manchen soll es sehr lange dauern.«

»Ja, ich hörte davon.«

»Na, du bist auch nicht mehr so, wie du mal warst.«

»Wie war ich denn?«

»Du warst damals irgendwie interessanter. Wir waren alle interessanter, ehe wir die Kinder bekamen. Weißt du noch, wie diese Polen bei dir waren? Ich habe ihre Namen vergessen...«

»Es waren zwei. Einer hieß Leszek, und der andere Andrzej...«

»Ja, was macht er jetzt eigentlich?«

»Woher soll ich das wissen? Ich weiß nicht einmal, was aus der wilden Gugu geworden ist.«

»Sie ist Schuhgestalterin in Weißenfels. Gestaltet so etwas hier.« Sie wies mit der Hand auf die trostlose Auslage des Schuhgeschäfts.

»Kein schöner Job...«

»Sie kann auch nicht dafür, daß die Schuhe so aussehen. Du müßtest von Aribert (der Vorname ihres Mannes) wissen, wie es in der Branche zugeht.«

»Ach, der! Er nimmt jetzt dauernd solche Tabletten... Sitzt immerzu in seinem Atelier und macht Packungen für Pralinen... Nein, damals waren wir interessanter, du auch.«

»Ich weiß nicht...«

»Doch damals war alles *offen*. Jetzt sitze ich da, die Kinder sind andauernd krank, ich kann nicht mal in meine Werkstatt gehen...«

»Das geht vorüber. Wenn sie größer sind, hast du wieder Zeit.«
»Und bis dahin? Nein. Ich schaffe mir einen Geliebten an.«
»Was sagt denn Aribert dazu?«
»Der merkt das überhaupt nicht ...« Sie lachte, als mache sie nur Spaß. Dann sagte sie: »Nein, damals war es interessanter ... Heute ist es richtig blöd ... und es wird irgendwie immer blöder ... Na, alles Gute, vielleicht treffen wir uns noch einmal ...«
Wir trafen uns noch einmal, aber sie sah mich nicht. Sie ging zwischen den Regalen der Kaufhalle hindurch, nahm Gläser mit sauren Gurken, Pakete mit Nudeln und Papiertüten mit Reis in die Hand, betrachtete sie und stellte sie in die Regale zurück. Sie trug einen lila Overall und hatte eine neue Frisur.

27. 4. 1984

Meine Mitschüler sahen West-Fernsehen und hörten Radio Luxemburg, wenn auch heimlich und hinter dem Rücken des Staatsbürgerkundelehrers, wir trugen Jeans und lange Haare, obgleich unser Direktor, ein ehemaliger NVA-Offizier, die Jungen mit langen Haaren als potentielle Kriminelle bezeichnete. Der Direktor war von der Richtigkeit dieser Ansicht durchdrungen, wie er davon überzeugt war, daß er selbst zu den »besten Söhnen der Arbeiterklasse« gehörte. Die Partei hatte nämlich die Parole ausgegeben, daß die »besten Söhne der Arbeiterklasse« freiwillig zur Kasernierten Volkspolizei, später zur Nationalen Volksarmee gingen, um Offiziere zu werden. Er war Offizier geworden, also konnte er mit Recht von sich sagen: »Ich, als einer der besten Söhne der Arbeiterklasse ...«
Wer diesen Ehrentitel für sich in Anspruch nahm, mußte wachsam sein. Denn der Gegner ließ nicht locker in dem Bemühen, die sozialistischen Menschen, besonders aber die gefährdete Jugend, zu verdummen und zu

verderben. Daher wurden westliche Einflüsse, vor allem »die imperialistischen Massenmedien«, in der DDR vom ersten Tage an bekämpft. In früheren Jahren schickte man Rollkommandos der FDJ auf die Häuserdächer, um Fernsehantennen zu demolieren. Später wurden die Methoden subtiler. Die Unterstufenlehrerinnen fragten die acht- und zehnjährigen Kinder: »Hat unsere Fernsehuhr Striche oder Punkte?« Die Antwort ließ Rückschlüsse zu, welchen Kanal die Eltern sahen. Meine Eltern besaßen keinen Fernsehapparat, und die Frage nach den Strichen und Punkten konnte mich nicht in Verlegenheit bringen. Manchmal sah ich in den Elternhäusern anderer Kinder Fernseh-Programme, ein- oder zweimal sogar die des falschen Kanals: Reklamen für den Fort Taunus 17 M und Micky-Maus-Filme, harmlos für mein Gefühl. Aber aus der Sendung »Der Schwarze Kanal«, die jeden Montag abend im DDR-Fernsehen lief, und ausgewählte Proben des West-Fernsehens kommentierte, entstand ein anderer Eindruck. Der Moderator Karl-Eduard von Schnitzler machte uns glauben, im West-Fernsehen werde unaufhörlich gegen die DDR gehetzt. Seine Potpourris hatten etwas Böses und Bedrohliches. Es lag nahe, daß die DDR-Bürger davor bewahrt werden mußten.

In den höheren Klassen kontrollierte man unsere Schulmappen hin und wieder auf »Schund- und Schmutzliteratur«, womit westliche Druckerzeugnisse gemeint waren. In der Mappe der Schülerin einer 11. Klasse fand sich ein Exemplar des Hamburger Nachrichtenmagazins ›Der Spiegel‹. Das Heft wurde beschlagnahmt, und der Direktor trug es wie einen explosionsgefährdeten Gegenstand in sein Büro, wo dann irgendwelche Untersuchungen ihren Anfang nahmen ...

Damals begann, was gute Genossen »die ideologische Aufweichung des Sozialismus« nannten. Der spürbare Erfolg dieser Aufweichung wurde mit der »raffinierten

Demagogie des Gegners« begründert. Aber daran lag es nicht. Wir hatten einfach das Gefühl, daß die Zentrale auf unsere alltäglichen Lebensprobleme nicht reagierte. Man vermittelte uns automatisch von den Oberschulen auf Universitäten, lenkte uns von dort in Betriebe und Einrichtungen, und fand, das sei genug. »Wir hatten es«, dröhnten die alten Genossen, »nicht so gut!« Es rührte unsere weichen und ahnungslosen Herzen, daß die Jugend der »Erbauer des Sozialismus« von Elend und Hunger, Verfolgung und Kerkerhaft gezeichnet war. Seit unserer Kindheit kannten wir die Biografien der kommunistischen Führer auswendig: Fast alle hatten in faschistischen Konzentrationslagern gesessen. Andererseits sprach sich langsam herum, daß es auch im »Vaterland der Werktätigen« Konzentrationslager gab, und es machte uns stutzig, daß die Zentrale darüber schwieg, so hartnäckig, als wäre sie stumm. Und dann fragten wir uns: Wenn unsere Führer eine schwere und entbehrungsreiche Jugend hatten, was konnten wir dafür? Man sollte doch uns nicht vorhalten, was in den zwanziger und dreißiger Jahren geschehen war. Schließlich hatten auch wir unsere Probleme, mochten sie in den Augen der alten Genossen noch so wenig Berechtigung besitzen. Wie war es mit Disko-Musik, modischer Kleidung, mit Freizeit und Sex? Die Angebote der Zentrale, geprägt vom hausbackenen, prüden und verlogenen Geschmack der alten Genossen, fanden wir insgeheim lächerlich. Als es nicht mehr anders ging, wurden in DDR-Diskotheken die Beatles und BeeGees gespielt. Doch konnten wir uns dieser kindlichen Genüsse ungestört erfreuen? Die Zentrale schien zu denken: Da sei Gott vor! Die Jugend, diese Reserve, dieses Material, durfte nicht vom Gegner verdorben werden. Man schirmte uns ab und steuerte gegen, vor allem, indem man die »Taktik des Gegners« entlarvte. Wir erfuhren, daß die Musik der Beatles und der BeeGees nicht nur unmoralisch war, sondern auch ein Vehikel der »ideologischen Diversion«. Vorsorglich wurde alles unterdrückt und für unerwünscht erklärt: lange Haare, zu enge oder zu weite Hosen, bunte Plastiktüten und Kaugummis, Anglismen oder gar Amerikanismen. Jede harmlose Mode, Mini-Röcke, Maxi-Röcke, gestreifte Hemden, diese Art zu tanzen und jene, bestand einen langen Kampf, ehe sie von der Zentrale notgedrungen hingenommen wurde. Und einige besonders verhärtete Genossen führten nach wie vor ihren Privatkrieg dagegen, mit heimlichem Wohlwollen der Zentrale, und in dem beglückenden Gefühl, in einer vom Westen aufgeweichten Welt als sozialistischer Partisan »unwandelbare Treue zur Sache« unter Beweis zu stellen. Es war nicht weiter bemerkenswert, wenn junge Leute wegen unerwünschten Tragens von blue jeans oder Vollbärten folgenschwere Eintragungen in ihre Kaderakten erhielten, auch nicht, wenn man sie deshalb von Oberschulen und Universitäten relegierte. Sie konnten sich »in der Praxis bewähren«. Auf sozialistischen Großbaustellen und in Kohlenkellern herrschte, genau jener rauhe, aber kameradschaftliche Ton, der die Verirrten zur Besinnung bringen würde. Psychische Folgen? Wozu gibt es ein Unterbewußtsein, in das man alle Demütigungen verdrängen kann?

Früher bestiegen manche, wenn ihnen ein FDJ-Verfahren drohte, den nächsten Zug in Richtung Westdeutschland. Andere blieben, gingen auf die Baustelle, wurden unterwürfig und reagierten sich an der nächstfolgenden Generation ab. Seit 1961 gab es diese Alternative nicht mehr. Man blieb und beugte den Nacken.

Unter meinen Lehrern waren wenige, die ich nicht als seelisch verkrüppelt empfand. Wir fürchteten unsere Lehrer, weil wir in ihren Augen den Wunsch lasen, auch uns zu zerbrechen. Frau Birgitta Möck aus Geithain bei Leipzig lehrte uns, daß die »Bonner Revanchisten« die unschuldig aufblühende DDR mit ihrem Haß verfolgten. Dabei unterdrückte sie selbst jede außerplanmäßige Aktivität, und waren es die harmlosen Hopser und Kapricen der späteren Sängerin Nina Hagen, damals elf Jahre alt und zu kindlicher Heiterkeit aufgelegt.

Auf Birgitta Möck folgten andere. Aufrechte, menschenfreundliche Charaktere waren selten darunter, eher verlogene aller Couleur, neidische, zänkische oder träge, und wenn ich sie heute Revue passieren lasse, erkenne ich erst, wie ungeeignet sie waren, Kinder zu erziehen. Es gab Ausnahmen. In der 11. und 12. Klasse unterrichtete uns ein Geschichtslehrer, ein welterfahrener alter Herr mit weißem Knebelbart, aber merkwürdigerweise hatte er keinen Titel und keinen guten Stand in der Volksbildungshierarchie. Er beging den Fehler, sich nicht an die verbindlichen »Richtlinien zum Lehrplan« zu halten, schweifte ab und wandelte auf gefährlichen Pfaden. »Sie stellen sich die Französische Revolution zu harmlos vor!« rief er, »wissen Sie denn nicht, wie es bei Revolutionen zuzugehen pflegt? Jeder, dem ein Spitzenjabot aus der Rocköffnung schaute, konnte ohne Federlesen an die nächste Laterne gehängt werden!« Wir lauschten atemlos. Worum ging es dem alten Herrn mit dem Knebelbart? Um Geschichtsbewußtsein oder um »sozialistisches Bewußtsein«? Glaubte und hoffte er, beides miteinander vereinbaren zu können? Eines war jedenfalls klar: Er litt es nicht, wenn Geschichte unverfroren gefälscht wurde. Traditionelle Vorstellungen von Berufsehre mochten im Spiel sein, die den anderen Lehrern unbekannt waren. Ihre Biografien begannen meistens so: »Nach dem Krieg wurden Neulehrer gesucht . . .« oder: »Die Partei brauchte damals Lehrer, und da habe ich mich bereiterklärt . . .« Manche Lebensläufe waren abenteuerlicher. Unser Staatsbürgerkunde-Lehrer, zugleich Parteisekretär der Schule, stammte aus West-Berlin, wo er als Einkäufer eines Warenhaus-Konzerns arbeitete. Gern erzählte er, wie er dabei zu Werke gegangen war: »Ich ging frühmorgens in die Häuser der Konkurrenz und sah nach, was der Meter Baumwollstoff kostete. Und dann hatte ich dort eine Bekannte, von der ich erfuhr, daß sie auf einem großen Posten davon festsaßen. Da wußte ich, daß sie mit dem Preis nicht raufgehen würden und konnte dementsprechend kalkulieren ... Tja, Freunde, so sieht das kapitalistische Wolfsgesetz in der Praxis aus ...« Seine Augen leuchteten begeistert. Wann und warum war er in die DDR gekommen? Später erzählte mir jemand, Frauenaffären hätten den Ortswechsel meines Lehrers verursacht. Eine Frauenaffäre kostete ihn dann auch seinen Posten als Parteisekretär, vertrieb ihn später ganz aus der Schule: er hatte eine Schülerin geschwängert. Zu meiner Zeit aber saß er fest im Sattel, und lehrte uns das »entwickelte gesellschaftliche System des Sozialismus«, eine Theorie, die dem Genossen Walter Ulbricht zuliebe erfunden worden war. Ulbricht glaubte, damit einen persönlichen Beitrag zum Marxismus-Leninismus zu leisten und belehrte in diesem Sinne die sowjetischen Genossen. Kurz darauf wurde er »aus Altersgründen« seines Postens enthoben. Jene Theorie verschwand, und der Staatsbürgerkundelehrer erklomm einen Stuhl, um Ulbrichts Porträt eigenhändig von der Wand abzuheben. Wenige Wochen zuvor hatte er Abiturienten durch die Prüfung fallen lassen, weil sie nicht ausreichend über die Theorie des »entwickelten Sozialismus« im Bilde waren.

Die meisten unserer Lehrer erweckten den Eindruck, als hätten sie ihren Beruf mehr oder weniger zufällig ergriffen. Das war auch nicht verwunderlich, denn eines der merkwürdigsten Phänomene der DDR besteht darin, daß kaum jemand auf dem ihm gemäßen Platz sitzt. Es ist nicht entscheidend, ob jemand Lehrer werden möchte, sondern, ob die Zentrale augenblicklich an der Ausbildung von Lehrern interessiert ist. Findet sie, daß es genügend Lehrer gibt, müssen die zu diesem Beruf Befähigten eine andere Laufbahn wählen. Stellt sich aber plötzlich heraus: es gibt zu wenig Lehrer, wird über Nacht eine zentrale Kampagne organisiert. Tausende Abiturienten werden überredet, mit Versprechungen angelockt und notfalls unter Druck gesetzt, und es ist vollkommen gleichgültig, ob sie Voraussetzungen, geschweige denn Neigungen zu diesem Beruf haben, wenn nur die vorgegebenen Prozentzahlen pünktlich erfüllt werden. Dabei ist die Berufswahl meist unwiderruflich, sowohl für die, die trotz ihrer Neigung den Beruf nicht ergreifen durften, als auch für jene, die ihn entgegen ihrer Neigung ergreifen mußten. Aus- und Umsteigen ist fast unmöglich, weil der Zentrale jede Bewegung mißfällt, die nicht von ihr ausgeht.

Zur Zeit meines Abiturs lief eine Lehrerwerbekampagne, und täglich erfuhren wir, wer sich nun wieder hatte breitschlagen lassen und sich anschickte, Lehrer zu werden. Wir kamen aus dem Staunen nicht heraus.

Noch eine Kampagne bestimmte meine Abiturzeit, entsprungen dem greisen Verstand des damaligen Staatsoberhauptes Walter Ulbricht: Kybernetik und »Informationswissenschaft«. Die Kybernetik galt davor als »bürgerliche Irrlehre«, und was man aus ideologischen Gründen versäumt hatte, wurde nun mit Gewalt nachgeholt. Nun ist »nachholen« mit dem Selbstgefühl des Sozialismus unvereinbar, denn es assoziiert das Wort »nachmachen«, und weil der Sozialismus auf jeden Fall das fortschrittlichste System sein muß, gibt es grundsätzlich nichts *nachzuholen* und *nachzumachen*. Wem denn nachmachen? Es gab niemanden, der uns voraus war, niemanden, der uns etwas vorgemacht hätte. Ulbrichts Umgebung ersann die Losung: »Überholen ohne Einzuholen!«* So klang es besser. Sinnlich vorstellbar war das »Überholen ohne Einzuholen« nicht, aber auch die unbefleckte Empfängnis Mariä ist

* Stalins Slogan in den 30iger Jahren lautete: »Amerika überholen, ohne es einzuholen.« Anm. d. R.

es nicht, und wird doch bis heute geglaubt. Mich brachte diese Losung im Alter von siebzehn Jahren aus dem Gleichgewicht, und eine Genossin, Kolumnistin einer Ost-Berliner Abendzeitung, antwortete mir auf meine zweifelnden Fragen: »Manchmal muß man eben *glauben!*« Blieb die Frage: Glaubte sie es selbst?
Jedenfalls hieß es allerorten: Kybernetik, elektronische Datenverarbeitung, Bionik, Informatik. Aber wenn schon, dann in gigantischem, nie gesehenem Ausmaß wie es sich für die Nachfolger Lenins geziemte. Gerüchte von der Gründung eines »Zentralinstituts für Marxistisch-Leninistische Organisationswissenschaft« waren im Umlauf, man wollte sogar wissen, wer dort Posten und Lehrstühle in Aussicht hatte. Kurze Zeit darauf brach der ganze Humbug zusammen, denn mit einemmal stellte sich heraus, daß der Genosse Walter Ulbricht »Fehler gemacht« hätte. Er hatte tatsächlich Fehler gemacht, bloß waren es nicht die, die man ihm öffentlich vorwarf, sondern lediglich seine Illusion, er könne mit Hilfe von »Informatik« und »Organisationswissenschaft« über die sowjetischen Genossen hinauswachsen. Manche hatten eben Pech. Weniger Ulbricht selbst, der immerhin noch zum »Vorsitzenden der SED« ernannt wurde, als vielmehr diejenigen, die ihm gutgläubig oder konjunkturbewußt gefolgt waren. Walter Ulbricht verstarb sang- und klanglos während der Weltfestspiele in Ost-Berlin, aber was geschah mit den jungen Leuten, die sich kurz zuvor im Studienfach »Ökonomische Kybernetik« an der Friedrich-Schiller-Universität in Jena immatrikuliert hatten? Auch ich wäre um ein Haar dem Trend gefolgt und hätte dort mein Studium begonnen. Ein Jenaer Mathematiker redete es mir aus. Er deutete vorsichtig an, daß Scharlatanerie im Spiel sei ... Das Trugbild löste sich auf, das Studienfach verschwand, und niemals wieder wurde davon gesprochen. Die es ein Jahr lang studiert hatten, mußten zusehen. Zu ihrem Unglück erwies sich, daß die Kennt-

nisse, die sie dabei erworben hatten, jählings unnütz und unverwendbar waren. Sie begannen etwas anderes zu studieren und hatten ein Jahr ihres Lebens verloren. Aber was ist ein Jahr im Leben eines Menschen – gemessen an den Höhenflügen der Zentrale?

Die allertraurigste Kampagne diente der Anwerbung von Berufsoffizieren der Nationalen Volksarmee. Ich weiß, daß der Charakter dieser Armee und jede Form von menschlichem Glück unvereinbar sind. Mein Klassenlehrer warb weisungsgemäß unter meinen siebzehn- und achtzehnjährigen Mitschülern. Er fand auch fünf oder sechs, die sich dorthin verschrieben. Ich kann zu seiner Entschuldigung nur anführen, daß er später zur Schwermut neigte und 1974 über Ungarn in den Westen floh. Zuvor hatte er mit dem Direktor, dem ehemaligen Offizier und »besten Sohn der Arbeiterklasse« scharfe Auseinandersetzungen, weil er sich weigerte, auch im kommenden Jahr siebzehnjährige Jungen ins Unglück zu stürzen. Ein Parteiverfahren schwebte, da traf ich ihn auf dem Ost-Berliner Fernbahnhof Schöneweide mit umfangreichem Gepäck. Der Direktor konnte ihn bald darauf frohlockend »Verräter« nennen.

Wer es erlebt hat, bekommt es irgendwann satt, denn es ist stets dasselbe. Kampagnen, die sich später als »Irrtümer« und »Übertreibungen« erweisen, neue Kampagnen zu deren Korrektur, Kampagnen ohne Ende. Sie gleichen den konzentrischen Kreisen, die entstehen, wenn man einen Stein in ein Gewässer wirft. Vorausgesetzt, das Gewässer ruht.

28. 4. 1984

Gertrud Klemke ermahnte uns heute morgen: »Fangt an einzupacken!« Zunächst zeigte sich, daß wir Zellstoff brauchten. Ich ging in die Apotheke und erfuhr, daß nicht mehr als zwei Pakete pro Person verkauft werden. DDR-Bürger sind an Rationierung gewöhnt. Man ist froh, wenn der Artikel nicht überhaupt

für Wochen aus dem Angebot verschwindet. So war es zeitweilig mit Nähnadeln und Toilettenpapier. Hatten wir uns im Falle von Tomatenmark und Honig noch einreden lassen, daß man »zur Not auch ohne das« leben könnte, so tröstete dieser Gedanke bei Nähnadeln nicht: man brauchte sie unbedingt, konnte nicht ohne sie leben. Jeder Bergsteiger, jeder Tramp führt eine Nähnadel mit sich; und Bergsteigen und Trampen sind keine Alltagssituationen. Wir aber sollten sie im normalen Alltag entbehren. Ich schickte im Laufe des Tages alle nur verfügbaren Freunde, Nachbarn und Verwandten in die Apotheke. So kamen wir gegen Abend zu zwanzig Paketen Zellstoff und konnten packen.
Dagegen gab es Koffer in Hülle und Fülle. Als wir mit dreißig Koffern der gleichen Sorte im Westen ankamen, waren alle überrascht: sie hatten gehört, es gäbe keine Koffer.
Alles gibt es irgendwann einmal und dann wieder nicht. Meine Schwiegermutter ist zur Vorratswirtschaft übergegangen, wie es viele DDR-Bürger tun. »Dazukommen und kaufen« heißt dieses Verfahren, bei dem man hundert Nähnadeln und hundert Rollen Toilettenpapier auf einmal erwirbt. Der Vorrat überdauert die nächsten Engpässe und außerdem ist man im Besitz freudespendender Geschenke. Denn worüber freut sich eine Hausfrau, die ihren Kindern die Knöpfe nicht mehr annähen kann, mehr, als über eine Nähnadel?
Ich hatte Gelegenheit, die Vorratswirtschaft meiner Schwiegermutter zu preisen. Wie oft hatten wir uns früher darüber lustig gemacht! Wir fanden es absurd, daß sie Zimmer voller Kartons mit Teekesseln, ballenweise Stoff, ein Dutzend Handwaschbecken und fünf Tiefkühltruhen besaß. Sie vertrat den Standpunkt, daß man alles irgendeinmal gebrauchen könne. Deshalb hob sie auch alte Kleidungsstücke auf, und wie sich bald herausstellte, zu Recht. Sie konnte sie eines Tages paketweise nach Polen schicken, wo man es

dahin gebracht hatte, daß es fast gar nichts mehr zu kaufen gab.
Die polnische Misere erschreckte uns alle. Die DDR-Regierung löste das Problem auf sehr einfache, wenn auch nicht gerade feine Art, indem sie die zum Einkaufen in die DDR strömenden Polen nicht mehr einreisen ließ. Inzwischen steht man in Ost-Berlin vor einem anderen Problem. Statt der Polen kommen die DDR-Bürger aus der Provinz. Sie kommen mit Kombiwagen und Pkw-Anhängern, um das zu kaufen, was es dort nicht mehr, gerade nicht oder wieder nicht gibt. Wer diese Mangelwirtschaft genau überblickt, kann durch Horten und Spekulieren reich werden.
Meine Schwiegermutter verblüffte uns durch die Lückenlosigkeit ihrer Vorräte. Sie hatte einfach alles: Paketschnur, Gummiringe, Decken und Pappkartons. Wir packten den ganzen Tag und die halbe Nacht.

29. 4. 1984

Frau Edelgard Krause, eine Lehrerin unserer Tochter, beanstandete ihre Popper-Frisur: »Außen bist du schick frisiert, aber innen hast Du Stroh im Kopf.« Unsere Tochter ist eine sehr gute Schülerin, und sie begriff daher nicht, weshalb sie auf einmal »Stroh im Kopf« haben sollte. Früher war es Frau Krause nicht so erschienen. Damals trug unsere Tochter Zöpfe.
Sie sind unbeirrbar. In den fünfziger Jahren waren es Kreppsohlen, später blue jeans, als Honecker dann vorübergehend blue jeans importierte, waren es Kunstlederhosen und westliche Frisuren; stets gab es etwas, das diese Leute reizte. Im Prinzip war es immer das gleiche: das, was aus dem Westen kam. Wenn aber die Zentrale den jungen Leuten auch gar nichts zu bieten hat! Sollen sie sich für Pionierhalstücher und FDJ-Hemden begeistern? Die Zentrale scheint das im Ernst zu erwarten. Der Dichter Kuba glaubte, die fortschrittliche Jugendkultur gefunden zu haben, als er Ringel-

spiele veranstalten ließ, bei denen sich mehrere Dutzend Personen an den Händen fassen und an bestimmten Textstellen Kniebeugen, Drehungen und Hüpfer machen mußten. Dazu kamen die Insignien kommunistischer Romantik: flatternde Fahnen, flackernde Feuer und schmetternde Trompeten. Wir hätten sie hingenommen, wenn sie nicht so unmißverständlich an die Symbole einer anderen politischen Richtung erinnern würden. Die Ähnlichkeit ist nicht zufällig. Im Deutschland der Weimarer Republik war nicht nur die SA romantisch uniformiert, sondern auch der Rotfront-Kämpfer-Bund. »Kämpfer« und »Streiter«, Trommeln und Trompeten gab es hier wie dort. Und es gab auf beiden Seiten den fatalen Hang, der Geschichte Gewalt antun zu wollen. Wenn das deutsche Volk sich von seiner gewalttätigen Geschichte erholen will, muß es von beiden Gebrechen frei sein.

1. Mai 1984

Krongold verkaufte uns seine Radierpresse. Sie ist fast neu. Martini fuhr mich hinaus nach T., wo wir die Presse zu dritt verluden, dann brachten wir sie in unser Atelier. Unterwegs erzählte mir Krongold folgende Geschichte: Der Vater seiner Frau ist Volkskammerabgeordneter, und sein größtes Vergnügen die Jagd. Alle höheren Funktionäre jagen gern. Es geht zu, wie in früheren Zeiten, nur daß man statt in Kaleschen in Volvos anreist, statt der leibeigenen Bauern Genossen des Ministeriums für Staatssicherheit als Treiber verwendet, und statt auf Hirsche auf Hasen schießt. Sonst ist Krongolds Schwiegervater ein farbloser Mensch, den langes Administrieren cholerisch und lautstark gemacht hat. Einst wählte er statt der Nummer seines Schwiegersohnes versehentlich die unsere, störte uns in einer Besprechung und wurde störrisch, als ich es ihm zu verstehen gab. Ich legte auf. Da klingelte erneut das Telefon, und die Stimme von Krongolds Schwiegervater sprach, ehe ich mich

besinnen konnte: »Ich wollte Ihnen nur sagen, daß ich Sie verachte!« Ich war verblüfft. Was hatte ich ihm schon groß getan? Ich war nicht devot genug gewesen und hatte ihm, einem höheren Funktionär, zu verstehen gegeben, daß er hier störte. Dafür »verachtete« er mich nun, ich bin sicher, aus tiefstem Herzen.
Spätestens von diesem Tage an wird er mich durchschaut und nicht mehr für einen guten Genossen gehalten haben. Inzwischen ist bewiesen, daß er Recht hatte. Die Nachricht von unserer Ausreise versetzte ihn in große Wut, denn wenn er auch geahnt hatte, daß mit diesen Genossen etwas nicht stimmte, so blieb aus Respekt vor unseren Vätern jedes Wort in ihm verschlossen. Aus Parteitreue schweigen, den eigenen Gefühlen Zwang antun, den proletarischen Spürsinn gegenüber so fragwürdigen Gestalten wie Künstlern unterdrücken – welche Opfer bringt man nicht der Partei? Man ist sich ja einig und hat sich mit den führenden Genossen augenzwinkernd darüber verständigt, beim Jagdpicknick, zwischen dem dritten und vierten Kognak: Eigentlich sind diese Künstler eine Plage. Man wäre lieber unter sich, aber leider ist man genötigt, auch Kultur vorzeigen zu können. »Wir werden uns diese Fressen merken!« entfuhr es einem Mitglied des Politbüros, als er von neuen Querelen eines DDR-Schriftstellers hörte. So brach es nun auch aus Krongolds Schwiegervater hervor. Mich »verachtete« er ohnehin. Aber die »Hintermänner?« Er erklärte kategorisch: »Der Dieter Noll ist ein Lump!« »Wieso denn?« fragte seine Tochter, Krongolds Frau. »Das will ich dir sagen: die Partei hat ihm so viel Gutes getan, daß es das mindeste wäre, seine Söhne zu guten Genossen zu erziehen! Das war er der Partei schuldig! Aber auf diese Künstler ist kein Verlaß. Wenn eines meiner Kinder auf diesen Einfall kommt, weiß ich, was ich zu tun habe!«
Die Tochter wollte wissen, was.
In den Wald würde er gehen, behauptete Krongolds

Schwiegervater, und diesmal nicht Hasen, sondern sich selbst erschießen.
Krongold unterbrach ihn an dieser Stelle und verbat sich »die politischen Geschmacklosigkeiten.« So erzählte er es zumindest, und ich habe wenig Grund, ihm nicht zu glauben. Er gehört zu den Funktionären der jüngeren Generation, die nicht daran denken, die starren Positionen der Alten zu übernehmen. Sie haben sich davon überzeugt, daß diese Art nicht mehr verfängt. Außerdem beschuldigt Krongolds Schwiegervater den Genossen Dieter Noll zu Unrecht. Er hat sich genug Mühe gegeben, uns zu guten DDR-Bürgern zu erziehen. Allerdings führte er uns auch frühzeitig in seine Bibliothek, denn er, und viele DDR-Intellektuelle seiner Generation glaubten, daß Lektüre und Bildung den Prozeß der kommunistischen Überzeugung fördern würden. Die »Lehre Lenins« erschien ihnen als der Gipfel menschlicher Weisheit und Vernunft, sie glaubten tatsächlich, Goethe und Voltaire, Heine und Tolstoi führten »in letzter Konsequenz« dorthin. Doch der Rausch der fünfziger Jahre, in dem sich mein Vater getummelt hatte, war indessen verflogen, und übrigblieb ein System, in dem man ganz vergeblich nach Vernunft suchte. Man konnte, wie er, um jeden Preis daran festzuhalten suchen, und jeden, der seine Zweifel offen aussprach, zum »Verräter« erklären. Dem stand gegenüber, daß die Gedankenwelt aller klugen Menschen, auch die Goethes, Voltaires und Tolstois, mit dem Zweifel begann. Ein System, das den Zweifel verbot und »auszulöschen« versuchte, konnte nicht sinnvoll sein.
Goethe liebte die Revolution nicht, weil sie mit blinder und unvernünftiger Gewalt verbunden war. Für jemanden, der in Ruhe arbeiten möchte, haben Krawalle, politische Morde, Massenhysterie und heilige Kriege keinen Reiz. Voltaire, aus dem die DDR-Literaturgeschichte einen »Wegbereiter der Französischen Revolu-

tion« machte, war kein Freund von Fanatismus und Gesinnungsterror. Verglichen mit den Jansenisten und ihrem religiösen Eifer, erschienen ihm selbst seine Feinde, die Jesuiten, erträglich. Voltaire fand: Schurken ließen immerhin mit sich reden, Fanatiker jedoch niemals. Auch Heinrich Heine hinderte seine Skepsis daran, die schönen Träume seines Freundes Karl Marx zu teilen. In der Vorrede zur »Lutetia« hat er seine Befürchtungen ausgesprochen: die Rosen würden zertreten, und sein »Buch der Lieder« als Material für Tüten verwendet, um Heringe und Schnupftabak darin einzuwickeln. Wir wurden im Literaturunterricht mit der Vorrede zur »Lutetia« konfrontiert und lernten, Heines Zweifel zu widerlegen. Ich habe vergessen, wie das geschah, ich erinnere mich aber, daß meine Mitschüler und ich in der Tiefe unserer Seele fühlten: Heine hat recht. Dabei sprachen damals, während der Schein-Blüte der DDR-Kultur, die Tatsachen offenbar gegen ihn. Doch wir fühlten dahinter eine latente Kulturfeindlichkeit. Bald sollte sie offen zu Tage treten.
Selbstverständlich war, nach unseren Lehrbüchern, auch Graf Lew Nikolajewitsch Tolstoi ein »Wegbereiter der Revolution«. Hatte er nicht die Strukturen der zaristischen Gesellschaft einer vernichtenden Kritik unterzogen? Als Lenin diese Gesellschaft zerschlug, war er »in letzter Konsequenz« der Vollstrecker Tolstoischen Gedankengutes. Nur eines war verwirrend: Man konnte in Tolstois Büchern erfahren, daß Tolstoi kein Freund der Berufsrevolutionäre war. Dabei verschwieg man uns, daß die Antipathie erwidert wurde. Denn die Berufsrevolutionäre mochten Tolstoi genauso wenig, wie er sie, seit er ihrem Drängen widerstanden hatte, sich als Gallionsfigur für ihre Bestrebungen zur Verfügung zu stellen. Die Genossin Krupskaja, Lenins Gattin, erwog sogar zu Beginn der zwanziger Jahre, Tolstoi auf den Index der aus den Bibliotheken zu entfernenden »konterrevolutionären Literatur« zu setzen. Wie

waren diese Differenzen entstanden? Durch Tolstois Unzulänglichkeit. Und womit konnte man diese Unzulänglichkeit begründen? Vielleicht mit Tolstois hohem Alter, mangelnden Tatendrang und der greisenhaften Abneigung dagegen, »die Idee zur materiellen Gewalt« werden zu lassen? Gewiß hätte man sich dieses Arguments bedient, wäre dadurch nicht Nachdenken über die Greisenhaftigkeit der heutigen Kreml-Führer provoziert worden. Wenn Tolstoi zu alt war, um den Fortschritt verstehen zu können, was waren dann sie?

Das Alter war es also nicht. Wo lag dann der Grund? Er lag in der Unfähigkeit Tolstois, seinen »aristokratischen Klassenstandpunkt« zu überwinden. Zwar hatte er die gewaltsame, mörderische »Umwälzung«, die Kernidee der »Lehre Lenins« theoretisch vorbereitet, aber im letzten Moment hinderte ihn aristokratischer Dünkel, selbst mit Hand anzulegen. So war es übrigens immer mit diesen Herren: Im entscheidenden Augenblick machten sie einen Rückzieher. Sie waren in bürgerliche und aristokratische Vorurteile und Bequemlichkeiten verstrickt, und entzogen sich ihren Verpflichtungen. Die schwere Arbeit des Zerschlagens und Zerstörens überließen sie den wirklichen Freunden des Volkes, Männern vom Schlage Lenins, Stalins und Trotzkis, selbstlos und opferbereit. Lenin hatte diesen Umstand sehr scharfsinnig formuliert: die Intellektuellen waren »wankelmütig«. Indem man uns Tolstoi, den Prediger der Gewaltlosigkeit, als wankelmütigen Beinahe-Umstürzler präsentierte, bewies man uns gleichzeitig die Charakterlosigkeit der Intellektuellen. Die Kommunisten konnten, nach so schweren Enttäuschungen, die Intelligenz beim besten Willen nicht mehr für vertrauenswürdig halten. Wir mußten das verstehen. Wir mußten ihre Intelligenzfeindlichkeit verstehen, auch alle »Maßnahmen«, die sich daraus ergaben. Denn fortan störte der Wankelmut der Intellektuellen immer wie-

der die grandiosen Pläne Lenins und Stalins. Irgendein befremdlicher Humanismus, eine geistige Schwäche, hervorgerufen durch falsches Mitleid mit den Opfern, hinderte sie daran, den »letzten Konsequenzen« zuzustimmen. Niemand bestritt, daß es ein paar Opfer gab. Wo gehobelt wird, fallen Späne. Aber an der übermenschlichen, allmächtigen Wahrheit der »Lehre Lenins« änderte das nichts. Es ging hoch her, also ging es auch mal daneben. Um der »gerechten Sache« willen wurden auch schon mal ein paar Unschuldige liquidiert. Das war so bei menschheitsbeglückenden Ideen. Sie waren mit einer gewissen Unschärfe verbunden. Gerade darin bestand schließlich ihr Reiz.
Wer würde, wo es um nichts geringeres als um die »endgültige Befreiung der Menschheit« ging, ein paar Opfer zählen, vielleicht auch ein paar Tausend, ein paar Millionen? Wer würde diese Millionen den rastlos tätigen, sich zum Wohle der Menschheit aufopfernden Revolutionären vorrechnen und vorhalten? Doch höchstens liberale, antiquierte Intellektuelle, »berufliche Skeptiker«, die der große Lenin so treffend als »wankelmütig« bezeichnet hatte.
Es war ein glänzender Trick, ein Jahrhundert-Coup. Er erschütterte das Selbstbewußtsein der europäischen Intelligenz wie nichts zuvor. Um keinen Preis wollte man für »reaktionär« gelten, um keinen Preis den Vorwurf auf sich sitzen lassen, man sei durch bürgerliche Vorurteile daran gehindert, den »letzten Konsequenzen« zuzustimmen.
In diesem Lichte besehen, waren Tradition, Bewahrung und Achtung vor dem Individuum Relikte des 19. Jahrhunderts. Dagegen war die Zerstörung der Formen der Trend dieses Jahrhunderts, der Fortschritt, das Niedagewesene, der absolute Neubeginn, ausgelöst durch den Donnerschlag von Lenins Machtergreifung. Um von Lenin und Stalin mit dem Wort »fortschrittlich« belohnt zu werden, war man zur Preisgabe alles Bisheri-

gen bereit, zur Zurücknahme der bürgerlichen Aufklärung, zur Vergötterung des Irrationalen.
Aber Lenin und seine Jünger, besonders der große Stalin, erwiesen sich als unersättlich. Das demütige Entgegenkommen der Intelligenz genügte ihnen nicht, sie blieben nach wie vor intelligenzfeindlich. Aus gutem Grund: hatten ihnen vordem Intellektuelle bei den »letzten Konsequenzen« die Gefolgschaft verweigert, so begannen jetzt andere Intellektuelle mit kleinlichen, rationalistischen Untersuchungen darüber, ob die millionenfache Vernichtung von Menschenleben ein angemessener Preis für die »endgültige Befreiung der Menschheit« sei. Die Intellektuellen hatten, wenn sie solche Rechnungen aufmachten, nichts dazugelernt, und die tiefe Weisheit der »Lehre Lenins« war ihnen immer noch nicht aufgegangen.
Vor allem durch eines waren sie angekränkelt: sie zweifelten. Es fanden sich Naturwissenschaftler, die neue Erkenntnisse veröffentlichten, unvereinbar mit der »Lehre Lenins«. Dabei hatte Lenin den »Empiriokritizismus« des Physikers Ernst Mach in seiner schon 1908 erschienenen, genialen Schrift »Materialismus und Empiriokritizismus« als »idealistisch« und »reaktionär« entlarvt, und für alle Zeiten bewiesen, daß es schlechterdings keine Erkenntnis geben kann, die den Rahmen der »wissenschaftlichen Weltanschauung der Arbeiterklasse« sprengt. Ebenso undenkbar waren andere Gesellschaftsmodelle. Lenin hatte sie allesamt durchschaut, als »revisionistisch«, »reformistisch« und »trotzkistisch«, schließlich als »bürgerlich-reaktionär«, als fortschrittsfeindlich und antiquiert. Wann immer ein Philosoph dieses Jahrhunderts mit seinen Überlegungen hervortrat, war es ein leichtes, ihn in eine dieser Kategorien einzuordnen. Es gab nichts Neues mehr, nichts, das Marx und Lenin nicht schon vorausgesehen und widerlegt hätten.
Den Anforderungen der Neuzeit, die mit dem Sturm

auf das Winterpalais begann, konnte die bürgerliche Intelligenz demnach nicht mehr gerecht werden. Alle Hoffnungen richteten sich auf die »sozialistische Intelligenz«, mit deren Zurechtmodeln man noch immer beschäftigt ist. Und immer wieder erweisen sich »sozialistische Intellektuelle« als »wankelmütig« und bestätigen das Mißtrauen der Kommunisten, indem sie in »reformistische« Gefilde abgleiten, gelegentlich sogar in den »bürgerlichen Humanismus« oder in den »Pluralismus«, jene Unart, die Meinung irgendeines Individuums höher zu schätzen, als die des großen Lenin.
Man muß zur Entschuldigung der »sozialistischen Intelligenz« anführen, daß die Einordnung freier schöpferischer Geistesarbeit in die Schranken der Apodikte von »Lenins Lehre« oftmals über Menschenkraft geht. Wie gut die Vorsätze eines »sozialistischen Intellektuellen« auch sein mögen, er erreicht irgendwann einen Punkt, wo er aufgeben oder in billigen Lügen Zuflucht suchen muß. Mancher von ihnen widmet sein Leben dem Zusammenkitten seiner Erkenntnisse mit »Lenins Lehre«, wobei er dafür von der Zentrale in dem Maße honoriert wird, wie es ihm gelingt, die Bruchstellen zu glätten und zu vertuschen. Dagegen trifft ihn der unerbittliche Zorn der Zentrale, wenn er diese Bruchstellen publik macht. Man darf notfalls Widersprüche entdekken, aber man muß sie gleichzeitig entkräften: als nicht wesentlich, als nicht »antagonistisch«, als keine ernsthafte Bedrohung der »Lehre Lenins«.
Mein Vater irrte, wenn er annahm, mich würden Goethe und Voltaire, Heine und Tolstoi geradewegs zum »Wissenschaftlichen Kommunismus« führen. Zeitweilig sah es so aus, zeitweilig glaubte ich, das Unvereinbare vereinbaren zu können. Denn darin wurden wir trainiert, es war ein wesentlicher Teil unserer geistigen Ausbildung.
Aber eines Tages kam man dahinter. Es ließ sich nicht

vereinbaren. Der Geist des Zweifels mußte sich auch auf »Lenins Lehre« erstrecken. Und siehe: sie hielt nicht stand.
Ahnte Krongolds Schwiegervater diese Zusammenhänge? War er darüber so ergrimmt? Warf er meinem Vater Leichtsinn bei der Auswahl meiner Lektüre vor? Wie auch immer, es war zu spät.

Wenn die Nacht hereinbrach, wurde in Bjurakan kein Licht eingeschaltet. Weit hinten sah man die Lichter von Aschtarak und der Dörfer im Vorland des Berges Ararat. Der Ararat selbst lag auf türkischem Gebiet. Bis dorthin, bis zum Horizont, waren Lichter zu sehen, nur Bjurakan lag im Dunkel.
In Bjurakan befindet sich das weltberühmte Observatorium des armenischen Astrophysikers Ambarzumjan. Nachts besteigen die Wissenschaftler ihre Beobachtungstürme und richten die Teleskope auf weitentfernte Welten. Dazu benötigen sie Dunkelheit, und die Bjurakaner verzichten auf Straßenbeleuchtung. Sie kennen sich in ihren gewundenen Dorfstraßen auch ohne Licht aus.
Auf dem Gelände des Observatoriums steht das Haus des Malers Sardarjan. Sein Schwager, ein Bildhauer in Jerewan, hatte uns empfohlen, Sardarjans Atelier zu besuchen. Zur verabredeten Stunde empfing uns ein Astrophysiker am Tor des Observatoriums. Die Moskauer Dame stellte uns umständlich vor, doch bald wurden ihre Dienste nicht mehr benötigt. Der Astrophysiker sprach fließend englisch und sogar deutsch. Wir liefen lange auf verschlungenen Pfaden, bis wir ein großes Gebäude aus grauem Basalt erreichten. Davor, auf einer ungemähten Wiese, weidete ein Pferd. Die Enkeltochter des Malers stand in der Tür. Gestern hatten wir einen der Türme bestiegen, und durch ein Teleskop hindurchgesehen. Der Professor, der uns begleitete, zeigte uns Vega, Sirius und Andromedanebel, und später kam sein Aspirant, ein junger Armenier, der Pelzstiefel und einen gefütterten Anorak trug. Der Aspirant war nervös. Er mußte ein bestimmtes Sternbild erwischen, das nur kurzzeitig am Himmel vorüberzog. Wir verabschiedeten uns und stiegen hinab. Als wir unten angekommen waren, ertönte von oben amerikanische Pop-Musik. »Hören Sie?« fragte uns der Professor, »jetzt macht er es sich gemütlich!«

Auch das Atelier Sardarjans lag weit oben. Es war riesengroß und überheizt. Sardarjan war ein alter Mann, müde vom Alter und von Titeln und Ehren. Er führte uns zu seiner Staffelei, auf der das Pastellbildnis eines Mannes stand. Ich hatte diesen Mann schon einmal gesehen.
»Wer ist das?« fragte ich.
»Das ist Herr Mössbauer«, antwortete Sardarjan.
War das möglich? Dann kannte ich den Mann von Photos. War es wirklich der deutsche Physiker Mössbauer, Nobelpreisträger und Entdecker des »Mössbauer-Effekts«?
Ich vergewisserte mich:
»Rudolf Mössbauer?«
»Ja, erkennen Sie ihn? Er ist ja Ihr Landsmann. Ein sehr interessanter Mensch. Er saß lange hier oben bei mir. Wir hatten mehrere Sitzungen.«
»Wann war er denn in Bjurakan?«
»Er war mehrmals hier. Leider hat er wenig Zeit, weil er meist drüben ist, an dem großen Teleskop. Haben Sie es gesehen?«
»Ja, gestern.«
»Ich hatte schon Streit mit den Herren. Dann konnte ich ihn doch für ein paar Stunden zu mir holen und ein paar Tage später wieder. Es war eine Arbeit mit Unterbrechungen.«
»Er sieht genauso aus, wie auf Photos, die schon zehn Jahre alt sind.«
»Ja, er wirkt sehr jung. Das macht die Arbeit. Hier im Observatorium bleiben alle jung, sogar ich.«
Am Abend fragte ich mich: Was gibt es da zu staunen? Warum soll Mössbauer nicht nach Bjurakan kommen, um mit seinen armenischen, russischen und amerikanischen Kollegen am Teleskop und in Sardarjans Atelier zu sitzen?
Professor O., ein Jugoslawe, aß in der Kantine an unserem Tisch. Wein wollte er nicht trinken. »Ich brauche

keinen Wein«, behauptete er, »ich bin sowieso den ganzen Tag lustig.«
»Oh«, fragte unsere Moskauer Dame, »wie machen Sie das?«
»Das geht uns allen so. Wir Astrophysiker sind glückliche Menschen.«

Hätte Lenin in einem Marmor-Palast gewohnt, von livrierten Dienern umgeben, hätte er sich einen Harem gehalten und weiße Pfauen, Barsois und Reitpferde vom Don, hätte er goldene Ikonostase gesammelt, man wäre eher dahinter gekommen, daß hier etwas nicht stimmte. Aber Lenin war kein Triumphator, der seine Macht genoß, er schien eher ein bemitleidenswerter Mensch, dem innere Ruhe und persönliche Befriedigung nicht vergönnt waren. Man erklärte dieses Phänomen nicht mit einer manischen, zwanghaften Geistesverfassung, sondern mit immerwährender »Sorge um die Menschheit« und »Selbstaufopferung«. Man tut sich schwer, Lenins Gemütszustand als das anzusehen, was die Psychiater *Zwangsneurose* nennen, obwohl gerade seine weltberühmte »Bescheidenheit« und Askese für diese Annahme sprechen. Es gibt Menschen, denen Geltung und »das gefährliche Leben für alle Tage« mehr bedeuten als irdische Güter.
Lenins »Schlichtheit« war eine Pose, wie überhaupt das Posieren allen Zwangsneurotikern dieser Art eigen ist, erlangen sie nun welthistorische Bedeutung wie Savonarola, Robespierre und Lenin, oder strahlt ihre Suggestivkraft nur auf einen kleinen Kreis, wie es Dostojewski in der Erzählung »Das Gut Stepantschikowo und seine Bewohner« im Falle des horriblen Foma Fomitsch Opiskin beschreibt.
Lenins Pose bewirkte, daß er sich von den anderen Menschen entfernte, und in einer Epoche, die vom 19. Jahrhundert vorbestimmt war, und in der Idealis-

mus und Selbstaufopferung, sogar Selbstverneinung und Selbstzerstörung als hohe Tugenden galten, bewirkte die Pose noch mehr: daß er in seinen und seiner Mitwelt Augen über die anderen Menschen erhoben wurde.

»Bescheiden sind die Lumpe«, sagt Goethe. Soweit kann man ihm zustimmen: Hinter Lenins Pose der »Bescheidenheit« verbargen sich Arroganz vor dem Leben und zwangsneurotischer Größenwahn. Lenins »Telegramme« und seine »Letzten Briefe und Reden« belegen, daß er der Erfinder jenes Herrschaftsstils ist, der später unter dem Namen »Stalinismus« die Menschheit erschreckte. Gewaltsames Administrieren, Generalstabsallüren und grenzenloses Imponiergehabe: damit sollten die Gebrechen dieser Erde kuriert werden. Glaubte Lenin selber daran?

Die Frage ist belanglos. Ein Zwangsneurotiker handelt nach innewohnenden Gesetzen, unangefochten von dem, was andere Menschen Moral und Vernunft nennen. Externe Kräfte, Gedanken und Rücksichten wurden von Lenin fast immer, wie er es nannte, »vernachlässigt«. Die Realität der Sowjetunion konnte sein, wie sie wollte, der in sich ruhende, um seiner selbst Willen existierende Apparat Lenins bekümmerte sich wenig darum. Er reagierte erst, wenn er dazu gezwungen wurde, wenn er die äußeren Umstände beim besten Willen nicht mehr vernachlässigen konnte, weil sie seine Existenz ernsthaft bedrohten. Ging zuvor das Ignorieren äußerer Notwendigkeiten auf Kosten der »werktätigen Massen«, so zahlten diese »Massen« auch den Preis für die Kampagnen, die jetzt zur Korrektur der Versäumnisse notwendig wurden. Denn alle Mißlichkeiten, Zusammenbrüche, »Versorgungsschwierigkeiten« und »Engpässe« werden von der Zentrale verschuldet, aber niemals von ihr bezahlt. Die Zentrale, die sehr schmale Pyramidenspitze des sozialistischen Staates, hat eine Bank, jemanden, der für alle Kalamitä-

ten und Schulden aufkommt: die »werktätigen Massen«. Enthauptete Stalin kurz vor Beginn des faschistischen Überfalls die Rote Armee, so zahlten dafür Millionen russischer Arbeiter- und Bauernsöhne mit ihrem Leben. Ruinierten polnische Funktionäre die Wirtschaft ihres Landes, so bezahlen das die »werktätigen Massen« mit dem Mangel an Grundnahrungsmitteln. Dieses Prinzip ist nicht, wie viele glauben, die Verfälschung der »Lehre Lenins«, sondern die Quintessenz dieser Lehre selbst. Man findet, sofern man sich die Mühe macht, das hemmungslose Administrieren und bedenkenlose Herumoperieren mit ganzen Völkern, mit Millionen Menschen und Millionen Einzelschiksalen in jeder Schrift Lenins. Mochte er für sein persönliches Leben bedürfnislos sein, um so vermessener waren seine Experimente.
Es ist eine Bilanz, die jedem die Sprache verschlägt. Man möchte sich davon abwenden, aber man kann es nicht. Noch immer verbergen sich dahinter Millionen Menschen, denen ein eigenes Leben nicht zugestanden wird. Sie haben zu leben wie Lenin, »selbstlos« und »opferbereit«, um ihre Kräfte und Fähigkeiten, die Ersparnisse ihrer nicht ausgelebten Existenz, den Projekten der Zentrale zu überlassen. Solange Lenin lebte, war er selbst die Zentrale. Sollte er bis zum Oktober 1917 darunter gelitten haben, daß man ihn nicht genug beachtete, so wußte er sich dafür zu entschädigen, mit dem größten Reichtum, den ein Mensch in seiner Hand zusammenballen, mit der größten Geltung, die einem Menschen zuteil werden kann. Dabei war es ihm nicht einmal möglich, sich dieser Geltung zu erfreuen. Ein Zwangsneurotiker kann niemals zufriedengestellt werden, gerade das ist sein und seiner Umgebung Verhängnis.
Es ist schwer zu sagen, wer die Opfer sind, und wer ihre Peiniger. Denn bei näherer Betrachtung stellt sich heraus, daß alle Opfer waren, die Objekte von Lenins Ex-

perimenten und Lenin selbst, Stalins Gegner, die liquidiert wurden, nachdem sie ihrerseits ihre Gegner liquidiert hatten, die Werkzeuge Stalins, die seine Gegner liquidierten, um später ebenfalls liquidiert zu werden, und am Ende auch Stalin. Seine Psyche war von Zwangsvorstellungen, von Verfolgungs- und Größenwahn zerrüttet, er wurde ein Opfer seiner Geschöpfe und Ausgeburten, und an seinem Totenbett stand eine triumphierende Horrorgestalt: Lawrenti Berija, das Ende, das Nichts.

Das Desaster wurde früh programmiert, und manche sahen es voraus. Nicht nur Tolstoi in seinem Roman »Auferstehung«, auch Lenins Freund, der Schriftsteller Maxim Gorki, der später selbst ein Opfer wurde, egal, ob er nun an einer Lungenentzündung oder an einer von Stalin vergifteten Bonbonniere starb. Auf dem steinernen Stern wird die Technik der Verschleierung mit Perfektion beherrscht, im Leben wie im Tod, und kein Mensch weiß genau, wie Gorki starb. Über allem liegt der Schleier der Verschwiegenheit und gezielten Desinformationen, Trifonows »Laken, unter dem man alle verbergen kann«.

Am 7. November 1917 schrieb Gorki in der Zeitschrift ›Nowaja Shisn‹: »Blinde Fanatiker und gewissenlose Abenteurer stürmen Hals über Kopf angeblich der ›sozialen Revolution‹ entgegen, in Wirklichkeit führt dieser Weg in die Anarchie . . . Die Arbeiterklasse muß begreifen, daß Lenin mit ihrem Blut, mit ihrem Leben, nur experimentiert, und die revolutionäre Stimmung bis zum äußersten treibt, um zu sehen, was dabei herauskommt . . . Die Arbeiter sollten den Abenteurern und Tollköpfen nicht erlauben, schändliche, blutige, sinnlose Verbrechen auf das Haupt des Proletariats zu laden, für die nicht Lenin, sondern das Proletariat selbst bezahlen wird.«

Die Währung, in der bezahlt wurde, waren Menschenleben. Sie geringzuschätzen, wurde zur Angewohnheit, zur geistigen Mode, nicht nur in Rußland, sondern auch in Europa. Zerstörerischer Nihilismus, Kulturfeindlichkeit, das »Dämonische«, die Lust am Zerschlagen, verbunden mit der Unfähigkeit »etwas aufzubauen«, wie Turgenjew schon 1855 erkannte, der hochstilisierte Aberwitz: Die Folgen von Lenins Versuch, die Welt aus den Angeln zu heben, prägten vorübergehend auch das geistige Leben des Westens.

Wer vom steinernen Stern kommt, hat miterlebt, wohin das führt. Er wünscht sich von Europa eine Haltung, die die Verirrung allmählich besiegt, wie das Wasser den Stein.

3. 5. 1984

Morgens klingelte es an der Tür. Als ich öffnete, war das Treppenhaus leer, nur eine graue Karte lag auf dem Fußboden. Wir wurden auf 15 Uhr in die Abteilung »Inneres« bestellt.

Den Vormittag verbrachten wir mit unserer üblichen Beschäftigung: packen und Listen schreiben. Der Inhalt jedes Koffers und jedes Kartons ist in dreifacher Ausfertigung anzugeben. Auf jedem Gegenstand muß, deutlich erkennbar, eine Zahl befestigt werden, und diese Zahl hat mit der laufenden Nummer in der Liste übereinzustimmen. Ich saß an der Schreibmaschine und tippte:

»Nr. 196 1 Koffer mit 15 Teeschalen,
2 chinesischen Reiskorn-Schalen,
12 Sektgläser,
1 Mocca-Service,
Nr. 197 1 Karton mit Büro-Utensilien:
7 Aktenordner,
div. Schreibgerät,
1 Locher,
4 Notizbücher,
Nr. 198 1 Koffer mit 27 Stück Damen- u. Herren-Oberbekleidung:
6 Mäntel,
5 Jacketts,
10 Pullover,
6 Blusen ...«

Akkuratesse war empfohlen. Sollte man die Behälter öffnen, ihren Inhalt mit den Listen vergleichen und dabei Nichtübereinstimmung entdecken, konnte es zu folgenschweren Verwicklungen kommen.

Punkt 15 Uhr saßen wir in einem der tristen Büros einer uns unbekannten Dame gegenüber. Sie ließ uns wissen: »Ihr Antrag wurde genehmigt. Bis übermorgen Abend 24 Uhr haben Sie die DDR zu verlassen.«

»Wir sind noch nicht mit dem Packen fertig.«

Sie antwortete: »Das ist Ihre Sache.«
Meine Frau wurde wütend: »Das kann nicht Ihr Ernst sein. Sie können uns nicht heute mitteilen, daß wir übermorgen ausreisen sollen!«
Die Dame lächelte schadenfroh: »Ich verstehe Sie nicht. Erst hatten Sie es dermaßen eilig, und nun geht es Ihnen zu schnell.«
Ich versuchte, Zeit herauszuhandeln: »Sehen Sie, wir müssen noch unser Atelier auflösen. Das dauert mindestens zwei Tage.«
Die Dame zeigte sich ungerührt. Dafür war meine Frau um so aufgebrachter: »Sie sind wohl verrückt!« erklärte sie der Dame; ich stieß sie an und sagte: »Sei doch still!«
Die Dame brach in heiseres Gelächter aus. Es kam von Herzen. Endlich hatte man uns soweit, daß wir die Nerven verloren. Es war köstlich: Das Ehepaar begann sich zu streiten. Die Dame riet uns gönnerhaft: »Einigen Sie sich erst mal . . .«
»Es ist alles klar«, sagte ich. »Der von Ihnen vorgeschlagene Termin ist unzumutbar. Ich werde sofort im Büro Hager anrufen.«
»Aber warum denn!«
»Weil es unmöglich ist, mit Kindern und Gepäck von einem Tag zum anderen auszureisen. Wir müssen noch Verschiedenes ordnen, unsere Konten auflösen, ein »Ausländerdevisenkonto« bei der Staatsbank einrichten . . . Sie wissen das sehr gut. Dieser Termin kann nicht Ihr Ernst sein.«
»Was stellen Sie sich denn vor?«
»Mitte nächster Woche.«
»Es ist nicht üblich, in diesem Fall Aufschub zu bewilligen . . .«
»Es geht gar nicht anders.«
»Dann muß ich Rücksprache nehmen. Aber ich glaube nicht, daß ein Aufschub bewilligt wird.«
»Wie verbleiben wir?«

»Kommen Sie morgen früh um acht zu uns.«
Zu Hause griff ich mir das Telefon und rief im Büro Hager an. Hagers Referent war selbst am Apparat:
»3317«
»Guten Tag, hier spricht Noll.«
»Ja, Rätz. Guten Tag.«
»Man hat uns eben in der ›Abteilung Inneres‹ einen Termin für die Ausreise mitgeteilt, den wir unmöglich einhalten können.«
»Warum nicht?«
»Weil wir noch unser Atelier auflösen müssen ...«
»Das kann doch ein Treuhänder nach Ihrer Ausreise machen!«
»Der einzige, der dafür in Frage käme, ist Herr Professor Klemke. Sie wissen, wie stark er beschäftigt ist. Meine Schwiegermutter ist über siebzig ...«
»Ja, was rufen Sie mich da an? Ich habe keine Möglichkeit mich einzuschalten. Einigen Sie sich mit der ›Abteilung Inneres‹ ... Man wird eine vernünftige Lösung finden.«
»Und wenn nicht?«
»Hören Sie, ich habe keine Zeit, ich bin schon im Mantel. Wir fahren heute nach Schwerin, zu einem Wählerforum. Einigen Sie sich mit den Mitarbeitern der ›Abteilung Inneres!‹«
Am nächsten Morgen empfing uns der Sektorenleiter.
»Wir haben Ihren Fall«, sagte er ohne uns anzusehen, »noch einmal geprüft und Ihnen einen Aufschub bewilligt.«
»Bis wann?«
»Die Staatsbank der DDR hat am Dienstag Sprechstunde. Dort richten Sie ein Ausländerdevisenkonto ein. Anschließend können Sie ausreisen. Bis Dienstag 24 Uhr müssen Sie die Staatsgrenze passiert haben. Das ist der letztmögliche Termin.«

Das Journal bricht ab. Die letzten Tage unseres Lebens in der DDR verliefen in ununterbrochener, atemloser Aktivität. Wir packten, fuhren in Autos durch die Straßen der Innenstadt, besorgten Stempel und Formulare, verhandelten mit Zollbeamten und Bankangestellten, reichten unsere Bücherlisten ein, empfingen den Besuch eines Herrn aus West-Berlin ...

Die Angestellte der staatlichen Spedition »Deutrans« wählte eine West-Berliner Nummer und sprach mit jemandem. Dann sagte sie: »Fahren Sie nach Hause. Ein Vertreter der Firma Grashoff wird um 11 Uhr zu Ihnen kommen.« Ein munterer Herr in den Vierzigern – bekleidet mit einem Pepper-and-Salt-Jackett – glitt durch alle Zimmer. Er durchschaute meine Arrangements: Ich hatte Bilder in dunkle Ecken gestellt und Möbel in Teile zerlegt. Der Herr drehte die Bilder um und äußerte sich anerkennend: »Oh, ein französischer Stich, etwa 1770 ...« Damit war er ausgewiesen, wir wußten, was wir von ihm zu halten hatten. Er zog die Schübe eines Sekretärs heraus und befand: »Imitation«.

Wir saßen wie auf Kohlen.

Der Herr eröffnete uns: »Ich bin Antiquitätenspezialist. Wir haben Container voller Ware in die Staaten geliefert ...«

»Möchten Sie eine Tasse Kaffee trinken?«

»Gern. Na, ich sehe, Sie haben bloß Imitationen. Übrigens, wenn Sie etwas verkaufen wollen, empfehle ich Ihnen eine Stuttgarter Firma. Die Adresse gebe ich Ihnen jederzeit. Hier – meine Karte.« Der Herr trank Kaffee, rauchte, füllte Listen aus. »Wir schicken einen Lastzug, sagen wir – 17 Meter. Für die großen Bilder nehmen wir Variabeln ... Ich denke 10 Stück ... Hier, bitte sehr, unterschreiben Sie ... Wie wollen Sie den Kronleuchter verpacken? Ja, ein offener Wäschekorb mit Watte ausgelegt ... Das ist gut. Dann sehen die

Leute, wo oben und unten ist ... Um den Spiegel machen Sie sich keine Sorgen ... Das Holz ist solide. Das Sofa brauchen Sie auch nicht zu umwickeln, es wird alles sachgemäß behandelt.«
Er sah sich noch einmal um. »Ja, das wäre dann alles. Die Teile dort gehören wohl zum Vertiko? ... Sehr hübsches Stück übrigens. Na, wie gesagt, wenn Sie Hilfe brauchen, rufen Sie mich an. Meine Karte haben Sie ...«
Er enteilte dynamisch. Unten stand ein weißer Polo mit der Aufschrift »Grashoff GmbH – Internationale Spedition«.
Unsere Möbel wurden nicht weiter untersucht. Weder, wie Gerüchte verhießen, durch Vertreter von DDR-Dienststellen, noch bei der Abfertigung durch den Zoll.
Den Umzug besorgte ein anderes Unternehmen. Grashoff hatte nur vermittelt. Jenen Herrn sahen wir niemals wieder.

Es gab noch einen Zwischenfall. Die Stadtbezirksbibliothek rief an und eine Frauenstimme bat, einen Band Plutarch »umgehend zurückzugeben«.
»Wo ist dieser Band?« fragte ich Sabine.
»Was weiß ich?«
»Haben wir ihn etwa eingepackt?« Mein Blick glitt über das Gebirge aus Kartons, in denen die Bücher verpackt waren. Obenauf saß unsere Katze. Sie fand es wunderbar, daß es neuerdings so interessante Beobachtungsplätze gab.
»Ich kann doch nicht alle Bücher wieder auspacken?« sagte ich.
»Nein, das wäre Unsinn. Du mußt hingehen und den Band als verloren melden. Notfalls zahlen wir Schadenersatz.«
Die Bibliothekarin zeigte sich umgänglich. Es war nicht das erstemal, daß wir Bücher verspätet zurückgaben.

Die Angestellten kannten uns. Auch mein Bruder lieh sich hier Bücher aus, dickleibige Bände mit Titeln wie »Der Student am Krankenbett«. Er gab sie niemals pünktlich zurück. Man hatte Verständnis.

»Haben Sie das Buch?« fragte die Bibliothekarin.

»Wir können es«, antwortete ich, »leider nicht mehr finden ...«

»Haben Sie schon gesucht?«

»Ja, aber bei uns herrscht zur Zeit ein gewisses Durcheinander.«

»Dann müssen Sie das Buch bezahlen.«

»Gut.«

»Ich werde die Leiterin verständigen. Kommen Sie bitte mit ins Büro.« Die Leiterin war in einer anderen Filiale. Eine der Bürodamen rief sie an.

»Es ist eine Ausgabe von 1911, Plutarch ›Tischgespräche‹ ... Ja, Halbleder ... Wieviel? ... *So* viel?«

Ich horchte auf. Die Bürodame widersprach. »Aber Frau Koslowski, das ist doch nicht angemessen ... So, na – gut.«

»Das Buch kostet«, sagte sie zu mir, als das Telefonat beendet war, »sechshundert Mark.«

»Wieviel?«

»Sechshundert. Ich habe selber gestaunt.«

»Ich habe keine sechshundert Mark bei mir.«

»Sie können es später bringen ... Warten Sie, ich rufe noch einmal an, vielleicht ist es ein Irrtum.«

Sie telefonierte wieder. Ihre Kollegin, die Karteikarten sortierte, schüttelte den Kopf. Zu der Bibliothekarin, die mich hergebracht hatte und abwartend in der Tür stand, sagte sie leise und verächtlich: »Die Koslowski ...«

»Die Leiterin möchte Sie sprechen«, sagte die Dame am Telefon. Sie gab mir den Hörer. Ich hörte:

»Wenn sich das Buch nicht mehr anfindet, müssen wir in der Staatsbibliothek eine Kopie machen lassen. Das kostet sechshundert Mark!«

»Sie haben doch noch eine Plutarch-Ausgabe«, wandte ich ein.
»Aber nicht *diese*. Es muß diese sein, verstehen Sie?«
»Nein.«
»Dann tut es mir leid. Ich muß darauf bestehen. Wann reisen Sie aus?«
»Morgen.«
»Bringen Sie bitte heute noch das Geld.«
Ich legte auf. Die Blicke der Bürodamen und der Bibliothekarin waren auf mich gerichtet. »Haben Sie noch soviel Geld?«
»Ich hoffe es.«
»Wir haben bis 19 Uhr geöffnet. Fräulein W. ist heute abend hier, die Stellvertretende Leiterin. Vielleicht entscheidet sie anders. Aber bringen Sie das Geld vorsichtshalber mit.«
Fräulein W. bat mich in ihr Büro.
Ich zog das Kuvert hervor und sagte: »Hier ist das Geld.«
»Passen Sie auf«, sagte Fräulein W. leise, »Sie sollten das nicht bezahlen. Es ist eine Schikane unserer Leiterin. Sie können sich beschweren.«
»Aber wir müssen morgen ausreisen.«
»Schreiben Sie trotzdem eine Beschwerde.«
»Ich kann nicht ausreisen, ohne daß Ihre Leiterin mir bescheinigt, daß ich alle Bücher zurückgegeben oder Schadenersatz geleistet habe.«
»Die Beschwerde kann auch nach Ihrer Ausreise wirksam werden. – «
»Ich habe keine Zeit.«
Fräulein W. seufzte. Dann hob sie den Kopf und sah mich an. »Sie können mir glauben«, sagte sie, »daß alle Kolleginnen das Verhalten unserer Leiterin verurteilen. Sie nutzt ihre Zwangslage aus. Glauben Sie mir, es tut uns leid, daß wir die Zusammenarbeit mit Ihnen in dieser Art beenden müssen . . .«
»Ich weiß.«

»Jetzt werde ich eine Quittung schreiben.« Während sie schrieb, fragte sie: »Haben Sie drüben schon eine Wohnung?«
»Ja.«
»Und dürfen Sie alles mitnehmen?«
»Bisher sieht es so aus.«
»Mußten Sie lange warten?«
»Nein, es ging sehr schnell.«
»Dann seien Sie froh. Manche warten jahrelang.«
Eine Pause entstand, in der nichts zu hören war, als das Summen einer Fliege am Fenster. Sie flog immer wieder dagegen an, in der Hoffnung herauszukommen. Fräulein W. stempelte.
»So, und nun wünsche ich Ihnen alles Gute. Behalten Sie uns, trotz dieser Geschichte, in guter Erinnerung.«
»Danke.«
»Grüßen Sie Ihre Frau und Ihren Bruder.«
»Er wird auch ausreisen.«
»Auch?« fragte Fräulein W. Sie sah mich an. Dann sagte sie: »Sie sind jung ...«
Ich antwortete nicht.
»Ich will Sie nicht länger aufhalten.« Fräulein W. erhob sich resolut: »Auf Wiedersehen. Alles Gute. Vor allem Gesundheit und Erfolg im Beruf.«
»Danke. Grüßen Sie Ihre Kolleginnen.«
»Wird gemacht. Sie kennen den Weg? Links die Treppe hinunter ...«

Im letzten Moment kam eine Frau, die ich nicht gleich erkannte. Sie trug irgend etwas Düsteres, Hängendes, war bleich und abgemagert, und hielt eine brennende Zigarette in der Hand.
»Sie wissen doch noch, wer ich bin?«
»Ja, warten Sie ...«
»Ich bin Frau S., die ehemalige Lehrerin Ihres Sohnes.«

»Ach ja, natürlich, kommen Sie herein ... Leider habe ich wenig Zeit.«
Ich wies mit der Hand auf die Koffer, die in der Diele standen. Die Frau sah darüber hin. »Ich weiß, Sie reisen heute aus. Deshalb komme ich ja ...«
»Worum geht es?«
Aus den hinteren Zimmern waren Stimmen zu hören. Sabine verhandelte dort mit unserem Treuhänder, der in einigen Tagen das Verladen der Möbel beaufsichtigen sollte. Die Frau stand still und lauschte. Ich führte sie ins Kinderzimmer. Dort war ich, bevor sie klingelte, beim Packen unserer Handkoffer gewesen. Nichts kam mir ungelegener, als dieser unverhoffte Besuch.
Die Frau musterte das chaotische Zimmer. Papiere, Damenhüte, Etuis lagen über die Möbel verstreut. Vor wenigen Minuten war meine Schwiegermutter erschienen, um uns zwei Salamiwürste und eine Tasche voller Konserven zu bringen. In ihrer vom Zweiten Weltkrieg geprägten Vorstellungswelt waren Emigration und Flucht untrennbar mit Nahrungssorgen verbunden.
»Womit kann ich Ihnen dienen?«
»Mein Mann ist verhaftet worden. Sie kennen ihn doch?«
In meiner Erinnerung tauchte für Sekunden ein bärtiger Mann im roten Hemd auf, der viel aß. Wo hatte ich ihn essen sehen? Ich bekam die Bilder nicht mehr zusammen.
»Warum?« fragte ich.
»Er war in der Ständigen Vertretung.«
»Haben Sie einen Ausreise-Antrag gestellt?«
»Ja, schon vor zwei Jahren. Mein Mann wollte es beschleunigen und ging in die Ständige Vertretung ...«
»Waren Sie auch dort?«
»Nein! Ich wollte ihn davon abbringen. Wir haben uns gestritten. Er ging trotzdem. Drei Tage später ist er morgens zur Arbeit gefahren und nicht wiedergekommen.«

»Wissen Sie, wo er ist?«
»In U-Haft. Vorgestern kam ein Brief vom Generalstaatsanwalt. Ein Vordruck. Werte Frau Soundso, gegen Ihren Mann läuft ein Ermittlungsverfahren wegen des Verdachts strafbarer Handlungen.«
»Und was wollen Sie unternehmen?«
»Deshalb komme ich zu Ihnen.« Die Frau förderte aus ihrer Handtasche einen Zettel zutage. »Das ist die Adresse meines Hamburger Onkels. Wenn Sie drüben sind, schreiben Sie ihm eine Karte: Udo sitzt. Nur das. Er weiß dann Bescheid.«
»Gut«, sagte ich.
Die Frau zögerte. Wollte sie mir noch etwas sagen? Die Tür wurde geöffnet. Meine Schwägerin trat ein und sagte: »Ich werde dir beim Packen helfen.«
Ich brachte die Frau zur Wohnungstür und gab ihr die Hand. Sie hielt sich daran fest.
»Ich bin«, sagte sie, »zur Zeit in der Psychiatrischen. In Kaulsdorf. Schreiben Sie das meinem Onkel! Mein Sohn ist bei der Oma.«
»Ja, ich werde alles schreiben.«
Ich trat ans Fenster und sah auf die Straße hinunter. Vor unserem Haus hielt ein offener Lastwagen, auf dessen Ladefläche Küchenherde standen. Es war kurz vor Geschäftsschluß, und die Straße belebt: einkaufende Frauen, Kinder mit Netzen, in denen Brauseflaschen schaukelten.
Die Frau trat aus der Tür und zündete sich eine neue Zigarette an. Sie stand unschlüssig neben dem Lastwagen – als wisse sie nicht wohin.

Thema DDR – Literatur der DDR bei Hoffmann und Campe

Christoph Hein
Nachtfahrt und früher Morgen
Prosa
1982. 165 Seiten

Erich Loest
Pistole mit sechzehn
Erzählungen
1978. 262 Seiten

Erich Loest
Swallow, mein wackerer Mustang
Karl-May-Roman
1980. 420 Seiten

Erich Loest
Durch die Erde ein Riß
Ein Lebenslauf
1981. 416 Seiten

Erich Loest
Völkerschlachtdenkmal
Roman
1984. 285 Seiten

Roger Loewig
Ein Vogel bin ich ohne Flügel
Gedichte und Zeichnungen
1980. 88 Seiten

Thema DDR – Literatur der DDR bei Hoffmann und Campe

Hans-Jürgen Schmitt (Hrsg.) (vergriffen)
Geschichten aus der DDR
1979. 250 Seiten

Martin Stade
Der junge Bach
Roman
1985. 352 Seiten

Günter Gaus
Wo Deutschland liegt.
Eine Ortsbestimmung.
1983. 288 Seiten

Brigitte Klump
Das rote Kloster
Eine deutsche Erziehung
1978. 335 Seiten